정치의 몰락

보수 시대의 종언과 새로운 권력의 탄생

정치의 몰락

박성민 | 강양구 인터뷰

민음사

누가 정치를 죽였는가?

정치가 몰락하고 있다. 정치 지도자들은 조롱거리로 전락했고, 정당은 붕괴하고 있다. 민주주의는 길을 잃었다. 헤겔이 『법철학』서문에 쓴 것처럼 "미네르바의 부엉이는 황혼이 되어서야 날개를 펴는 것"일까? 철학자들은 '기술의 시대'를 맞아 말을 잃었다. 정치인, 정당, 제도, 철학이 동시에 위기에 빠진 것이다. 정치, 경제, 사회, 문화의 질서가 무너지고 있다. 지금은 경제가 맨 앞인지, 아니면 문화가 그 자리를 차지했는지는 모르겠으나 정치가 맨 앞자리를 차지하던 시대가 끝난 건 확실하다.

정치는 역사의 무대에서 더 이상 주인공이 아니다. 정치에서 영웅이 나오지 않는다. 신화와 전설은 경제나 문화, 스포츠에서 만들어진다. 대중은 정치인에게 열광하지 않는다. 정치인은 무릎팍 도사보다도 영향력이 없다. 냉전이 끝나고 세계화가 시작되자 정치의 성취는 10분의 1로 줄어들고 경제와 문화, 그리고 스포츠의 성취는 열 배로 커졌다. 전쟁과 혁명의 영웅들이 차지하던 자리를 기업인들과 문화, 스포츠 스타들이 채우고 있다. 오늘날 정치는 속도, 공간, 영향력, 시스템, 상품(이념) 모든 면에서 경쟁자들에게 지고 있다.

　미국의 과학사학자인 토머스 쿤은 1962년에 쓴 『과학 혁명의 구조』에서 '패러다임'이라는 단어를 처음으로 사용했다. 쿤은 동시대인의 인식과 생활방식을 지배하는 패러다임은 혁명을 통해 온다고 주장했다. 지동설은 혁명의 과정을 거쳐 천동설을 대체했고, 상대성이론은 뉴턴 역학의 패러다임을 붕괴시켰다. 과학 혁명만 패러다임을 바꿔 놓는 것이 아니다. 정치 혁명도 사람들의 생각과 행동을 근본적으로 변화시킨다. 프랑스혁명과 러시아 사회주의혁명이 그런 사례다. 생산력 혁명도 패러다임의 변화를 가져온다. 구석기, 신석기, 청동기, 철기 시대가 차례로 들어설 때, 이전의 문명은 상상할 수 없는 충격 속에서 사라져 갔다. 아무리 뛰어난 용사라 해도 칼과 창으로는 총을 이길 수 없기 때문이다. 새로운 문명은 새로운 패러다임에 의해 지배된다.

　생산력 혁명은 누가 더 싸게, 더 빨리, 더 많이 만들 수 있는가의 싸움이다. 종이, 인쇄술, 항해술, 증기기관은 모두 그런 경쟁에서 발명되었다. 혁명은 사람들의 생각과 행동만 바꾸는 것이 아니라 권력도 이동시킨다. 영국에서 시작된 산업혁명은 국가, 산업, 기업, 권력의 질서를 붕괴시켰다. 조그만 섬나라 영국은 "해가 지지 않는 제국"이 되었다. 말은 기차와 자동차로 대체되었다. 우리 눈앞에서 지금 진행되고 있는 '디지털 혁명'은 생산 비용을 거의 제로에 수렴시키고, 복제의 양을 무한으로 늘리며, 빛의 속도로 유통시킨다. IBM이 MS에, MS가 구글에 따라잡히는 것도 결국 그 싸움의 결과다.

지금은 철학의 시대가 아니라 기술의 시대다. 스티브 잡스, 빌 게이츠, 안철수와 같은 사람들이 부와 명예만이 아니라 권력까지 갖는 시대가 되었다. "미래를 예측하는 가장 좋은 방법은 미래를 창조하는 것이다."라는 말이 있는데, 오늘날 미래를 창조하는 사람들이 바로 이들이다. 세상을 바꾸는 제품을 이들이 '만들고' 있기 때문이다. 세상은 이들에게 길을 묻고, 이들은 세상을 향해 '프레젠테이션' 한다.

산업혁명의 패러다임에서 탄생한 정당과 이념은 디지털 혁명 시대에 그 유통기한이 끝나 가고 있다. 디지털 혁명의 강편치를 맞고 '조직'과 '정체성'의 두 다리가 풀린 권투선수마냥 정치는 KO 직전의 그로기 상태다. 1987년에 노태우는 다수당의 다수파로 대통령이 되었지만, 5년 뒤에 김영삼은 다수당의 소수파로 당선되었다. 김대중은 소수당의 다수파로 이기더니, 노무현은 소수당의 소수파로 대통령이 되었다. 정말 놀라운 것은, 안철수는 그냥 '개인'일 뿐인데 정당과 정치를 뿌리째 흔들고 있는 현실이다.

세상에는 네 부류의 사람이 있다. 변화를 이끄는 사람, 변화를 좇는 사람, 변화에 둔감한 사람, 그리고 변화를 두려워하는 사람이다. 역사는 변화를 이끈 사람들의 기록이다. 지도자는 '혁신'을 이끌거나 '혁명'을 이룬 사람이다. '혁명'을 통해 기존의 질서를 붕괴시키려는 비주류와 '혁신'을 통해 기존의 질서를 유지하려는 주류의 싸움이 2012년 대한민국에서 충돌하고 있다. 보수의 혁신과 진보의 혁명. 혹은 박근혜의 혁신과 안철수의 혁명. 혁신은 혁명보다 더 어려운 것이다. 역경을 이기는 사람은 있어도 풍요를 이기는 사람은 없는 법이니까. 토머스 칼라일의 뛰어난 통찰이다.

2012년 대한민국은 정치에 몰입하고 있다. 정치가 없기 때문에 정치를 갈망하는 것이다. 지도자가 없기 때문에 지도자를 갈망하는 것이다. 병에 걸린 사람이 건강의 소중함을 알고, 가난한 사람이 돈의 힘을 안다. 떨어진 사람이 합격의 감격을 아는 것이다. 좋은 정치가 있었다면 우리는 정치에 관심을 갖지 않았을 것이다. 좋은 지도자가 있었다면 우리는 분노와 증오에 휩싸이지 않았을 것이다. 우리가 생각이 다른 것은 부끄러운 일이 아니다. 생각이 다른 사람과 함께 살아가는 지혜를 갖기 못한 것이 부끄러운 일이다. 생각이 다른 사람과 함께 살아가는 지혜, 이것이 민주주의다. 이것이 정치다!

2011년 10·26 서울시장 선거에서 무소속의 박원순 후보가 승리하고 정치권 밖에 있는 안철수 교수가 유력한 대선 후보로 떠오르자 언론은 리더십의 위기, 정당의 위기, 정치의 위기를 쏟아냈다. 급기야 민주통합당의 당대표 경선에 80만 시민이 참여하자, 일부 지식인들은 이 현상을 정당의 몰락을 넘어 '대의민주주의'가 종말을 고하고 '직접민주주의'의 시대가 다가오고 있는 징조로 해석하기도 했다. 사실 모바일 투표와 SNS는 기술이 '우리가 알던' 민주주의를 해체시키고 '다른' 민주주의로 끌고 갈 수 있음을 보여 주고 있다. 그것이 민주주의의 발전인지 후퇴인지는 알 수 없지만 말이다. 정당의 몰락이 민주주의의 위기를 보여 주는 것인지, 아니면 민주주의의 발전을 보여 주는 것인지 역시 알 수 없다. 혼란스럽다. 하기야 '민주언론상'을 받은 「나는 꼼수다」가 언론인지 아닌지도 모르는 판에 무엇을 알 수 있다는 말인가?

그래도 우리는 묻고 답했다. 답은 고사하고 무엇을 물어야 하는지도 모르는 어려운 숙제를 앞에 두고 우리는 마주 앉았다. 그리고 '나는 기자'이기 때문에 강양구는 물었고, '나는 컨설턴트'이기 때문에 박성민은 답했다. 지난 몇 개월 동안 나는 다른 기자들의 질문을 피했다. 짧게 대답하기가 어려웠기 때문이다. 책이 필요했다. 나는 컨설턴트로서 정치인에게 항상 짧게 답하라고 조언하지만 솔직히 세상의 변화를 "어떻게 열 단어로 설명할 수 있겠는가?"(미국의 정치 드라마 「웨스트윙」에 나오는 유명한 대사다.)

누가 정치를 죽였는가? 죽음의 원인은 다섯 가지다. 늙어 죽거나, 병들어 죽거나, 사고로 죽거나, 누가 죽였거나, 스스로 목숨을 끊었거나. 정치를 죽인 범인은 누구인가? 파울로 코엘료의 소설 『베로니카, 죽기로 결심하다』의 주인공이 자살하기 위해 수면제 네 통을 먹은 것처럼, 정치도 죽기로 결심한 듯 폭력, 뇌물수수, 점거농성, 장외투쟁, 기회주의, 고소고발, 폭로, 날치기, 말 바꾸기, 지역주의, 권력 남용의 수면제를 너무 많이 먹었는지 모른다. 아니면 업계의 경쟁자들인 관료, 언론, 검찰, 법원, 시민단체가 죽였을지도 모른다. 예상 못한 금융 위기, 안보 위기의 사고를 맞았을 수도 있다. 그도 아니라면 산업사회의 산물인 정당과 이념이 디지털 혁명을 맞아 수명이 다한 것일 수도 있다. 원인이 무엇이든 간에 정치는 죽어 가고 있다.

자살하기 위해 약을 먹었던 베로니카는 죽지 못하고 깨어나서 정신병원에 갇힌다. 의사는 그녀에게 "운 좋게 깨어나긴 했지만 안타깝게도 며칠 못 살 것"이라고 말한다. 죽으려고 결심했던 그녀가 그 말에 낙담한다. 그녀는 죽음을 준비한다. 남은 시간이 별로 없다는 사실이 삶을 향한 의지를 자극한다. 베로니카는 죽지 않는다. 의사는 한 번 자살을 시도한 사람에게 어떻게 말하는 것이 살고 싶다는 욕망을 갖게 하는지를 임상 실험한 것이다. 이 책의 제목에 대한 변명이다. 정치는 죽지 않는다!

이 책은 여덟 개 장으로 구성되어 있다. 1장은 "머리는 우파인데 몸은 좌파"인 20~40대의 분노를 다룬다. "촛불보다는 투표가 힘이 세고, 투표보다는 제도가 힘이 세다."는 것도 말하고 싶었다. 새로운 체제의 탄생은 보수와 진보가 대타협을 통한 '제도의 재구축' 없이는 안 된다는 것 역시 꼭 하고 싶었던 말이다. 2장은 지난 60여 년간 대한민국을 지배해 왔던 보수 시대가 끝나고, 이제는 진보와 전략적 대치기로 들어가고 있는 흐름에 대하여 설명했다. '자판기 커피 세대'를 상징하는 보수와 '에스프레소 커피 세대'를 상징하는 진보의 싸움에서, 시간이 갈수록 보수가 밀리는 상황이다. 젊은이들은 배고픈 것은 참아도 촌스러운 것은 못 참는다. 3장은 전쟁 같은 정치를 끝내자는 메시지를 담았다. '75퍼센트 민주주의'는 대한민국의 의사 결정에 국민의 다수를 참여시킴으로써 갈등을 완화시키고 국정의 기반을 넓히자는 것이다. 1990년 3당 합당이 '통치 기반'을 넓히는 것이었다면, 75퍼센트 민주주의는 유권자의 '참여 기반'을 넓히는 것이다. 4장의 문제 제기는 리먼브러더스의 파산이 '탐욕'이라는 한 단어로 미국 경제의 본질적 문제를 설명할 수 있게 해 주었다면, 안철수는 안보와 성장의 두 축으로 대한민국을 이끌어 온 '박정희 패러다임'이 더 이상 지속될 수 없다는 선언의 상징이라는 것이다. 5장과 6장은 지도자와 정치가가 사라진 현실을 다룬다. 언제쯤 우리 지도자들은 자기들이 정치평론가, 기자, 연예인, 심지어는 사교 클럽에 출입하는 사람으로 착각하지 않고, '나는 정치가다.'라고 당당히 선언할 수 있게 될까? 우리를 이끌어 줄 지도자가 필요하다. 지도자 크기가 나라 크기라면, 지금 대한민국의 크기는 제주도 정도나 될까 싶다. 7장은 책임 정치와 정당의 위기에 대해 대화를 나눴다. 오늘날 교회는 영성 공동체이자 생활 공동체이다. 대가족 제도의 전통을 현대에서 재구축한 것이 경쟁력(?)의 원천이다. 이념 공동체가 약해진 정당도 교회를 벤치마킹할 필요가 있다. 도대체 오늘날 정당은 당원들에게 무엇을 주는가? 정보를 주는가, 재미를 주는가, 아니면 이익을 주는가? 아무것도 못 주고 있다. 정당은 '동지'는 간 데 없고 '동업'의 깃발만 나부끼더니, 이제는 그냥 같이 사는 '동거' 수준으로 전락했다. 8장은 대한민국을 '죽음에 이르게 하는 병'인 '이념 전쟁'을 끝내자는 내용을 담았다. 사람 나고 이념 났지 이념 나고 사람 나지 않았다. 예수의 말대로 "안식일이 사람을 위해 있는 것이지 사람이 안식일을 위해 있는 것이 아니다."

이 책은 순서대로 읽지 않아도 된다. 어려운 내용도 없다. 전문적 식견을 담은 것도 아니다. 그냥 커피 마시면서 나눈 가벼운 대화이니 읽는 분들도 에스프레소 커피를 마시면서 읽어 줬으면 좋겠다. 그리고 토론을 원하면 연락을 주시라!

여의도에서
박성민

"새로운 가능성은… 운이 좋다고 일어나지 않는다.
그것은 적극적으로 원해야 이뤄진다.
… 그것은, 우리 자신이 책임을 지고,
현실 세계에서 우리가 입증해야만 하는 것이다."

— 레이먼드 윌리엄스

차례

여는 글: 누가 정치를 죽였는가?   5

1 **전야, 혹은 시대의 마지막 밤**   17

　자판기 커피 세대 vs. 에스프레소 커피 세대 / 25년마다 등장하는 젊은 세대 /
　20, 30, 40대가 한 덩어리? / 40대의 진정성 / 반(反)한나라당은 '패션' /
　'탐욕'에 대한 분노 / "옛것은 죽어 가고 있으나…"

2 **보수의 일곱 기둥이 무너지다**   51

　권력 이동 / 대안 없는 게으른 보수 / 보수의 일곱 기둥 / 실존▶민주▶자유▶공화 /
　시장 보수 vs. 사회 진보의 등장 / 국민▶시민▶소비자

3 **'75퍼센트 민주주의'를 향하여**   93

　보수 타도 vs. 진보 박멸 / 75퍼센트의 힘 / 결승전이 필요하다! / 75퍼센트 국회 /
　결과에 의한 연대 / 진보당-민주당-공화당-자유당 / 선거는 많을수록 좋다!

4 **안철수 현상, 안철수 '시대'로 이어질까?**   133

　박정희 패러다임의 붕괴 / '安風'과 '昷風' / 우리 시대의 교황 / 멋진 '강남성(性)' /
　'인기인'과 '정치인' / '신보수'의 등장

5 지도자가 사라진 시대 167

대중이 원하는 지도자는 누구인가? / 정치 드라마 「웨스트윙」의 교훈 /
지도자의 필수 조건 3가지 / 신념 윤리 vs. 책임 윤리 / 지도자의 자질 4가지 /
선대 정치인의 공과(功過) / 지도자 크기가 나라 크기다

6 인턴들이 지배하는 나라 207

인턴 헌법 기관 / 능력 있는 40대 대통령은 어떻게 만들어지는가? /
고전, 포르노, 정치자금 / 차세대 지도자를 배출할 정당 /
선출 권력 vs. 비선출 권력

7 정당은 끝났다? 245

무당파 & 정치 혐오 / 조직의 위기 / 동지▶동업▶동거 / 무책임 정치 /
책임 정치의 조건 1 "우군을 확인하라!" /
책임 정치의 조건 2 "갈등을 두려워하지 말라!" /
책임 정치의 조건 3 "담대한 제안을 하라!" / 새로운 정당

8 편 가르는 정치 vs. 편 들어주는 정치 287

두 개의 대한민국과 세 개의 국립묘지 / 화해의 정치 vs. 선동의 정치 /
민주주의와 그 적들 / 평면 싸움에서 3D 진보로 / 정치, 죽기로 결심하다?

닫는 글 323
감사의 말 329

1
전야,
혹은 시대의 마지막 밤

10·26 서울시장 보궐선거를 계기로 20대와 30대가 선거의 주역으로 등장하면서 박원순, 안철수라는 정당 밖의 두 인물이 정치 지형을 뿌리째 흔들어 놓았다. '자판기 커피 세대'와 '에스프레소 커피 세대' 간의 대결이었다. 얼마 전에는 20대를 정치 혐오 세대라고 낙인찍었던 지식인들이 이제 20대를 '진보 세대'라며 치켜세우고 있다.

언론은 보수와 진보의 대결을 말하지만, 사실 이것은 한나라당 대 반한나라당의 대결이었다. 반한나라당 정서는 20~30대뿐만 아니라 40대 사이에도 퍼지면서 일종의 '패션'이 되었다.

그렇다면, 지금의 진보 연합이 유행에 그치지 않고 체제 변화까지 끌어낼 수 있을까? 지식인들의 흥분이 호들갑이 아니라 진정한 변화의 예고일까? "옛것은 죽어 가고 있지만, 아직 새것은 태어나지 않았다." 과연 2011년의 10·26은 1979년의 10·26처럼 역사를 바꾼 날로 기록될 것인가?

자판기 커피 세대 vs. 에스프레소 커피 세대

강양구 지난 2011년 10월 26일, 서울시장 보궐선거에서 '무소속' 박원순 후보가 당선되었어요. 선거 두 달 전까진 아무도 예상 못했던 놀라운 결과입니다. 백두대간을 종주하다가 내려와서 시장이 되기까지 겨우 한 달 남짓한 기간이었으니까요. 그 짧은 시간에 그는 안철수 서울대 교수와 만나 후보 양보를 얻어냈습니다.

또 제1야당인 민주당 후보와 집권당인 한나라당 후보를 차례로 꺾었습니다. 압도적으로 높은 지지율에도 불구하고 후보를 양보한 안철수 교수는 유력한 대권 후보로 떠올랐고요. 10·26 선거를 계기로 정당 밖의 두 인물이 기성 정치권과 정치 지형을 뿌리째 흔들어 놓은 거지요. 참, 덩달아서 「나는 꼼수다」와 김어준 씨도 많이 떴죠.

이렇게 되니까 모든 사람들이 혼란에 빠졌습니다. 도대체 무슨 일이 왜 벌어졌는지 서로 묻느라 정신이 없지요. 총선, 대선은 어떻게 될 것인가? 유력한 대권 후보였던 박근혜 의원은 끝난 거 아니냐? 안철수 교수가 대통령이 되는 건 아닌지? 이렇게 불안과 희망, 전망과 불만이 뒤섞인 말들이 쏟아지고 있습니다.

자, 훗날 2011년의 10·26이 1979년의 10·26처럼 역사를 바꾼 날로 기록될까요?

박성민 역사의 변곡점까지는 모르겠지만 정치의 변곡점은 될 겁니다. 그만큼 한국 정치에 충격을 줬습니다. 한국의 정치 지형은

10·26 전과 후가 완전히 다릅니다. 10·26 전의 지형은 박원순, 안철수 쓰나미에 형체도 알아보기 힘들 정도로 쓸려갔어요. 유력 정당이 구시대의 상징처럼 돼 버렸죠. 정치인도 하루아침에 낡은 이미지를 뒤집어썼고요.

결코 놓치면 안 되는 중요한 징후가 또 하나 있어요. 어쩌면 이번 서울시장 선거 결과가 지난 60여 년간 유지되어 온 보수 우위의 시대가 끝나고 보수와 진보가 전략적으로 대치하는 새로운 국면으로 진입하는 신호탄일 수 있어요. 그렇게 확인된다면 훗날 2011년의 10·26은 역사의 변곡점으로 기록될 수도 있겠군요.

그러고 보니, 역사학자 에드워드 핼릿 카가 『역사란 무엇인가』에서 이런 말을 한 적이 있잖아요? "필연은 우연의 옷을 입고 나타난다." 앞으로 살펴보겠지만 흔들리던 보수의 시대가 지난 2011년 8월 24일에 있었던 무상 급식 주민투표라는 돌발(?) 상황에 의해 임계점을 맞은 거죠. 물론 섣부른 판단일 수도 있습니다만, 보수 시대의 종언은 시간문제입니다.

지난 8·24 무상 급식 주민투표와 10·26 서울시장 보궐선거에서 정부, 정당, 언론, 교회 등 '보수 총동원령'이 내려졌는데도 결과는 보수의 뜻과는 반대로 나왔거든요. 보수의 전력이 약해진 건 분명합니다. 그것도 아주 많이요. 지금 한국 사회는 한마디로 표현하기 힘든 '권력 이동'의 시기입니다.

강양구 그럼 그런 '권력 이동'을 이끄는 주역은 누구일까요? 보궐선거 결과를 놓고도 그 의미를 해석하느라 말들이 많았습니다. 보수 언론, 진보 언론 할 것 없이 대개는 '20, 30, 40대의 반란'으로 규정하고 있어요. 『진보 세대가 지배한다』와 같은 책도 나왔습니다. 이 책은 20~40대의 투표를 '계급 투표'라고 규정하고, 이런 흐름이 2012년까지 계속되리라 전망해요. 그런 분석에 동의하시나요?

서울시장 보궐선거를 계기로 박원순, 안철수라는 정당 밖의 두 인물이 기성 정치권과 정치 지형을 뿌리째 흔들어 놓았다. '자판기 커피 세대'와 '에스프레소 커피 세대'의 대결이었다. 2010년 6·2 지방선거 전에는 20대를 정치 혐오 세대로 규정하던 지식인들이 서울시장 선거를 계기로 갑자기 이들을 '진보 세대'로 치켜세우고 있다. 이것이 과연 '권력 이동'의 예고일까?

박성민 물론 세대 대결은 분명했습니다. 비유하자면 '자판기 커피 세대'와 '에스프레소 커피 세대'의 대결이랄까요. 실제로 에스프레소 커피의 확산 속도와 진보의 확산 속도가 비슷하지 않나요? 그것도 일회성이 아니라 2010년 6월 2일 지방선거부터 쭉 유지되는 흐름이었죠. 그건 분명합니다.

　다만 이런 현상을 해석하는 지식인의 태도에는 아쉬움이 있어요. 지식인이라면 당장 눈앞에 펼쳐지는 현실 이면의 흐름을 읽고, 그것의 숨겨진 의미를 설명하는 역할을 해야 합니다. 지식인에게 깊고 넓은 시야가 필요한 것도 이 때문입니다. 그런데 최근에는 자기가 원하는 현상만 취해서 과대 포장하는 게 아닌가 하는 불만을 갖고 있습니다.

사실 2010년 6·2 지방선거 전까지만 해도 지식인들은 20~30대의 정당 혐오, 정치 혐오를 말했어요. 더 나아가 이 세대가 너무 이기적이다, 출세하려고 스펙(specification)만 쌓는다, 신자유주의에 포섭됐다, 돈만 밝힌다, 정치에 관심이 없다, 역사의식이 없다는 등 비판적이었죠. 그러다가 서울시장 선거가 끝나자 갑자기 흥분한 목소리로 '진보 세대', '계급 투표', '시민 혁명'을 말하기 시작했어요. 솔직히 좀 호들갑스럽다는 느낌을 지울 수가 없습니다.

강양구 이런 현상과 관련해서 한참 전에 김규항 씨가 일침을 놓은 적이 있어요.

인텔리들은 늘 뒤늦게 흥분하고 먼저 절망합니다. 그래서 그들은 늘 '대중의 저력'에 뒤늦게 흥분하고 '대중의 반동'에 먼저 절망하는 발작과 패닉의 끝없는 반복 상태를 보입니다. 대중이 그저 묵묵히 흐르는 강물이라면 그들은 그 강물의 굽이굽이 변화무쌍한 속도에 시시각각 깡총거리는 송사리들입니다.

— 김규항, 『나는 왜 불온한가』(돌베개, 2005), 94쪽

박성민 그래서 지난 10·26 보궐선거의 의미도 시야를 넓혀서 살펴볼 필요가 있습니다. 저는 10·26 보궐선거 후의 분위기를 보면서 소설가 이문열 씨가 외환 위기 직후인 1998년에 발표한 단편소설 「전야, 혹은 시대의 마지막 밤」이 생각났어요. 축제의 전야

제는 활기 차면서 절도가 있어요. 하지만 마지막 밤의 폐회식은 흥청망청하기 마련입니다.

이 소설은 이런 질문을 던집니다. "지금 이 난리법석은 새로운 시작을 기대하는 전야인가, 아니면 길을 잃고 자포자기하는 마지막 밤인가?" 방금 던진 질문을 놓고 이문열 씨는 이 소설에서 등장인물의 입을 빌려 이렇게 말합니다. 그는 외환 위기 직후의 변화를 '전야'가 아니라 '시대의 마지막 밤'이라고 본 듯해요.

"내가 보기에는 어둠의 밤이 새로운 시대의 전날 밤이 아니라 아직 덜 끝난 시대의 마지막 밤 같다니까. 진짜 어둠은 아직 남은."

강양구 「전야, 혹은 시대의 마지막 밤」, 저도 그 소설을 읽어 본 적이 있습니다. 그런데 젊은 세대가 선거에 적극 참여해 정치 지형을 바꿔 놓은 것은 이번 한 번이 아니잖아요? 그럴 때마다 한국 사회는 요즘처럼 흥분된 분위기였어요. 지금의 이 요란함은 전야일까요, 아니면 시대의 마지막 밤일까요?

25년마다 등장하는 젊은 세대

박성민 우연의 일치겠지만, 25년마다 젊은 세대가 역사의 중심에 섰더군요. 시야를 현대사 전체로 넓혀 봅시다. 1960년 3월 15일 대통령과 부통령을 뽑는 선거가 있었습니다. 그런데 선거를 얼마

앞두고 야당인 민주당 후보였던 조병옥 씨가 타계했습니다. 사실상 당시 이승만 대통령의 4선이 확정된 것이죠. (당시 이승만 대통령은 이미 '3선' 대통령이었습니다!) 문제는 부통령 선거에서 이기붕 씨를 당선시키고자 부정선거를 한 겁니다. 부정선거에 항거해 고등학생이 먼저 일어나고, 이어서 대학생들이 참여하면서 4·19 혁명이 일어나게 됩니다. 결국 이승만 대통령이 물러나고요. 그때부터 1964년 한일 회담에 반대하는 6·3 사태까지 20대가 정치의 중요한 주체가 됩니다.

그때는 전야였을까요, 시대의 마지막 밤이었을까요? 돌이켜보면 4·19 세대는 아무런 준비가 없었어요. 독재자였던 이승만 전 대통령을 물러나게 했지만, 그들은 '새로운 시대'를 맞이할 준비가 전혀 되어 있지 않았습니다. 혼란스럽고 당혹스러운 날들의 연속이었어요. 그리고 채 1년도 지나지 않아서 1961년 5·16 군사 쿠데타가 일어났습니다. 일군의 군인들이 들고일어나자 당시 2공화국의 국무총리였던 장면은 올 것이 왔다면서 자포자기하는 모습을 보였어요. 시대의 마지막 밤이었죠, 진짜 어두운 밤이 이어지는.

강양구 그때 장면 총리는 혜화동 성당 뒤편에 있는 갈멜 수녀원에 숨어서 묵상과 기도로 쉰다섯 시간을 보냈다지요. 군인들에 의해 2공화국이 무너지는데, 지도자가 묵상과 기도라니요! 그때 장면 총리가 소수 군인의 쿠데타를 인정할 준비가 되어 있지 않던 미국 대사관에 적극적으로 도움을 요청했더라면 현대사는 또 달라졌을 텐데요.

박성민 그때는 장면 총리만 그랬던 게 아니에요. 나중에 박정희 전 대통령의 정적이 된 장준하(1918~1975) 씨도 당시에는 무능한 2공화국이 아닌 군인들의 쿠데타를 환영했습니다. 나중에 『민족 경제론』을 펴내 박정희 전 대통령의 경제 노선을 정면으로 비판한 진보 경제학의 태두 박현채(1934~1995) 씨도 다르지 않았어요. 한때 사회주의자였고 또 민족주의자로 보였던 박정희 전 대통령의 활약을 기대했던 거죠.

강양구 박현채 씨는 10대에 빨치산 활동을 해서, 소설가 조정래 씨의 『태백산맥』에 나오는 '빨치산 소년 전사' 조원제의 모델이 되기도 했지요. 그랬는데도 군사 쿠데타에 호감을 가졌다니 놀랍습니다. 절대 권력자였던 이승만 대통령을 물러나게 할 힘이 있었는데도 그렇게 되었군요.

결국 그들은 구체제를 물러나게 할 힘만 있었지 '새로운 체제'를 만들 힘은 없었군요. 그로부터 25년이 흐른 1985년에는 어땠나요?

박성민 1985년 2월 12일에 총선이 있었습니다. 김대중, 김영삼이 이끄는 신민당(신한민주당)이 돌풍을 일으켰습니다. 저도 이 선거에서 처음 투표를 했습니다. 이 돌풍의 선두에 20대를 포함한 젊은 세대가 있었습니다. 그때는 4·19 때와 달랐어요. 1970년대부터

25

축적된 민주화 운동의 성과를 토대로 새로운 시대를 맞이할 준비가 돼 있었어요.

김대중, 김영삼 양김으로 대표되는 제도권 정당과 (요즘으로 치면 시민단체라 할 수 있는) 재야 단체, 그리고 학생들이 분명한 목표를 갖고 똘똘 뭉쳤지요. '군사 정권 타도'라는 전략적 목표와 '개헌'이라는 전술적 목표가 분명히 있었습니다. 이들은 1987년 6월 항쟁에 이르기까지 한국 민주주의 이행의 중심 역할을 합니다.

그리고 그들이 중심이 돼 성취한 6공화국의 헌법은 지금까지 한국 사회 온갖 법제도의 근간으로 자리를 잡았어요. 이른바 '87년 체제'라고 부르는 것입니다. 1987년 대선에서는 양김이 분열해 군사 쿠데타의 주역 중 한 명인 노태우 대통령이 당선되는 걸 막지는 못했지만요.

하지만 87년 체제가 출범한 뒤로는 군인이든 기업이든 그 누구도 한국 사회에서 투표가 아닌 다른 방식으로 권력을 쟁취할 생각은 꿈도 꾸지 못합니다. 확실히 1980년대 중반의 그 시끄러움은 25년 전인 1960년대 초반의 그것과는 달리 새로운 시대를 준비하는 '전야'의 흥분이었습니다.

그리고 다시 '25년'이 지난 2010년 6·2 지방선거에서 20~30대가 다시 투표장으로 갑자기(!) 몰려나와요. 이 흐름은 2011년 무상 급식 주민투표와 서울시장 보궐선거로 이어졌고, 2012년 총선, 대선까지 지속될 것으로 보입니다. 지금은 시대의 마지막 밤일까요, 혹은 전야일까요?

그 실체가 뭔지 딱 짚어서 얘기하는 건 힘듭니다만, 대중에게 변화에 대한 열망이 있다는 것은 사실입니다. 그 열망의 정체는 무엇인지, 그리고 그 열망을 정치가 어떻게 끌어안을 수 있을지, 그것이야말로 지금 정치인과 지식인이 고민할 문제입니다. 그리고 그 대답이 제대로 나올 때, 비로소 지금 이 시기는 새로운 '체제'를 준비하는 전야가 될 수 있어요.

앞으로 우리의 대화에서 따져야 할 것도 이것입니다. 2012년 체제가 만들어질까요? 그러려면 절대로 예전으로 돌아갈 수 없는 '비가역적인 변화'를 만들 수 있어야 합니다. 그런 변화를 이끌어 내지 못한다면, 역사는 이 순간을 전야가 아니라 실속 없이 떠들썩하기만 하던 시대의 마지막 밤으로 기록할 거예요.

강양구 어쩌면 그 시대의 마지막 밤에 이어서 진짜 어두운 밤이 이어질

대한민국 현대사에서 25년마다 20대가 역사의 중심 무대에 등장했다. ① 1960년 부정선거에 항거한 4·19 혁명에서 20대가 정치의 중요한 주체가 되었지만 이들은 아무런 준비가 돼 있지 않았다. 결국 1961년 5·16 군사 쿠데타를 맞았다. ② 1985년 총선의 신민당 돌풍에도 20대가 선두에 있었다. 이들은 4·19 때와는 달리 1970년대부터 축적된 민주화 운동의 성과를 토대로 새로운 시대를 맞이할 준비가 돼 있었다. '군사 정권 타도'라는 전략적 목표와 '개헌'이라는 전술적 목표가 분명했다. 이들이 성취한 6공화국 헌법, 이른바 '87년 체제'는 한국 사회에서 투표가 아니고서는 그 누구도 대통령이 될 수 없는 '비가역적인 제도'를 탄생시켰다. ③ 2010년 다시 6·2 지방선거에 대거 등장한 20~30대의 영향력은 2011년 서울시장 보궐선거로 이어졌고, 2012년 총선과 대선까지 지속될 전망이다. 그렇다면 지금의 흥분은 4·19 세대처럼 혼란으로 끝날 시대의 마지막 밤이 될 것인가, '87년 체제'처럼 새로운 시대의 전야가 될 것인가?

수도 있고요. 많은 사람들이 2012년 체제, 혹은 2013년 체제를 기대합니다. 그런데 '체제'라는 용어를 쓸 때의 중요한 조건은 '비가역적 변화'라고 생각해요. 예를 들면 어떤 것이 있을까요?

박성민   우리는 한국전쟁 이후 네 번의 큰 흥분 상태를 경험했어요. 첫 번째는 4·19 혁명 후입니다. 앞에서 이야기했듯이 결국 5·16 군사 쿠데타를 막지 못했어요. 두 번째는 1979년 10·26 후입니다. 모든 사람이 새로운 시대를 기대했지만 12·12 쿠데타를 막지 못했습니다. 결국 1980년 '서울의 봄'은 5·18 '광주의 비극'으로 끝났습니다.

세 번째는 1987년 6월 항쟁 이후입니다. 보수와 진보, 여야의 대타협으로 새로운 헌법을 만들었습니다. 새로운 체제가 들어선 거죠. 네 번째는 2002년 노무현 전 대통령이 당선된 후입니다. 노 대통령을 중심으로 개헌, 선거구제 개편, 대연정 등 구조의 틀을 바꾸려는 시도가 있었습니다만 결국 아무것도 바꾸지 못했죠.

비가역적인 변화란 '법과 제도'에 의한 '시스템'의 전환을 말합니다. 구조적인 틀의 변화를 통해 패러다임을 바꾸는 겁니다. 패러다임이 바뀌면 그 전의 패러다임이 지배하던 시대로 다시는 돌아가지 못합니다. 예컨대 '대기 번호표' 이전의 시대로 돌아갈 수 있을까요? 불가능할 겁니다. 그것도 일종의 시스템이죠.

1993년의 '금융실명제'는 또 어떻습니까? 우리가 그 이전으로 돌아갈 수 있습니까? 안 되겠죠. 87년 체제는 미국의 정치학자 애덤 쉐보르스키가 정의한 대로 "오늘의 야당이 내일의 여당이 되고, 오늘의 여당이 내일의 야당이 될 수 있는" 평화적 정권 교체가 반복되는 '민주주의의 공고화' 단계로 이행하도록 제도화한 것입니다.

20, 30, 40대가 한 덩어리?

강양구 그런 비가역적인 변화의 주체 얘기를 좀 더 해보면 좋겠어요. 10·26 서울시장 보궐선거가 끝나자마자 20~40대의 높은 투표율을 보면서 또 한 차례 소동이 있었어요. 유창오 씨의 주장이 한 예입니다. 진보, 보수를 막론하고 유 씨의 주장을 되뇌었죠.

한국전쟁 이후 한국은 네 번의 큰 변화를 경험했다. ① 4·19 혁명을 이루었으나 5·16쿠데타를 막지 못했다. ② 1979년 10·26으로 새로운 시대를 기대했지만 12·12 쿠데타를 막지 못했다. 결국 1980년 '서울의 봄'은 5·18 '광주의 비극'으로 끝났다. ③ 1987년 6월 항쟁 이후 여야의 대타협으로 드디어 새로운 헌법을 만들었다. ④ 2002년 노무현 대통령의 당선으로 선거구제 개편, 대연정 등 구조의 틀을 바꾸려는 시도가 있었지만 허사였다.

우리는 지금 '87년 체제'처럼 비가역적인 변화를 만들어 낼 수 있느냐 하는 역사적인 전환기에 있다. 비가역적인 변화란 '법과 제도'에 의한 시스템의 전환을 뜻한다. 구조적인 틀의 변화를 통해 이전의 시스템으로 되돌아가지 못하도록 패러다임을 바꾸는 것이다.

이명박 정부를 거치면서 20~40대 진보 블록과 50~60대 이상의 보수 블록이 양립하는 양상으로 세대 구도가 변했다. …… 40대의 민주적 성향이 1980년대 민주화 운동을 겪으면서 형성된

'가치·문화적'인 것이라면, 20~30대의 진보적 성향은 외환 위기 이후 본격화된 신자유주의와 양극화를 겪으면서 형성된 '계층·경제적'인 것이라 할 수 있다.

'20 대 80의 사회'에서 사회생활을 시작하면서 이에 대한 저항 의식과 세대 정체성을 키워 가고 있는 것이다. 신규로 사회에 편입한 20~30대에게 하위 80퍼센트 트랙만이 허용되는 '20 대 80 사회'가 이들을 진보적으로 만든 것이다. …… 2010년 이후 심화되고 있는 세대 갈등은 과연 대한민국의 구조적이고 본질적인 균열에 해당되는 것인가?

…… 지금 젊은 세대가 이명박 정부에 등을 돌리고, 성장보다는 분배를 선호하고, 나아가 '탈지역주의' 색깔을 분명히 하게 된 것은, 경제적 이해와 밀접한 관계가 있다. 2011년 대한민국에서 '세대'는 경제적 이해관계와 밀접한 관계를 맺고 있는 단위인 동시에, 정치적 성향과 선호가 분명한 집단이다. 2011년 현재, 세대는 곧 계급이다.

　　　—유창오, 『진보 세대가 지배한다』(폴리테이아, 2011), 60~68쪽

정말로 그런가요? 유창오 씨의 주장을 따라가면서 문득 미국의 정치학자 아이라 카츠넬슨이 계급 형성 과정을 놓고 했던 얘기가 떠올랐어요. 카츠넬슨은 에드워드 톰슨의 『영국 노동 계급의 형성(The Making of the English Working Class)』을 따라서, 자본주의의 착취 구조는 노동 계급이 만들어지는 필요조건이지 충분조건은 아니라고 주장해요. 그러니까 공통의 경험, 그런 경험을

통해 만들어진 공통의 취향 등을 통해서 노동자들이 점점 (톰슨의 말을 빌리자면) "운명을 함께하는" 한 덩어리가 된다는 겁니다. 그리고 그렇게 한 덩어리가 된 이들이 자신의 이익을 위해 집단행동을 할 때 비로소 우리가 '계급'이라고 부르는 것이 등장합니다.

유창오 씨와 같은 이들은 마치 착취 구조가 있으면 곧바로 한 덩어리가 되어 행동하는 계급이 저절로 만들어지리라고 보는 것 같아요. 지금의 20~40대가 분명히 각기 다른 '불안' 속에서 살아가는 것은 맞아요. 그런 불안을 야기하는 중요한 요인이 사회, 경제적 구조와 관계된 것도 부인할 수 없어요.

하지만 그런 불안은 20~40대가 한 덩어리가 되기 위한 필요조건일 뿐이에요. 과연 20~40대가 공통의 경험, 공통의 취향, 그리고 공통의 이해관계를 매개로 한 덩어리로 뭉칠 수 있을까요? 더구나 20대, 30대, 40대를 꿰뚫는 공통의 이해관계라는 게 과연 있기는 할까요? 저마다 그 불안의 실체가 다를 텐데요.

각각의 세대 안에서조차 공통의 이해관계라는 게 있는지도 미지수입니다. 강남에 자기 아파트를 가진 40대 대학 교수와 전세를 전전하는 수도권 외곽의 40대 중소기업 노동자 사이의 격차는 천지차이일 텐데요. 20대도 마찬가지에요. 서울 소재 대학을 나와 월세 100만 원짜리 원룸에서 사는 대기업 신입 사원과 지방 대학을 나와 옥탑방을 전전하는 대졸 실업자처럼 말이에요.

박성민 사실 20~40대의 투표 성향을 놓고서 '이렇다' 하고 규정하기는

31

참 어렵습니다. 한 가지 확실한 점은 있어요. 적어도 2012년까지 30대는 반(反)한나라당 성향에서, 60대 이상은 한나라당 성향에서 벗어나지 않을 것으로 보여요. 반면에 20대, 40대에 '진보 세대'라는 이름을 붙일 만한 근거는 약합니다. 좀 더 두고 봐야 할 것 같습니다.

사실 저는 현실 정치 세력을 분류할 때 보수·중도·진보로 구분하는 방식에 동의하지 않습니다. 여러 이유가 있지만 가장 큰 이유는 현실을 분석하는 데 별로 유용하지 않거든요. 그보다 한국에서는 어떤 일이 있어도 한나라당만 찍는 사람, 한 번도 한나라당을 찍은 적이 없고 앞으로도 찍지 않을 사람, 그리고 왔다 갔다 하는 사람, 이렇게 세 부류가 있다고 봅니다. 그러니까 한나라당, 반한나라당, 그리고 무당파가 있는 거지요.

그런데 제가 굳이 한나라당을 중심으로 한나라당 대 반한나라당으로 표현하는 데는 근거가 있습니다. 한국의 정치 세력 중 한나라당만이 연대 없이, 통합 없이 단독(!)으로 집권이 가능하기 때문입니다. 다른 세력은 그게 쉽지 않죠. 통합하거나, 적어도 연대해야죠. 세대의 정치 성향을 분석할 때도 그런 기준으로 분석하는 것이 좀 더 현실적입니다. 그러니까 우리가 대화할 때 보수/진보라는 용어를 사실은 한나라당/반한나라당이라는 개념으로 쓰고 있는 겁니다. 그걸 전제하는 게 좋겠어요.

2011년에 안철수, 박경철, 김제동 씨 등의 '청춘 콘서트'가 20대들 사이에서 인기 있잖아요? 1980년대에도 비슷한 게 있었어요. 당시 함석헌 선생, 문익환 목사 등의 강연에 20대들이 구름처럼 모여들었습니다. 그런데 둘 사이에는 큰 차이점이 있어요. 1980년대에 숨죽이며 함석헌 선생의 강연을 듣던 20대는 뚜렷한 '반독재' 지향이 있었습니다.

그런데 지금 청춘 콘서트를 찾는 20대는 어떤가요? 한나라당 지지자, 민주노동당 지지자는 물론이고 정치적 무관심 층까지 섞여 있어요. 초국적 기업에서 컨설팅을 하려고 준비하는 이부터 시민운동을 지향하는 이들까지 다양합니다. 이들이 과연단 하나의 정치 세력을 지지하는 기반이 될 수 있을까요?

40~50대의 지향을 규정하기는 더욱더 어려워요. 지난 네 번의 대선에서 이들은 끊임없이 변화를 선택하는 방향으로 움직여왔어요. 김영삼, 김대중, 노무현, 이명박으로요. 당장 지난 10년만 돌이켜 보세요. 노무현 정부를 만들었던 40~50대가 정작 그 5년 동안 한나라당으로 급속히 넘어갔고, 결국 이명박 정부를만들었어요.

그리고 지금은 마치 진보로 돌아선 것처럼 보입니다. 한 가지비유를 해볼까요? 이들의 이중성은 마치 번지점프에서 뛰어내린 상황에 비유할 수 있어요. 번지점프를 하면 그냥 내려오나요?아닙니다. 절대로 한 번에 내려오지 않고 몇 번의 반동을 받으면서 오르락내리락 합니다. 이런 번지점프의 동선처럼 40~50대의 정치 성향은 왔다 갔다 하기 때문에 단정적으로 판단하기가쉽지 않아요. 그러니 이들이 과연 2012년에 어떤 선택을 할지 섣부르게 단정 짓는 것은 경솔한 일입니다. 더군다나 그들을 20대, 30대와 한 덩어리로 묶는 건 뭔가 부자연스러워 보입니다.

40대의 진정성

강양구 30대 중반인 저로서는 유창오 씨와 같은 40대 지식인의 얘기를 들으면서 약간 오기가 생기기도 합니다. 왜냐하면 20~40대를 한 덩어리로 묶고 나서도 결론은 똑같잖아요. '2012년 선거에서 40대에게, 혹은 40대가 점지한 후보에게 표를 달라!' 이런 식으로요. 20~30대는 늘 거수기 노릇만 하라는 건가요?

박성민 의도하지 않았더라도 결과적으로 한국 사회에서 40대의 기득권은 더 강화되고 있어요. 40대가 20~30대에게 위로의 말은 던져도 결코 그들을 위해 기득권을 포기하지는 않을 겁니다. 저도 이런 질문을 던지고 싶어요. "도대체 누가 20대부터 40대까지를 하나로 묶는가?" 40대, 이른바 386 혹은 486 세대라 불리는 이들 중에는 얼마 전까지만 하더라도 20~30대를 정치 혐오 세대, 더 나아가 자기만 아는 이기주의자들이라고 폄훼했던 사람들이 꽤 있어요.

강양구 네, 바로 요즘에 「나는 꼼수다」로 김어준 씨와 함께 인기를 끌고 있는 시사평론가 김용민 씨가 2009년 6월에 충남대학교 대학신문 《충대신문》에 「너희에겐 희망이 없다」라는 제목의 글을 기고해서 논란이 된 적이 있어요. 그 글의 끝은 이렇습니다. "(20대) 너희는 안 된다. 뭘 해도 늦었기 때문이다."

박성민 그런데 그분들이 갑자기 최근에는 20~30대의 투표 참여와 진보 성향에 환호를 보내고 있죠. 그러면서 어느 순간 20대부터 40대까지 하나로 묶는 경향이 나타났습니다. 숫자 짝짓기 하듯 '에스프레소 커피 동맹'을 맺은 거죠. 이런 흐름의 이면에 똬리를 틀고 있는 욕망을 읽을 필요가 있습니다. 실제로 지금까지 40대가 20~30대의 문제를 해결하려고 무슨 노력을 했습니까?

그러던 이들이 갑자기 20~30대를 보면서 한쪽에서는 "분노하라."고 목소리를 높이고, 다른 한쪽에서는 "아프니까 청춘이다."라고 다독입니다. 분노도 좋고 위로도 좋아요. 그런데 20~30대가 믿고 따르는 '멘토' 혹은 '총수'들은 죄다 성공한 40대잖아요. 그들의 욕망은 뭘까요?

저도 같은 또래지만 386(486) 세대는 역사적 경험 속에서 전략적 사고를 온몸으로 체득한 세대입니다. 당연히 개인의 전략도 탁월하죠. 그들은 아는 겁니다. 지금은 20~30대와 함께 묶여야 살아남는다는 걸 본능적으로 아는 거죠. 그걸 비판할 수는 없어요. 다만 지금 '진보적'으로 불리고 싶은 이들, 즉 386(486)

> 한국 사회에서 40대의 기득권은 강화되고 있다. 그런 40대가 20~30대와 공통의 이해관계로 묶일 수 있을까? 486은 역사적 경험 속에서 전략적 사고를 온몸으로 체득한 세대다. 그들은 개인의 전략 면에서도 탁월하기 때문에 지금은 20~30대와 함께 묶여야 살아남는다는 걸 본능적으로 안다. 지금 '진보적'으로 불리고 싶은 이 486 세대는 사실 얼마 전까지만 해도 '욕망의 정치'를 쫓던 주역들이었다.
> 변화를 꿈꾸는 20~40대의 불안한 동맹이 공염불로 끝나지 않으려면 반드시 '비가역적인 변화'를 준비해야 한다.

세대가 사실은 얼마 전까지만 해도 '욕망의 정치'를 좇던 주역들이었어요.

자기들은 처음부터 '욕망의 정치'를 비판한 듯 행동하지만 불과 몇 년 전으로만 돌아가서 확인해 보세요. 솔직히 지난 10여 년은 너 나 없이 욕망을 향해 질주하던 시기였어요. 주식 투자, 부동산 투기에 뛰어들어 거기서 번 돈으로 룸살롱 다니고 골프 치러 다닐 때, 비정규직이나 20~30대의 어려움을 얼마나 생각했겠어요? 그리고 지금도 그런 욕망을 실현하고 있는 상황이라고 할 수 있죠.

그래도 다행입니다. 더 이상 과거는 묻지 마세요. 어떤 이유와 목적으로 20~40대가 동맹(?)을 맺었는지가 중요한 것이 아니라, 그러한 동맹을 통해 새로운 체제를 준비하고 있느냐가 중요합니다. 그런 '비가역적인 변화'를 위한 준비가 없다면 아무리 몰려다니고 요란하게 외쳐 봐야 몇 사람에게 부와 명예와 권력만 안겨 주고 끝나게 될 겁니다.

강양구 결국, 지금 그들의 동맹 전략이 전야를 준비하는 것인가라는 질문으로 바꿔 볼 수 있겠군요.

박성민 맞아요. 이미 40대도 한국 사회에서 잃을 게 많은 기득권 세력입니다. 그들이 과연 기득권을 내려놓을 준비가 되어 있을까요? 아까 얘기한 대로 절대 과거로 회귀할 수 없는 비가역적인 2012년 체제를 만들기 위해서 지금 '희망'을 얘기하는 그들이 무슨 준비를 하고 있는지 묻고 싶어요.

그런 비가역적인 변화를 이끌어 낼 준비가 없다면, 이번의 호들갑은 또 한 번의 시대의 마지막 밤으로 끝날 게 뻔합니다. 다시 한 번 반복하지만 진짜 어두운 밤들이 이어지는, 마치 1960년에 이승만 대통령을 몰아냈지만 1년도 못 돼 군인에게 권력을 갖다 바쳤던 것처럼 말입니다. 준비에 실패하는 것은 실패를 준비하는 것이죠.

1987년에는 달랐습니다. 비록 대선에서 노태우 대통령이 당선되면서 군인을 권력 일선에서 제거하지는 못했어요. 하지만 87년 체제라는 비가역적인 변화를 만들었고, 그것이 돌이킬 수 없는 민주주의를 향한 이행을 이끌었습니다.

사실 2012년에는 대통령이 누가 되든 그게 중요한 게 아니에요. 지금 우리가 관심을 가져야 할 것은 바로 이런 비가역적인 2012년 체제를 만들어 내는 것입니다. 그래야 이 소동이 시대의 마지막 밤이 아닌 새 시대를 준비한 전야로 역사에 기록될 거예요. 그리고 그 과정에서 386(486) 세대가(설사 이기적인 의도였더라도) 한몫 한다면 그것은 역사의 평가를 받을 겁니다.

반(反)한나라당은 '패션'

강양구 10·26 서울시장 보궐선거에서 보였던 20~40대의 반한나라당 정서가 이렇게 갑자기 확산된 이유는 뭘까요? 2007년 대선에서

30대는 덜하지만 20대와 40대는 이명박 후보에 대해 우호적이 었는데요. 왜 갑자기 등을 돌렸을까요? 2010년 6·2 지방선거부 터 세대 전쟁이 나타나거든요.

일단 보수 언론, 진보 언론 모두 공히 아까 언급했던 '불안' 을 그 이유로 들어요. 서민 경제가 어려워지고, 특히 젊은이들 은 일자리에 대한 불안 때문에 반한나라당, 반이명박으로 돌아 섰다는 겁니다. 이명박 대통령을 뽑았을 때 기대한 것은 다른 건 몰라도 먹고사는 문제만큼은 잘할 줄 알았는데 그러지 못했 다는 거죠. 갈수록 양극화가 심해지는 것도 분노를 키운 원인이 라는 진단이죠. 일단 경제적 이유를 첫 손가락에 꼽는 분석입니 다. 동의하시나요?

박성민 물론 동의합니다. 양극화가 심해지고 서민 경제가 어려워지고, 젊은이들이 좋은 일자리를 얻는 것이 점점 어려워지는 건 사실 이니까요. 그러고 보면 1970~1980년대의 20~30대, 특히 대학 생의 경우 머리는 좌파인데 몸은 우파였던 것 같아요. 당시만 하더라도 대학교 졸업장만 있으면 최소한 먹고사는 데는 문제 가 없었잖아요. 일부는 자신이 그토록 적대시하던 기득권으로 편입될 가능성도 컸고요. 그런데 요즘의 20~30대는 반대로 머 리는 우파인데 몸이 좌파인 것 같아요.

요즘 20~30대는 대학교 졸업장이 먹고사는 데 도움이 안 됩 니다. 주위를 둘러보세요. 비정규직, 시간 강사 등 불안정한 노 동자는 모두 다 20~30대에요. 문화계, 언론계에 있는 이들이라고 사정이 다르지 않아요. 단적으로 TV, 라디오 프로그램을 만드는 작가는 대부분 비정규직이잖아요. 아무리 일해도 겨우 입에 풀칠이나 할 수 있는 소득을 감수해야 하는 이들이 분노하지 않으면, 그게 이상한 거죠.

상황이 이러니 한나라당에서도 20~40대가 등 돌린 원인을 일자리, 보육, 교육, 주거, 노후에 대한 '불안'이라고 진단하고 수많은 정책을 쏟아냈죠. 그런데 정말로 그것이 유일한, 또 가장 큰 이유일까요?

세계화, 정보화가 된 이 시대는 두 가지 특징을 갖고 있습니다. '불확실의 증대'와 '불안의 확산'입니다. 두 가지는 동전의 양면입니다. 이 시대는 모든 것이 불확실하고 모두가 불안합니다. 세계를 보십시오. 지금 국가, 기업, 개인 모두가 불확실한 미래 때문에 어쩔 줄 몰라 불안에 떨고 있지 않습니까?

이명박 대통령이나 버락 오바마 미국 대통령은 불안하지 않을까요? 이건희 삼성그룹 회장은 불안하지 않을까요? 50대와 60대는 왜 불안하지 않겠습니까? 이런 상황을 염두에 두면, 불안하니까 한나라당에 등을 돌렸다는 식의 분석은 제대로 된 답이 아니죠. 똑같이 불안한데 왜 20~40대만 반한나라당으로 돌아섰을까요?

20~40대의 반한나라당 정서의 확산에는 경제적 불안 이외의 다른 중요한 이유가 숨어 있습니다. 경제적으로 불안하지 않은 계층도 등을 돌리고 있거든요. 고소득, 고학력 층에서도 이탈이 가속화하고 있습니다. 그리고 세대가 비슷한 정치적 성향

을 보인다면 그런 경우 대개는 원인이 경제적 이유보다는 다른 것일 수 있습니다.

결정적인 이유는 20~40대가 문화 세대라는 것입니다. 앞에서 저는 '에스프레소 세대'라고 이름을 붙였습니다만, 이 세대는 '자판기 세대'를 문화적으로 '촌스럽다'고 봅니다. 보수와 이명박 대통령, 그리고 한나라당을 싸잡아서 늙고 낡고 지루하고, 한마디로 매력이 없다고 보는 거죠. 1990년대 초에 방영된 「사랑이 뭐길래」에서 이순재 씨가 연기를 했던 '대발이 아빠'의 이미지가 지금 보수와 한나라당의 이미지죠. 완고하게 소리만 버럭 질러대는.

강양구 진중권 씨가 자주 쓰는 표현인 '촌스럽다'는 말이 지금의 반한나라당 정서를 설명하는 열쇳말이군요. 사실 20~30대가 보기에 이명박 정부가 하는 일은 답답한 게 한두 가지가 아닙니다. 예를 들자면, 지난 2011년 4월 27일 분당(을) 보궐선거를 앞두고 방송인 김미화 씨가 약 8년간 진행하던 MBC라디오 「세계는 그리고 우리는」을 자진 사퇴 형식을 빌려 하차했어요. 이른바 '반골' 방송인으로 찍혀 하차했다는 소문이 파다했습니다.

진실이야 어떻든 간에, 대중에게 적지 않은 영향력을 미치는 방송인이 이렇게 하차하는 모습을 보면서 20~30대가 무슨 생각을 했겠어요? 그들에게는 '쿨'한 게 미덕이잖아요. 듣기 싫은 소리 좀 했다고 멀쩡하게 잘 진행하던 프로그램에서 사회자를 쫓아내는 건 정말로 촌스럽고, 시쳇말로 '나는 꼰대다!' 하고 외치는 꼴이죠.

확신하건대, 4·27 분당 보궐
선거에서 손학규 의원이 당선되
는 데 김미화 씨의 퇴출이 적지
않은 영향을 미쳤을 거예요. 이
명박 정부 4년간 이런 일이 한두
번이 아니었어요. 2009년에는 방
송인 김제동 씨가 석연찮은 이유
로 자신이 진행하던 예능 프로그
램에서 하차했잖아요.

이런 일이 하나둘 쌓이면서
20~30대에게 이명박 정부나 한

세계화, 정보화 시대는 '불확실'의 시대
다. 모두가 불안한 시대에 20~40대만
한나라당에 등을 돌린 데에는 경제적 불
안 외에 또 다른 중요한 요인이 숨어 있
다. 20~40대는 문화 세대다. 특히 '에스
프레소 세대'는 '자판기 세대'를 문화적으
로 '촌스럽다'고 여기는데, 대중은 이명
박 대통령과 한나라당이 바로 그 촌스러
운 보수를 상징한다고 보기 때문이다. 지
금 20~30대에게 반한나라당 정서는 하
나의 '패션'이 된 것이다.

나라당을 지지하는 일은 '촌스러운' 행동이 되었어요. 반한나라
당 정서가 그들에게 하나의 '패션'이 된 거죠. 그리고 이런 정서
는 인터넷과 스마트폰을 통해 손에서 손으로, 눈에서 눈으로 전
파됩니다. 한나라당으로서는 결코 반갑지 않은 유행이지요.

최근에 일부 연예인이 적극적으로 반한나라당 정서를 퍼뜨
리는 데 앞장서는 것도 비슷한 이유예요. 김제동, 김여진 씨 같
은 연예인의 진정성을 의심하는 것은 아닙니다. 하지만 대중,
특히 20~30대의 관심으로 먹고사는 그들로서는 당대의 '패션'
에 민감하게 반응하는 게 당연합니다.

여기서 한 가지를 강조하고 싶습니다. 무엇을 '선택'하는 행
동은 논리적인 사유의 결과가 아니라 직관적인 감정의 결과일

때가 많아요. 대부분의 사람들은 특정 정당이나 특정 정치인을 지지할 때 '좋고' '싫고'의 문제로 접근합니다. 그러고 나서 좋은 이유, 싫은 이유를 덧붙이지요. 이게 진실 아닐까요?

박성민 상당히 흥미로운 지적이군요. 얘기를 듣다 보니, 데이비드 브룩스가 1990년대 후반에 얘기했던 '보보스(Bobos)'가 떠오르는군요. 보보스는 1960년대 해방의 가치를 옹호했던 '보헤미안(Bohemian)'과 1980년대 시장의 가치를 좇았던 '부르주아(Bourgeois)'를 결합시킨 신조어입니다. 그러니까, 부르주아의 야망과 성공에 대한 집착을 가지고 있으면서 보헤미안의 저항과 창조에 대한 열정을 동경하는 이들이죠. 지금 한국 사회에서 20~30대, 그리고 일부 40대가 바로 이런 특징을 두루 갖춘 보보스가 아닌가 싶어요. 경쟁에서의 성취에 누구보다도 집착하면서도 짐짓 저항의 제스처는 자신의 정체성을 유지하는 필수 아이템으로 여기는 식으로요.

이런 보보스들이 제일 싫어하는 게 바로 같은 부르주아지만 이명박 정부의 '고소영'(고려대학교~소망교회~영남 출신)으로 대표되는 '속물'들이에요. 또 이명박 정부가 쓴소리 좀 했다고 연예인을 퇴출시키는 모양처럼 문화적으로 '쿨'하지 못한 태도입니다. 20~30대나 일부 40대의 반한나라당 성향은 이렇게 보보스의 등장으로 이해해도 그럴듯해요.

사실 40대, 더 나아가 50대조차 경제적으로는 보수적이어도 문화적으로는 진보이고 싶죠. 이른바 '강남 좌파'에게 이들이 호의적인 이유도 거기에 있습니다. 안철수 교수도 "제가 안보는 보수, 경제는 진보"라면서 "자기는 보수도 진보도 아니다."라고 했거든요. 이런 변화하는 문화 정체성을 보수와 한나라당이 따라가지 못하는 거예요.

강양구 보보스와 비슷한 말로 힙스터(Hipster)도 있어요. 원래는 재즈와 같은 미국의 흑인 문화 애호가를 일컫는 속어였는데, 2000년대 들어서는 주류 문화를 거부하는 중산층 젊은이를 지칭하는 의미로 쓰입니다. 기성세대의 문화에 저항하는 포즈를 취하면서도, 특히 경제적으로는 '주류'가 되고자 안간힘을 쓰는 이들이죠.

'보보스'는 1960년대 해방의 가치를 옹호했던 보헤미안과 1980년대 시장의 가치를 좇았던 부르주아를 결합시킨 신조어다. 부르주아의 야망과 성공에 대한 집착을 가지고 있으면서 보헤미안의 저항과 창조에 대한 열정을 동경하는 이들을 말한다. 지금 한국 사회에서 20~30대, 그리고 일부 40대가 바로 이런 특징을 갖춘 보보스들이다. 이들은 경쟁과 성취에 집착하면서도 저항의 제스처를 자기 정체성의 필수 아이템으로 여기는 세대다. 경제적으로는 보수지만 문화적으로는 진보인 것이다. 이들이 경제적으로 성공했으면서 '쿨'하고 진보적인 '강남 좌파'에 열광하는 이유다. 보수와 한나라당은 이런 변화하는 문화 정체성을 따라잡지 못하고 있다.

지금 트위터, 페이스북과 같은 사회연결망서비스(SNS)에서 활동하는 20~30대의 상당수는 자기도 모르게 이런 힙스터의 정체성을 가지고 있을 거예요. 그러고 보니, 안철수, 박경철, 조국과 같은 40대와 그들에게 열광하는 20~30대의 만남은 보보스와 힙스터의 만남으로 설명할 수도 있겠군요.

그나저나 40~50대 일부의 반한나라당 정서는 또 어떻게 설명해야 하나요?

박성민 반한나라당, 좀 더 정확히 말하면 반이명박 정서의 확산에는 몇 가지 사건도 영향을 미쳤어요. 우선 2009년 5월 23일에 있었던 노무현 전 대통령의 자살입니다. 지금 30~40대와 일부 50대는 10년 전에 노무현 전 대통령을 만든 주역들입니다. 중간에 실망해서 등을 돌린 적도 있었지만 노무현 전 대통령의 자살을 외면할 수는 없었을 거예요.

이명박 정부가 들어와서 노무현 전 대통령에 대한 '무리한' 수사가 결국 자살로 이어지자 노 대통령에 대한 미안한 마음이 이명박 대통령과 한나라당에 대한 분노로 이어진 거죠. 그리고 김대중 전 대통령마저 서거하자 민주화 시대의 주역이었던 40~50대도 이탈하기 시작합니다. 사실 50대의 한나라당 우위도 전 같진 않죠. 한다라당 우위는 60대 이상만 확실한 셈입니다.

사실 이들은 1970~1980년대 민주화 운동의 경험을 통해, 그러니까 1987년의 전야를 함께 경험하면서 이런 자부심을 가지고 있어요. 최소한 한국 민주주의의 틀은 자기 손으로 만들었다는 겁니다. 60대 이상의 '산업화 세대'가 '한강의 기적'에 자부심을 가지는 것과 비슷해요.

그런데 이명박 정부와 한나라당은 권위주의적인 행태를 통해 지난 4년간 이들에게 '민주주의의 틀을 깨려는 게 아닌가?' 하는 불안감을 끊임없이 주었어요. 또 여러 차례 민주화 운동을 모욕했습니다. 이명박 대통령은 4년 동안 한 번도 5·18 광주 민주화 운동 기념식에 참석하지 않은 데다, '5·18 사태'와 같은 표현을 써서 구설수에 올랐으니까요.

이런 모습은 이 세대가 이룬 가장 자랑할 만한 성취를 부정하는 거예요. 헤겔이 지적했듯이 사람은 '인정' 받기 위해 사는 존재예요. 60대 이상의 산업화 세대가 "우리가 대한민국을 만들었다."는 자부심을 갖고 있는 세대라면, 40~50대는 "우리가 대한민국을 바꿨다."는 자부심을 갖고 있습니다. 지금 이명박 정부는 그 자부심에 흠집을 가한 거예요.

'탐욕'에 대한 분노

강양구 그렇게 변화의 기폭제가 된 사건을 들자면, 2008년 리먼브러더스의 파산으로 촉발된 세계 금융 위기도 언급해야겠어요. 월 스트리트의 '탐욕'과 그것을 부추기는 '악의 구조'가 이명박 정부의 시장 만능주의에 대한 분노로 연결되었으니까요.

박성민 맞아요. 그 전까지 '신자유주의'라는 추상적이고 어려운 슬로건이 있었지만 한계가 명백했어요. '양극화'는 그보다는 대중의 분노를 좀 더 자극할 수 있었습니다만 폭발적이지는 않았죠. 그러나 '탐욕'은 다르죠. 대중의 분노를 순식간에 폭발시켰습니다. 시장 만능주의와 성장 제일주의에 대한 믿음이 무너지는 순

45

간이었죠. 이건 이명박 대통령과 한나라당으로서는 치명적인 것이죠. 단순히 어떤 정책의 실패가 아니라 디디고 서 있는 기반이 무너지는 거예요.

앞으로 다시 얘기를 하겠지만, 오랫동안 한나라당과 같은 보수를 지탱하던 든든한 기반이었던 안보 이슈가 더 이상 먹히지 않는 것도 짧게 덧붙이고 싶습니다. 2010년 6·2 지방선거를 앞두고 천안함 침몰 사건이 있었는데도, 투표 결과를 보면 60대 이상에서만 이 사건이 한나라당에 유리하게 작용했고 40대 이하에서는 전혀 영향을 못 미쳤어요.

북한이 핵 개발을 한다고 해도 이들은 이미 북한을 망해 가는 나라로 보고 있어요. 실제 전력과 상관없이 그리 위협적인 존재로 보지 않는 겁니다. 천안함 침몰, 연평도 포격에도 불구하고 안보 이슈의 영향력은 과거보다 훨씬 약해졌습니다. 또 2011년에 무역이 1조 달러를 돌파하는 엄청난 쾌거를 이뤘는데도 젊은이들은 시큰둥합니다.

성장과 안보의 패러다임이 위기를 맞는 것은 단순히 이명박 대통령과 한나라당의 위기를 말하는 것이 아닙니다. 앞에서 지적한 대로, 이건 지난 60년간 대한민국을 지배해 온 '보수의 시대'가 끝나 가고 있는 걸 의미합니다. 역사적 변곡점에 도달한 거죠. '박정희 패러다임'이 20~30대, 그리고 일부 40대 이상에게 더 이상 받아들여지지 않고 있어요.

이쯤 되면 한나라당의 위기가 아니라 보수의 위기죠. 왜냐하면 보수는 성장과 안보 외에는 다른 기반을 갖고 있지 않으니까요. 마치 2008년 미국 대선에서 공화당의 기반이었던 '안보 보수'와 '시장 보수'가 이라크전쟁과 월 스트리트의 붕괴로 인해 대중의 신뢰를 완전히 잃으면서 정권을 빼앗긴 상황과 비슷하죠.

"옛것은 죽어 가고 있으나…"

강양구 다시 원점입니다. 그런 반한나라당 정서가 과연 새로운 정치에 대한 열정을 낳을 수 있을까요? 과연 '25년' 만에 한국 정치에 새로운 흐름이 등장할 수 있을까요? 솔직히 말하면, 개인적으로는 부정적입니다. 반한나라당 정서가 민주당이든 혹은 제3의 정치 세력에 대한 하나의 공통된 지지로 이어질지 확신이 안 섭니다.

지금의 반한나라당 정서의 실체가 일종의 '패션'이라고 했어요. 유행은 지나가기 마련입니다. 지금 반한나라당 정서에 기대서 야권이 이득을 보고 있기는 합니다만, 과연 이것이 2012년 대선까지 지속적으로 유지될 수 있을지는 미지수입니다. 더구나 지금처럼 대중의 눈길을 사로잡는 매력 있는 대안 세력이 없는 상황에서는요.

이런 점에서 10·26 보궐선거의 결과는 지금 한국 정치가 심각한 위기에 빠진 상황을 적나라하게 보여 줬어요. 한나라당은 2012년 4월 총선은 물론이고, 12월 대선에서 과연 승리를 자신하지 못하는 상황이 되었습니다. 민주당은 더 참담한 꼴이 되었어요. 제1야당이 '선거 대행업체'로 전락한 것도 모자라서, 지금은 상이한 정체성을 가진 이들이 서로 다른 생각을 가지고 모여있는 모습이에요.

박성민 보수 세력의 위기도 언급해야죠. 《조선일보》, 《중앙일보》, 《동아일보》와 같은 보수 언론은 아마도 큰 충격에 빠졌을 거예요. 지난 서울시장 보궐선거에서 사실상 전폭적으로 한나라당 나경원 의원을 지원했지만 별다른 성과가 없었어요. 대형 교회는 어떤가요? 내로라하는 목사들이 나서서 과할 정도로 박원순 후보를 비토했지만 성공하지 못했어요.

　　이탈리아의 혁명가 안토니오 그람시가 말했었죠. "옛것은 죽어 가고 있으나, 아직 새것은 태어나지 않았다." 10·26 보궐선거는 "옛것이 죽어 가고 있는" 모습을 확실히 보여 줬어요. 문제는 과연 산고 끝에 새것이 태어날지, 그리고 그것이 어떤 모습으로 올지, 이것입니다. 이와 관련해 10·26 보궐선거에서 긍정적인 신호도 보여요.

　　무상 급식 정책을 놓고 치열한 찬반 논란 끝에 결국 주민투표로 이어졌고, 무상 급식에 반대한 오세훈 전 서울시장은 그 결과에 책임을 지고 물러났습니다. 그리고 최종적으로 무상 급식에 찬성한 박원순 후보가 당선되었어요. 박원순 시장은 취임하자마자 가장 먼저 무상 급식을 승인했습니다. 수개월에 걸친 무상 급식을 둘러싼 갈등이 지극히 민주적인 방식으로, 즉 투표를 통해 종결된 것입니다. 어떻습니까? 폭력이 아닌 방식으로 사회 갈등을 해결하는 힘이 민주주의에 있다는 것을 유감없이 보여 준 예입니다. 여전히 민주주의는 힘이 세다, 이걸 확인한 셈입니다.

하나 더 있어요. 아까 연예인의 정치 참여를 잠깐 언급했어요. 김미화, 김제동, 김여진 씨뿐만 아니라 박중훈, 이효리 씨 등이 가세했습니다. 1945년 해방 이후에 이렇게 각양각색의 연예인이 자기 이름을 걸고 정치에 관심을 갖고 말한 적이 있었던가요? 그 동기가 설사 유행을 좇는 것이라고 해도요. 이건 대단히 긍정적인 변화입니다.

「나는 꼼수다」의 김어준 씨 같은 경우는 어떻습니까? 그 방식에 대한 평가는 차치하고라도 정치를 말하는 지식인이 스타가 되고, 베스트셀러 작가가 되었잖아요. 정치가 재미있을 수도 있고, 좀 더 속물적으로 말해서 잘만 포장하면 장사도 된다, 이런 사실을 대중에게 생생히 알려 준 것입니다.

이런 변화를 적극적으로 해석하면 정치가 드디어 하늘에서 지상으로 내려온 것이라고 할 수 있어요. 이제 지상으로 내려온 정치의 등에 올라타서 그것이 올바른 쪽으로 갈 수 있도록 고삐를 쥐는 게 필요합니다. 과연 그 역할을 누가 할 수 있을까요? 위기의 시대를 극복할 지도자는 어떻게 만들어질 수 있을까요? 그리고 그들이 지금 당장 해야 할 일은 무엇일까요?

자, 다시 한 번 묻습니다. 지금은 진정한 어둠이 이어질 시대의 마지막 밤인가요, 아니면 새 시대를 준비하는 전야인가요?

우리가 앞으로 이어질 대화를 통해 끊임없이 확인해야 할 것이 바로 이것입니다. 그리고 가능하면 지금의 소란스러움에서 새 시대를 준비하는 전야의 징후를 더 많이 발견하면 좋겠습니다.

강양구 아까 「전야, 혹은 시대의 마지막 밤」을 언급했습니다. 앞에서 이 문열 씨가 등장인물의 입을 빌려서 부정적인 전망을 얘기한 대 목을 인용했지요? 흥미롭게도 '전야' 혹은 '시대의 마지막 밤' 은 여주인공 '인선'의 입을 빌려서 소설에서 마지막에 한 번 더 반복됩니다.

> "우리 사랑도 지금이 새로운 날의 전야인지 진정한 어둠은 아직 뒤에 남은 한 시대의 마지막 밤인지 통 알 수가 없네요."

혹시 이문열 씨도 '희망'의 끈을 아예 놓고 싶지 않았던 것은 아닐까요? 지금 제 마음이 여주인공 인선의 마음과 비슷합니다.

2
보수의 일곱 기둥이
무너지다

반세기 이상 군림하던 보수 권력에 균열이 일어났다. 첫째, 보수 진영의 물적 토대가 약화되었고, 둘째, 시대정신이 변했으며, 셋째, 대중의 정체성도 변했다. 이 세 가지 변화 속에서 보수와 진보가 전략적 대치 상태로 들어간 것이다.

또한 보수를 지탱하는 일곱 기둥이 흔들리고 있다. ① 담론을 형성하는 지식인, ② 여론을 장악하던 언론, ③ 풀뿌리 보수를 지탱하던 교회 권력, ④ 사회적 파장이 큰 문화 권력, ⑤ 국민의 자부심이었던 기업, ⑥ 완력을 휘두르던 권력 기관, ⑦ 엘리트 집합소였던 정당이 모두 영향력을 잃었거나 흔들리고 있는 것이다.

2012년, 과연 보수 우위 시대가 끝나는 역사적 변곡점이 될 수 있을까?

권력 이동

강양구 앞에서 10·26 서울시장 보궐선거의 의미를 짚으면서 '보수의 위기'를 언급했어요. 보수 언론, 대형 교회가 전폭적으로 한나라당 나경원 의원을 지지하고, 박원순 서울시장을 비토했지만 성공하지 못했으니까요. 최근에는 한나라당 비상대책위원회에서 강령에서 '보수'를 삭제하자는 논란도 있었고요. 이런 모습을 '권력 이동'의 징후로 볼 수 있다는 지적도 있습니다.

그런데 혹시 단 한 차례의 반격에 너무나 큰 의미를 부여하고 있는 건 아닐까요? 사실 김대중, 노무현, 이명박 정부가 사회경제 정책은 별반 다를 게 없었다는 지적을 염두에 두면, 한국 사회는 단 한 번도 보수의 지배를 벗어난 적이 없었어요. 게다가 최근에 '삼성'으로 상징되는 기업의 권력도 커지고 있어요. 노무현 전 대통령도 "권력은 이미 시장으로 넘어갔다."고 했지요. 이런 상황에서 권력 이동을 얘기하는 건 성급하지 않을까요?

박성민 글쎄요. 사실 권력 이동의 징후는 이미 10년 전에 노무현 후보가 대통령에 당선될 때부터 있었어요. 우선 그 5년 전인 1997년에 당시 김대중 후보가 대선에서 승리하는 과정부터 살펴봅시다. 우선 나라가 사상 초유의 부도가 났어요. 그것만으로도 정권 교체는 피하기 어려웠죠. 그리고 충청권에 절대적 영향력을 갖고 있던 '유신 본당' 김종필 씨도 김대중 후보와 연합을 선언했습니다.

무엇보다 결정적인 것은 신한국당을 탈당한 이인제 씨가 나와서 19.2퍼센트나 얻었어요. 보수 표를 상당히 잠식한 거죠. 그런데도 막상 뚜껑을 열어 보니 어땠습니까? 이회창 후보와 39만 표, 고작 1.5퍼센트 차이밖에 나지 않았어요. 거의 기적 같은 승리였습니다. 겨우 이긴 거죠.

수많은 악재를 만난 보수 후보와 수많은 호재를 만난 진보 후보와의 선거 결과가 바둑으로 치면 '반집 승부'였던 셈입니다. 이 선거를 힘겹게 이기고 집권한 김대중 전 대통령은 2002년 대선에서는 '호남 후보 승리 불가'를 뼈저리게 느꼈을 겁니다. 이것이 2002년에 이인제 등 비호남 후보들이 약진하는 계기가 되죠.

그런데 2002년은 상황이 달랐습니다. 대선 직전에 한나라당의 국회의원 의석은 153석까지 갔었어요. 2001년, 2002년 초만 하더라도 이회창 씨가 대통령이 된다는 데 이의를 제기하는 사람은 거의 없었습니다. 한나라당이 거의 여당인 분위기였어요.

김대중 전 대통령의 세 아들이 이른바 '홍삼 게이트'로 연일 언론에 오르내렸습니다. 그해 6월에 있었던 지방선거도 민주당이 참패합니다. 더군다나 1997년에 이인제 씨가 나와서 보수 표를 가져갔다면, 2002년에는 민주노동당의 권영길 씨가 진보 표를 가져갔습니다. 이기기 쉽지 않은 상황이었죠. 그런데도 노무현 후보가 2.3퍼센트 차이로 승리했어요. 이때부터 이미 반세기 이상 군림하던 보수 권력에 균열이 있었던 거예요. 이게 중요한 점입니다. 이전까지 한국에서 보수 권력은 절대 강자였어요. 그러다 2002년부터는 자칫하면 권력을 잃을 수도 있는 정파의 하나로 전락한 거예요.

강양구 그렇다면 그때 이미 보수 우위의 시대가 사실상 끝난 건가요?

박성민 그렇지는 않습니다. 2002년 12월 19일 승리가 확정되고 나서 노무현 전 대통령도 스스로 믿기지 않았는지 "이건 기적이다. 의외의 결과다."라고 말했거든요. 사실 전날 밤 정몽준 씨의 지지 철회 등을 염두에 두면 정말로 의외의 결과였어요. 그때까지는 보수의 우위가 유지되고 있었던 것 같아요.

강양구 그렇다면 여러 가지 호재에도 불구하고 2002년에 보수는 왜 졌을까요? 역시 이회창 후보의 경쟁력 탓으로 봐야 할까요?

박성민 저는 그렇게 봅니다. 스포츠와 마찬가지로 선거도 전력, 전략, 정신력에서 승부가 갈립니다. 물론 이 외에도 '운'(돌발 상황)이라는 요소가 있지만 그건 논외로 하고요. 우선 정신력부터 봅시다. 선거에서 정신력은 보통의 경우에는 권력을 빼앗긴 야당이 더 강하거든요. 투표장에 가려는 의지와 후보들의 분열을 막으

노무현 대통령의 당선은 반세기 이상 군림하던 보수 권력의 균열을 알리는 신호였다. 그 전까지 한국에서 보수 권력은 절대 강자였지만, 2002년부터는 자칫 권력을 잃을 수도 있는 정파의 하나로 전락한 것이다. 선거도 스포츠와 마찬가지로 전력, 전략, 정신력에서 승부가 갈린다. 보수는 여전히 우세한 전력을 보유하고 있었으나, 전략과 정신력에서 지고 있었던 것이다.

려는 의지가 여당보다는 훨씬 더 강합니다.

그런데 이상하게도 2002년에는 여당이 야당 같고 야당이 여당 같았어요. 이회창 후보가 여당 후보 같고 노무현 후보가 야당 후보 같은 분위기였습니다. 전반적으로 기세를 노무현 후보가 장악했습니다. 노무현 후보를 지지하는 유권자의 의지가 더 강했어요. 거기에 선거 전날 정몽준 씨의 지지 철회는 오히려 노무현 후보를 지지하는 유권자들의 투표 참여 의지에 불을 붙였고요.

전략의 측면에서도 노무현 후보는 정몽준 씨와 단일화 승부를 던지고, 수도권 인구가 더 많은데도 지방 표를 염두에 두고 '행정 수도 이전' 공약을 들고 나왔어요. 반면에 이회창 후보는 1997년에도 김대중 후보가 김종필 씨와 연대하는 것과 이인제 씨가 탈당하는 것을 보고만 있더니, 2002년에도 보수 후보 정몽준 씨가 노무현 후보와 '후보 단일화'에 합의하는 것을 막지 못했어요. 전력은 분명 보수가 우위였을지 몰라도, 전략과 정신력에서 진 것입니다.

대안 없는 게으른 보수

강양구 보수가 그렇게 선점하고 있던 우위를 지금 잃게 된 계기는 무엇일까요?

박성민 8·24 무상 급식 주민투표와 10·26 서울시장 보궐선거에서 '보수 총동원령'이 내려졌는데도 불구하고 잘 안 됐어요. 그 과정을 보면서 이건 뭔가 근본적으로 권력의 축이 이동하는 느낌을 강하게 받았습니다. 물론 그렇다고 권력의 주도권이 진보로 넘어갔다는 뜻은 아닙니다. 그러나 적어도 보수와 진보가 '전략적 대치 국면'으로 들어간 것으로 보입니다. 2012년이 보수 우위 시대가 끝나는 역사적 변곡점일 수 있습니다. 지금은 그런 판단을 하기가 쉽지 않지만 시간이 흐른 뒤에 뒤돌아보면 좀 더 분명히 볼 수가 있을 겁니다. 원래 이런 변곡점은 그 순간에는 잘 모르거든요. 시나브로 진행되니까요.

예컨대 모두가 한국 축구가 일본 축구에 비해서는 한 수 위라고 생각해 왔어요. 실제로 과거의 성적이 그걸 증명하니까요. 그런데 시나브로 실력을 쌓은 일본 축구가 어느 순간에 한국 축구를 압도합니다. 그리고 바로 그 순간 깨닫게 됩니다. 아, 미처 몰랐지만 과거의 어느 시점에 일본의 축구 실력은 이미 한국 축구와 비슷했구나! 그 순간에는 몰랐을 거예요. 그래서 다시 데이터를 찾아보면 2000년 이후에는 확실히 일본이 우위에 있음이 객관적으로 확인되죠. 보수와 진보의 역학 관계도 비슷하지 않을까요?

드라마 「사랑이 뭐길래」에서 집안의 절대 권력자로 나오는 '대발이 아빠'가 보수의 상징이라고 합시다. '대발이 엄마'(김혜자)가 토라지기도 하고 아들(최민수)이 반항도 합니다. 하지만 그렇다고 집안의 권력 지형에 변화가 생기지는 않아요. 그동안 보수 권력의 모습이 이와 같았어요. 아내 같은 야당이 딴죽을 걸고 아들 같은 재야 혹은 시민단체가 반항해도 한편으로는 어르면서, 한편으로는 억누르면서 그것을 압도적으로 제압해 온 게 바로 보수 권력의 모습이었습니다. 그런데 지금 보수 권력의 모습이 그렇습니까?

그러고 보니, 드라마 속에서 묘사되는 아버지의 권위도 많이 변했지요. 2008년에 방영됐던 「엄마가 뿔났다」에서는 심지어 엄마가 집을 나가잖아요. 2010년에 방영됐던 「시크릿 가든」이나 최근의 「천일의 약속」의 아들 모습을 보세요. 어머니 얘기를 듣지 않아요. 그만큼 시대가 달라진 거예요.

강양구 그렇다면, 8·24 무상 급식 주민투표와 10·26 서울시장 보궐선거는 보수가 자신의 실력을 세상에 공개한 자충수였다고 볼 수 있겠군요. 그리고 결과적으로 보수 시대의 종언을 공표하는 계기가 되었고요.

박성민 저는 그렇게 봅니다. 2010년 6·2 지방선거가 끝나고 나서 당시 오세훈 서울시장과 곽노현 서울시 교육감은 나름대로 타협안을 내놓았습니다. 오세훈 시장은 선거 과정에서는 하위 30퍼센트까지 무상 급식을 하자고 했다가 선거가 끝나고 50퍼센트로 늘렸어요. 곽노현 교육감도 선거 때는 2012년까지 전면 무상 급식을 주장했다가 당선된 후에는 2014년까지 무상 급식을 하겠다고 후퇴했습니다. 물론 민주당이 장악한 의회는 2012년부터 전면 무상 급식 조례를 통과시켰지만요.

어쨌든 양측이 정치적으로 타협했어야 했어요. 사실 오세훈 시장이 주장하는 안도 무책임하기는 마찬가지였어요. 소득 상하위 50퍼센트를 공정하게 나눌 방법이 있기는 한가요? 결국 그런 식의 접근은 소득이 투명하게 공개되는 월급쟁이와 돈은 더 잘 벌지만 실제 소득을 파악하기 힘든 자영업자 사이에 새로운 갈등을 유발했을 거예요. 돌이켜 보면, 2016년까지 전면 무상 급식의 시기를 좀 늦추는 정도에서 양측이 타협하는 게 가장 합리적이었습니다.

그런데 오세훈 서울시장이 이해할 수 없는 승부수를 던졌어요. 막상 무상 급식 주민투표를 위한 절차, 즉 서명과 투표가 진행되자 '보수 총동원령'이 내려졌습니다. 보수 언론은 연일 유럽의 재정 위기를 기획 기사로 내보내면서 '복지 포퓰리즘'이 오늘날 유럽의 위기를 불러왔다고 진단했습니다. 기업인과 종교인도 나서서 '망국적 포퓰리즘'을 성토했어요. 물론 그런 주장은 충분히 할 수 있습니다. 어느 정도 근거도 있고요. 그런데 너무 지나쳤어요. 걸핏하면 '망국적'이니 '파탄'이니 하는 표현을 쓰는데, 너무 선동적입니다. 그들이 정말로 나라 재정을 걱정한다면 토건 사업처럼 진짜 재정에 부담을 주는 사업에 대해서도 그런 엄정한 비판을 했는지 돌아봐야 합니다.

사실 한국 사회의 고질적 병폐인 '망국적 이념 전쟁'에 불과했어요. 그냥 '저놈들이 제안한 건 싫다.' 이거죠. 이 과정을 지켜보면서 저는 한국의 보수가 엄청 게으르다는 것을 알았어요.

정말로 무상 급식이 재정 위기를 가져온다고 생각했거나, 그러지는 않더라도 우선순위가 무상 급식이 아니라고 생각했다면 다른 논리를 내놓아야 했어요.

'이건희 손자' 논리(?)는 유치한 수준을 떠나 보수가 얼마나 게으른지를 적나라하게 보여 줬습니다. '철학의 빈곤'을 날것으로 드러낸 것입니다. 그리고 우선순위와 관련해서, 말하자면 보수 진영에서 자신의 정체성을 드러내면서 진보 진영과 논쟁할 수 있는 여지가 충분히 있었어요. 예를 들자면, 이런 식으로요. 돈이 충분하면 당연히 무상 급식을 하면 좋다. 하지만 한정된 돈을 갖고 나라 살림을 해야 하니 우선순위를 잘 정해야 한다. 우리가 보기에 그 예산이면 나라를 지키기 위해 군에 와 있는 사병들 월급을 40만 원으로 대폭 올려 주는 게 먼저다. 우리와 안보 상황과 경제 상황이 비슷한 이스라엘과 타이완도 그 정도는 준다. 젊은 사람을 나라가 데려왔으면 그 정도는 해 주는 게 국가의 도리 아니냐, 그게 무상 급식보다 먼저다……. 이렇게 맞불을 놓았다면 새로운 곳에서 전선이 마련되었을 텐데요.

강양구 보편 복지를 지지하는 입장에서는 보수의 그런 무능함을 즐기기도 했습니다. 개인적으로 만나는 보수적인 정치인, 지식인 중에는 참 똑똑한 이들이 많은데 왜 이념 전쟁 앞에서는 수준 낮은 싸움꾼으로 전락하는지 의아하기도 했고요. 이 부분도 나중에 짚어 봤으면 좋겠어요.

그나저나 결과적으로 보수의 재앙을 불러온 오세훈 전 시장의 선택이 여전히 이해가 되지 않습니다. 주민투표가 오세훈 씨의 대권 승부수였다는 이야기도 들리고, 오세훈 씨를 박근혜 의원의 대항마로 띄우기 위해 반박근혜 진영에서 도모한 거사(?)라는 시각도 있습니다.

박성민 글쎄요. 이제 오세훈 씨가 앞으로 어떤 행보를 할지는 지켜볼 만한 포인트입니다. 하지만 저는 오세훈 씨가 무상 급식 주민투표 결과에 서울시장 직을 거는 기자 회견에서 무릎을 꿇는

무상 급식 논쟁을 둘러싼 보수의 태도는 '철학의 빈곤'을 날것으로 드러냈다. 보수 진영은 사안을 '망국적 이념 전쟁'으로 몰고 갈 게 아니라 대안을 내놓았어야 했다. "나라 살림에 드는 돈은 한정되었으니 우선순위를 정해야 한다. 예를 들어 사병들 월급을 40만 원으로 대폭 올려 주는 게 먼저다. 우리와 안보 및 경제 수준이 비슷한 이스라엘과 타이완도 그 정도는 준다. 나라를 지키기 위해 국가가 젊은이들을 데려왔으면 그 정도 대접은 해 줘야 한다. 그게 무상 급식보다 먼저다." 이런 식으로 맞불을 놓았다면 새로운 곳에서 전선이 마련되었을 것이다.

것을 보면서, 카를 마르크스가 「루이 보나파르트의 브뤼메르 18일」에서 했던 말을 떠올렸어요.

"헤겔은 어디선가, 세계사의 큰 사건과 인물은 두 번 등장한다고 말했다. 그러나 헤겔은 첫 번째 인물은 비극으로, 두 번째 인물은 희극으로 등장한다고 덧붙이는 것을 잊었다."

오세훈 씨는 2004년에 한나라당의 개혁을 촉구하면서 총선 불출마를 선언한 적이 있습니다. 결국 그 비장한 승부수가 그를

서울시장으로 만들어 줬어요. 하지만 이번에는 생뚱맞은 느낌이었습니다. 그것도 자신만이 아니라 한나라당과 보수 전체를 위기로 몰아넣은 자충수요.

보수의 일곱 기둥

강양구 현재 한국 사회의 권력 지형을 보수 권력과 진보 권력이 비등한 상황이라고 봐야 한다는 주장을 뒷받침하는 증거는 또 어떤 게 있을까요? 여전히 선뜻 수긍이 안 됩니다.

박성민 역사적인 큰 흐름을 놓치지 않는 것이 중요합니다. 보수 시대의 종언은 세 가지를 두루 살펴야 그 실체를 정확히 확인할 수 있습니다. 첫째, 보수 진영의 물적 토대의 약화입니다. 둘째, 시대정신의 변화입니다. 셋째, 대중의 정체성 변화입니다. 이 세 가지가 아우러지면서 보수와 진보가 전략적 대치 상태로 들어가고 있다고 봅니다.

우선 지난 60년간이 보수의 시대였다면, 보수 우위의 역학관계는 그것을 뒷받침한 물적 토대에 기반을 뒀을 거예요. 그리고 지금 그 보수 우위의 역학관계가 변화하고 있다면 그 물적 토대에도 눈에 띄는 변화가 일어나고 있을 거예요. 일단은 그 물적 토대의 변화를 파악하는 게 중요합니다.

강양구 많은 사람은 기업을 포함하여 보수의 기반이 전보다 훨씬 더 강해졌다고 생각합니다. 2000년대 들어서 한국 사회가 사실상 '기업 사회'로 진입했다는 분석은 한 예입니다.

박성민 그런 지적을 염두에 두고 보수의 물적 토대에 어떤 변화가 있는지 따져 봅시다. 엄밀한 분석은 아

닙니다만, 보수 권력을 지탱해 온 일곱 기둥이 있었습니다. 그런데 보수 시대를 주도했던 이 일곱 기둥이 지금 모두 흔들리고 있습니다. 어떤 것은 거의 뿌리째 흔들리고 어떤 것은 아직은 견딜 만합니다만 과거처럼 굳건하진 못합니다.

먼저 담론을 만들어 내는 **지식인**입니다. 지난 수십 년간 한국의 지식 사회는 보수 학자들이 지배했어요. 철학의 박종홍, 경제학의 남덕우, 사회학의 김경동 등이 보수 권력의 이념을 만들었습니다. 그들의 제자는 학계, 관계, 정계에 골고루 퍼져서 영향력을 행사했고요. 특히 대학 사회에서 그 힘은 여전합니다.

하지만 최근 10년간 세계사적, 문명사적 전환을 설명하려는 보수 지식인의 시도 중 눈에 띄는 게 뭐가 있습니까? 박세일 서울대학교 교수가 '세계화'나 '선진화' 같은 열쇳말을 내세운 책 정도가 생각나는데 대중적인 반향은커녕 학계의 반향도 크지

않았어요. 그것도 벌써 몇 년 지난 이야기입니다. 반면에 그 지적 성취에 대한 평가를 떠나서 주목을 받는 담론은 대개가 다 진보 쪽에서 나옵니다.

강양구 《동아일보》(2011. 11. 16.)에 이런 기사가 실린 적이 있습니다. 교보문고 2011년 11월 첫째 주 정치·사회 분야 베스트셀러 순위를 살펴보면 상위 20위 중 열여섯 개가 반보수 성향의 책이라고요. 스무 권 중에서 보수 성향의 책은 보수 논객 전원책 변호사가 쓴 『자유의 적들』이 유일합니다.

박성민 최근에 화제가 된 책들도 한 번 살펴보세요. 마이클 샌델의 『정의란 무엇인가』나 장하준 케임브리지 대학 교수의 『그들이 말하지 않는 23가지』도 저자의 정치적 입장과는 무관하게 한국의 맥락에서는 진보 담론으로 읽힐 만한 책이에요. 이처럼 지식 사회의 권력은 이미 보수에서 진보로 이동했습니다.

둘째, **언론**. 지난 10·26 서울시장 보궐선거를 보세요. 보수 언론에다 방송까지 나서서 때로는 노골적으로, 때로는 소극적으로 한나라당의 나경원 후보를 지원했습니다. 결과는 어땠습니까? 이들 보수 언론의 지원 사격이 전혀 먹히지 않았어요. 보수 언론의 고참 기자들은 상당히 큰 충격을 받았을 거예요.

사실 1990년대까지만 하더라도 보수 언론의 영향력은 넘지 못할 난공불락의 벽이었어요. 1990년대 말까지만 해도 신문의 가구 구독률이 70퍼센트는 됐을 겁니다. 지금은 언론마다 쉬

쉬 하고 있어서 그렇지 20퍼센트
나 될까요? 더구나 열독률을 염
두에 두면 그 영향력은 과거와는
비교할 수 없을 정도로 뚝 떨어
졌어요.

② 언론: 1990년대까지 보수 언론의 힘
은 난공불락이었다. 그러나 SNS 시대에
보수 일간지 같은 올드미디어의 영향력
은 뚝 떨어졌다. 지금의 20대에게 《조선
일보》와 《프레시안》 사이에는 위계가 존
재하지 않는다.

지금 아침에 한두 개의 종이
신문을 받아서 찬찬히 읽는 독자
는 50대 이상뿐이에요. 40대는
종이 신문도 보고 인터넷으로도 봅니다. 30대 이하는 아예 종이
신문은 거의 안 보죠. 물론 강 기자 같은 업계 관계자를 제외하
고요. 사실 컴퓨터나 스마트폰으로 포털사이트의 뉴스를 보는
독자 입장에서 《프레시안》과 《조선일보》 사이에 어떤 위계가
있습니까?

보수 언론이 뻔히 출혈 경쟁이 예상되는 상황에서도 앞 다퉈
방송(종합편성채널)에 올인하는 이유를 충분히 이해해요. 몇 년 전
부터 종이 신문의 몰락이 뻔히 예상되는 상황에서 당연히 다른
살 길을 찾아야지요. 설사 그것이 누군가는 죽는 길이라고 하더
라도. 가만히 있어도 죽는 건 마찬가지니 뭐라도 해보자라는 생
각이겠죠.

강양구 트위터나 페이스북과 같은 SNS는 뉴스 생산자와 소비자 사이
의 경계 자체를 무너뜨립니다. 이것도 보수 권력의 프로파간다
에 큰 타격이었을 거예요.

박성민 요즘 기업 쪽 홍보 담당자를 만나면 한숨만 쉬어요. 예전에 그들이 하는 일 중 제일 중요한 게 기사 막거나 빼는 일이었어요. 오후 7시쯤 광화문역에는 가판 신문을 훑어보는 기업 홍보 담당자들이 장사진을 쳤어요. 쭉 훑어보고 자기 기업 입장에서 문제가 되는 기사가 눈에 띄면 능력을 발휘하는 거예요.

　　요즘 그런 일은 불가능해요. 기사가 인터넷에 올라오는 즉시 트위터, 페이스북을 통해 퍼집니다. 설사 기업의 회유로 해당 기사가 없어져도 인터넷 공간에서는 계속 퍼지는 거예요. 왕회장이 나서서 "기사 내려!" 하고 소리쳐도 손 쓸 방도가 없어요. 오히려 역효과만 나는 거죠. "어, 힘 좀 썼나 보네." 하고 오히려 또 다른 화제가 됩니다.

　　신문 같은 올드미디어는 '글을 올리는 순간 끝'이었다면, 뉴미디어는 '글을 올리는 순간 시작'이죠. 관리가 불가능합니다.

강양구 최근에 모 그룹 홍보 담당자를 만났더니 고민이 많더군요. 거기서는 아예 홍보 전략을 다 바꾸기로 했다고 합니다. 그러니까, 예전에 했듯이 언론에 광고를 미끼로 나쁜 기사를 없애는 전략이 더 이상 유효하지 않다는 걸 결국 인정한 거예요. 그런데 수십 년 동안 해 왔던 그런 관행을 대신할 새로운 방법을 찾지 못해서 고민이 많더군요.

박성민 기업 홍보 담당자 입장에서는 힘들 거예요. 과거의 위기 관리 매뉴얼이 쓸모없게 돼 버렸으니까요. 보수 권력을 지탱하던 세

66

번째 기둥은 **기독교입니다.** 사실 한국에서 기독교, 특히 개신교의 위상은 아주 독특합니다. 대한민국 정부 수립 후 사실상 한국은 미국의 영향권 아래 있었고, 개신교는 미국과 한국을 잇는 중요한 통로였어요. 당장 한국전쟁 이후 교회를 통해 미국을 비롯한 외국의 원조가 들어왔어요. 또 한국의 내로라하는 수많은 지식인들이 바로 교회를 통해 외국 유학을 갔습니다. 그리고 교회는 굳이 이명박 대통령의 소망교회를 언급하지 않더라도, 언제나 중요한 권력의 기반이었어요. 풀뿌리 수준에서 보수 권력을 지탱하던 핵심 기둥이 바로 교회였으니까요.

③ 기독교: 풀뿌리 수준에서 교회는 보수 권력을 유지하는 핵심 기둥의 하나였다. 그러나 지금은 한경직 목사처럼 보수와 진보 모두에게 존경받는 인물이 없으며, 개신교 신자 수도 하락하는 등 교회 권력이 크게 흔들리고 있다.

바로 이 교회 권력이 흔들리고 있습니다. 실제로 개신교 신자 수가 수년간 계속 줄어들고 있어요. 그리고 개신교 목사와 개신교 신자에 대한 존경심이 사라지고 있어요. 예전에는 한경직 목사처럼 보수, 진보를 떠나 모두의 존경을 받는 목사가 있었습니다. 그런데 지금 목사 중에서 이렇게 존경을 받는 분이 누가 있나요?

강양구 보수를 지탱하던 네 번째 기둥으로 저는 **문화를** 꼽고 싶습니다. 2011년에 《중앙일보》 기자였던 조우석 씨가 『나는 보수다』를 펴냈어요. 그 책 내용의 타당성을 떠나서 이 책의 존재 자체가 보수의 위기를 말하는 한 징후가 아닌가 하는 생각을 잠시 했습니다. 보수가 오죽 주목을 받지 못하면, '나는 보수다!' 하고 나서겠어요.

박성민 어느 사회나 문학, 영화 등 문화 영역은 진보적이기 마련입니다. 현재의 상태를 유지하려는 보수의 속성이 기존의 틀을 깨는 창조 정신과 불협화음을 일으키기 십상이니까요. 그런데 이상하게 한국에서는 오랫동안 문화마저도 보수 권력이 지배했었습니다. 김동리, 서정주, 이문열 같은 작가는 말할 것도 없어요. 영화배우도 늘 보수 권력의 언저리를 배회했어요. 물론 제가 좋아하는 신동엽, 김수영 시인이 있었고 1970~1980년대에는 김지하, 박노해 시인도 있었지만, 그 영향력은 보수 권력의 품안에 있었던 문화 권력에는 미치지 못했어요. 오죽하면 한국민족예술인총연합 같은 저항 문화 단체가 만들어졌겠어요.

하지만 지금은 정반대입니다. 지금은 한국민족예술인총연합 같은 단체의 역할이 유명무실해졌습니다. 대중으로부터 사랑받고, 비교적 작품의 수준을 인정받는 작가, 영화감독, PD, 배우, 개그맨 중에서 자신을 '보수'로 여기는 이들이 몇 명이나 있겠어요? 최근에 「개그 콘서트」의 시사 개그만 봐도 분위기를 알 수 있어요. 물론 투표장 가서는 한나라당 찍는 이들도 꽤 있을 거예요. 하지만 적어도 대놓고 '나는 보수다!'라고 말하기는 어려운 분위기가 되었습니다. 그렇게 하면 주요 고객층인 10~40대들로부터 관심을 잃을 테니까요. 조우석 씨가 『나는 보수다』를 낸 것도 이런 현실이 답답했기 때문이었을 거예요.

문화가 진보로 넘어갔다는 것은 보수 입장에선 치명적입니다. 지금은 영상 시대잖아요. 공지영 씨의 소설 『도가니』가 영화로 만들어졌습니다. 영화의 파장이 얼마나 컸습니까? 사립학교 재단의 문제점을 지적하는 목소리는 이전에도 수없이 많았어요. 하지만 영화 「도가니」가 사람에 초점을 맞추는 순간 그 폭발력은 상상을 초월할 정도가 되었어요.

④ 문화: 어느 사회나 문화는 진보적이기 마련인데, 한국 사회에서는 김동리, 서정주, 이문열 등 문화 영역에서조차 보수의 영향력이 더 컸다. 그러나 이제 문화가 진보로 넘어갔다는 것은 보수 입장에선 치명적인 타격이다. 소설 「도가니」의 영화화를 보자. 사립학교 재단의 문제점을 지적하는 목소리는 예전부터 많았지만, 영화 「도가니」가 사람에 초점을 맞추는 순간 그 폭발력은 상상할 수 없을 정도로 증폭됐다.

몇 년 전에는 영화 「워낭 소리」가 화제였죠. 그 영화는 소 한 마리와 그것을 키우는 할아버지가 주인공입니다. 카메라가 소와 할아버지를 가까이에서 찍으니까 사람들이 울어요. '구체'적인 개체를 다루니까요. 「인간극장」 같은 다큐멘터리가 왜 사람들의 심금을 울립니까? '구체'적인 사람을 다루니까 그렇죠. 그런데 구제역으로 소 300마리가 살 처분됐다는 뉴스를 보면 사람들은 불쌍하다고만 생각합니다. 3000마리가 살 처분됐다는 뉴스를 들으면 "꼭 다 묻어야 하나? 그냥 먹을 수는 없나?" 하는 생각을 해요. 그러다가 3만 마리가 살 처분됐다는 뉴스에는 슬슬 나라 걱정을 합니다. "이렇게 다 묻어도 괜찮나?"

그런데 30만 마리를 묻었다는 뉴스에는 시큰둥해지고, 급기야 300만 마리를 묻었다는 뉴스는 아예 보지를 않습니다. 숫자가 올라갈수록 점점 '추상'적이 됩니다. 경제 성장률 6.2퍼센트는 '추상'이죠. 반면에 용산 참사, 한진 중공업 등은 '구체'입니다. 그런데 문화는 '추상'이 아닌 '구체'를 다루죠. 특히 20~30대의 영상 세대에게 문화의 영향력은 압도적입니다.

강양구 보수를 지탱하는 기둥, 또 뭐가 있을까요? 한국 사회에서 보수 하면 재벌로 상징되는 **기업**을 빼놓을 수 없을 것 같아요. 그런데 노무현 전 대통령이 2005년 5월 16일에 "이제 권력은 시장으로 넘어간 것 같습니다."라고 말했듯이, 지금 기업은 한국에서 제일 잘나가고 있지 않나요?

박성민 물론 기업은 겉보기에는 잘나가요. 지금 대한민국 시민에게 제일 자긍심을 주는 주체가 기업입니다. 평소에 애국자와는 거리가 멀었던 사람도 미국 뉴욕의 타임스스퀘어에서 삼성 광고를 보면 뭉클해한다잖아요. 불과 20년 전만 해도 일본 기업의 꽁무니나 쫓아다니던 삼성전자가 이제는 애플에 유일하게 대적할 만한 기업으로 성장했으니까요. 솔직히 한국 기업이 이렇게 세계에서 경쟁력을 갖추고 잘나갈지 누가 알았겠습니까? 그 점은 인정해야 합니다. 이러니저러니 해도 작년에 무역 1조 달러를 돌파했습니다. 대단한 거죠. 여러 가지 어려움 속에서도 대기업, 중소기업 할 것 없이 한국 기업이 혁신을 통해 경쟁력을 갖춘 거예요.

그런데 화려한 옷을 한 꺼풀만 벗겨 보면 기업의 사정도 상당히 복잡합니다. 일단 잘나가는 대기업에 대한 국민의 정서가 예전 같지 않아요. 전에는 이렇게 성과를 냈다면 가슴 뿌듯해했거든요. 그런데 지금은 분노와 원망이 상당합니다. 삼성을 포함한 대기업은 잘나가는데 그만큼 내가 잘나가느냐, 이런 의문이 꼬리에 꼬리를 물고 제기되는 거예요. 삼성이 잘나가면 그만큼 중소기업도 잘나가고, 고용도 늘고 그래야 하는데 이런 고리가 끊어졌습니다.

⑤ 기업: 과거에 잘나가는 기업은 우리 국민의 큰 자부심이었다. 하지만 지금은 대기업에 대해 분노의 감정이 만연하고 있다. 삼성이 잘나가면 그만큼 중소기업도 잘나가고 고용도 늘어야 하는데, 이런 순환 고리가 끊어졌기 때문이다.

사실 삼성이 어떻게 컸습니까? 창업자 이병철 명예회장, 이건희 회장의 공도 컸지만 뭐니 뭐니 해도 한국 국민이 키워 준 것 아닙니까? 나라 빚으로 온갖 특혜를 줬고, 또 우리 아버지, 어머니는 '공돌이'와 '공순이' 소리를 들으면서 저임금 장시간 노동을 감수했어요. 그래서 이만큼 키워 놓았는데, 삼성만 잘나간다니 한국 국민이 얼마나 기막히겠어요? 언젠가는 나한테도 뭔가 돌아오겠지 하고 기다렸는데 말입니다. 마치 시장에서 온갖 궂은 장사 다해 가면서 뒷바라지 했는데 고시 붙어 성공한 자식한테 버림받은 부모 마음이랄까요. 그게 모두 기업의 책임은 아니라도 화나는 건 어쩔 수 없죠.

거기다 경영권 승계 논란도 있어요. 이병철, 이건희, 이렇게 삼성의 경영권이 이어진 것까지는 인정하겠는데, 3대째인 이재용 씨에 와서는 사람들이 수긍이 잘 안 됩니다. 머릿속에 곧바로 물음표가 떠오르는 겁니다. 이 물음표는 단순히 재벌 3세에 대한 거부감 때문만은 아니에요. 이재용 씨가 이웃으로 인식되지 않는 겁니다. 사실 한국 사람들은 정주영, 이병철 같은 창업 1세대를 존경합니다. 이건희, 정몽구 같은 2세대도 인정합니다. 한국의 대기업에서 세계적 대기업으로 키웠으니까요. 그런데 그들이 존경받거나 인정받는 것은 이룩한 성과 때문만은 아닙니다. 전쟁과 가난, 그리고 학창 시절의 경험 등 현대사의 굴곡을 보통의 한국인들과 같이 넘어온 것도 큰 이유가 될 것입니다.

이명박 대통령도 어려웠던 학창 시절 이야기를 자주 하지 않습니까? 또 이건희 회장은 서울사대부고, 현대중공업 회장 정몽준 의원은 중앙고등학교 출신입니다. 재벌 2세라지만 같은 연배 중에는 평범한 사람 중에도 중학교 동창, 고등학교 동창도 있어요. 그런 면에서 그들은 특별하긴 하지만 이웃으로 받아들여졌습니다.

하지만 3대에 오면 얘기가 달라져요. 재벌 3세만 되면 어느 병원에서 태어났는지, 어느 유치원, 어느 초등학교, 어느 중고등학교를 다녔는지 보통 사람들은 잘 몰라요. 서민들 입장에서 이재용 씨는 이웃이라기보다는 '신(新)귀족'으로 인식되는 겁니다. 그런데 이런 이웃 같지 않은 귀족이 국민이 피땀 흘려 키워놓은 삼성을 사실상 세습 받잖아요. 게다가 재벌 3세까지 내려오면 직계, 방계에 이복형제, 이복자매까지 숫자가 한둘이 아니에요. 이들이 도대체 뭐 하면서 먹고살겠어요? 자동차를 하겠어요, 철강을 하겠어요? 베이커리, 레스토랑, 커피숍 등으로 진출하는 거예요. 돈도 있겠다, 브랜드도 있겠다…….

여기에 유통업에 진출한 대기업의 대형 할인점까지 '통 큰 치킨'이다 뭐다 해서 가세하지요. 이런 상황에는 국민들의 속물근성도 한몫했어요. 대기업 욕하면서도 대기업이 만든 것만 신뢰하잖아요. 당연히 수십 년 동안 동네 상권을 힘들게 지켜 왔던 자영업자들은 타격을 받을 수밖에 없고요.

한국 사람들은 정주영, 이병철 같은 창업 1세대를 존경하고, 이건희, 정몽구 같은 2세대도 인정한다. 그런데 그들이 존경받는 이유는 한국의 대기업을 세계적인 기업으로 키웠기 때문만이 아니다. 그들은 전쟁과 가난, 그리고 학창 시절의 경험 등 현대사의 굴곡을 보통의 한국인들과 함께한 우리의 이웃이었기에 그들의 성과가 우리의 자부심으로 이어질 수 있었다. 하지만 재벌 기업 3세대 신귀족은 빌 게이츠처럼 기부 천사도 아니면서 동네 상권까지 넘보고 있다. 이제 그들에 대한 국민의 태도는 '자부심'보다는 시기심과 경멸을 넘어 반기업 정서로 이어지고 있다.

지난 반세기 동안 온갖 특혜를 받으며 벌 만큼 벌었는데, 이제는 보통 사람 밥그릇까지 넘보다니 일반 시민은 반감을 가질 수밖에 없겠죠. 그렇다고 한국 재벌이 워런 버핏이나 빌 게이츠와 같은 미국 부자들처럼 '기부 천사'도 아니에요. 가질 만큼 가졌는데도 나누는 데는 지극히 인색합니다.

바로 이 지점에서 기업이 흔들리고 있습니다. 지금까지 한국 사람이 재벌을 보는 심정에는 '자부심'과 '시기심'이 섞여 있었어요. 그런데 갈수록 '자부심'은 없어지고 '시기심'과 '경멸감'이 커지는 게 현실이에요. 지금이야말로 대기업이나 전국경제인연합(전경련) 같은 곳은 더 늦기 전에 이렇게 만연해지고 있는 반기업 정서에 어떻게 대응할지 고민해야 합니다.

강양구 이제 보수를 지탱하는 여섯 번째 기둥입니다. 아무래도 각종 권력 기관을 빼놓을 수 없겠죠? 청와대, 국가정보원, 검찰, 경찰, 국세청…….

박성민 국군기무사령부(기무사)로 상징되는 군대도 빼놓을 수 없어요. 이런 권력 기관의 완력 없이 어떻게 보수 권력이 질풍노도의 현대사 속에서 버텨 올 수 있었겠어요. 그런데 지금 이런 **권력 기관**의 권위가 땅에 떨어졌어요. 툭하면 국가정보원, 검찰, 경찰, 군대가 조롱거리가 되잖아요.

강양구 얼마 전에도 현직 여성 검사가 내연의 관계를 맺은 변호사에게 금전적 지원을 받은 사실이 공개돼 망신살이 뻗쳤죠. 아무리 둘이 사적인 친분 관계가 있었다고 하더라도 "모 검사한테 말해 뒀다, 영장 청구도 고려해 보겠다."느니 "샤넬 핸드백 값 540만 원을 보내 달라."는 등의 문자 메시지를 보도로 접한 시민들이 검찰을 어떻게 보겠습니까? 인터넷 공간에서는 '벤츠 검사'니 '샤넬 검사'니 하는 검색어로 해당 검사의 실명까지 같이 오르내리고 있어요. 정말로 창피한 일입니다.

박성민 2008년에 국방부가 불온 도서를 지정한 건 어떻고요. 장하준 교수의 『나쁜 사마리아인들』, 권정생 씨의 『우리들의 하느님』, 현기영 씨의 『지상에 숟가락 하나』, 한홍구 성공회대학교 교수의 『대한민국史』, 노엄 촘스키의 『507년, 정복은 계속된다』 광고만 해 줬다지요.

⑥ 권력 기관: 청와대, 국가정보원, 경찰, 국세청 등 각종 권력 기관들은 완력과 권력을 휘두를 수 있는 기관이었다. 하지만 지금은 국방부 불온 도서 사건에서부터 '샤넬 검사'까지 검찰, 군대 등이 모두 조롱거리로 전락했다.

강양구 네, 요즘 인문·사회과학 출판 시장이 심한 불황이에요. 그래서 출판인들이 농담 반 진담 반 이런 얘기를 합니다. 국방부에서 한 번 더 불온 도서를 지정해 주면 좋겠는데…….

박성민 국가정보원은 또 어떻고요? 2011년 2월 16일이던가요? 국가정보원 직원들이 서울 소공동 롯데호텔에서 묵던 인도네시아 특사단 방에 들어가서 노트북을 만지다 인도네시아 직원들과 맞닥뜨리자 줄행랑을 쳐서 망신을 당한 적이 있잖아요. 결국 이명박 정부가 인도네시아 정부에 사과를 했어요. 정말 코미디 영화 「7급 공무원」에서나 나올 법한 이야기였어요. 보수 권력의 완력 역할을 했던 권력 기관들이 이렇게 한심한 지경으로 전락했어요. 세상은 변하는데 구태를 벗지 못하니 당연히 매사에 부조화가 생길 수밖에 없고, 그것이 세상에 알려지면서 웃음거리가 되는 거예요. 사실 이들 권력 기관의 권위가 떨어지고 실력이 들통 나는 것은 실제로 과거보다 능력이 떨어진 탓도 있겠지만 '영업 조건'이 옛날과 많이 달라진 탓도 있어요.

옛날에야 솔직히 권력 기관이 무슨 실력으로 일했습니까? 나는 새도 떨어뜨린다는 무소불위의 권력으로 한 거죠. 법과 인권이 어디 있습니까? 길거리 지나가는 사람 다 세워 놓고 불신 검문하거나 자고 있는 여관방 죄다 문 열어서 일일이 신분 확인하면 아무리 능력이 없어도 상당한 실적을 올렸겠죠. 정보를 얻는 데도 불법적 방법을 다 동원해도 누가 뭐라고 못했잖아요. 고문, 강압 수사 같은 게 다반사였잖아요.

거기다 전 국민이 카메라를 가지고 다니니, 거의 모든 게 실시간으로 찍히잖아요. 자유무역협정(FTA) 번역 오류가 과거 같으면 그렇게 공개됐겠습니까? 다 모르고 지나갔겠죠. 「나는 꼼수다」에서는 대놓고 권력 기관과 기관장을 조롱하잖아요. 누가 고발되거나 수사 조사 혹은 소환만 받아도 바로 트위터에 올려 여론의 보호막을 치잖아요. 변호사들도 '트위터 변론'을 공짜로 즉각 해 주고요.

강양구 보수를 지탱하던 마지막 기둥은 뭘까요?

박성민 보수를 지탱하던 마지막 기둥은 바로 한나라당으로 상징되는 **정당**입니다. 이 정당의 문제는 앞으로도 여러 차례 언급할 기회가 있으니 간단히만 살핍시다. 우선 리더십 훈련을 받은 일류들이 더 이상 정당으로 가지 않습니다. 예전에는 당대의 가장 훈련된 인재들이 지속적으로 정당, 특히 여당으로 끊임없이 들어갔어요. 그래도 전에는 보수 정당이 당대 최고 엘리트의 집합소였습니다.

1960~1970년대에는 육군사관학교 출신이 대표적입니다. 당시의 교육 환경을 염두에 두면, 육군사관학교 출신은 그 가치관은 차치하고서라도 리더십 훈련이 가장 잘된 이들이었어요. 이들이 짧게는 10년, 길게는 20년 이상 군대에서 리더로서 훈련을 받고 나서, 정부나 기업을 거쳐 여당으로 들어오곤 했습니다.

⑦ 정당: 과거에는 보수 정당이 당대 최고의 엘리트 집합소였다. 1960~1970년대에는 육군사관학교 출신이, 1980년대에는 검찰, 중앙정보부 등의 요직을 거친 인물들이, 1990년대에는 운동권 출신들이 정부나 기업을 거쳐 정당, 특히 여당으로 들어오곤 했다. 그러나 지금은 더 이상 이렇게 리더십 훈련을 받은 인재들을 찾아볼 수 없다. 2000년대 이후 정치인 양성 메커니즘이 존재하지 않기 때문이다.

1980년대에는 검찰, 중앙정보부(안전기획부)와 같은 권력 기관의 요직을 거친 이들도 여당으로 들어왔습니다. 이들도 10~20년간 크고 작은 조직을 통솔하면서 리더로서의 훈련을 받은 인물들이에요. 더구나 상명하복 문화에 익숙하고, 적대자들을 상대로 캐묻는 등의 일을 해 왔던 이들이니 당시의 정치 문화와도 맞았어요.

1990년대에는 학생 운동을 했던 이들 중 일부가 들어왔어요. 이들도 기본적으로 짧게는 5년, 길게는 10년 가까이 정치 훈련을 받은 이들이니 기본은 했습니다. 그런데 2000년대 들어서는 이런 정치인 양성 메커니즘이 없어졌어요. 지금 정치권으로 유입되는 인사들은 정치적 훈련을 거의 받지 못한 채로 정치에 들어옵니다. 대부분이 변호사, 의사 등 전문직 출신으로, 아무것도 모른 채 첫날밤을 맞은 새색시처럼 국회의원이 되고서야 비로소 정치를 배우기 시작합니다. '인턴 헌법 기관'이 탄생하는 순간이죠. 이건 보수 정당만 그런 것도 아닙니다. 이 부분은 나중에 따로 자세히 얘기를 나눠 보죠.

이렇게 보수를 지탱하던 일곱 개의 기둥, 그러니까 지식인, 언론, 기독교, 문화, 기업, 권력 기관, 정당 등이 다 뿌리째 흔들리는 게 현실입니다. 이런 상황에서 한국의 보수 권력의 힘에 균열이 생기지 않는다면 그게 더 이상한 일이지요. 지금 한국 사회는 거대한 '권력 이동'을 앞두고 있는지도 몰라요.

젊은이들에게 보수에 대한 이미지를 물어보면 가장 먼저 나오는 답이 "존경할 인물이 없다."는 것입니다. 그 다음은 "촌스럽다."는 것이었는데요, 최근에는 거기다가 "능력도 별로예요."라고 말합니다. 앞의 두 개는 전부터 그래 왔는데, 그래도 "능력은 있다."는 이미지는 있었거든요. 최근에는 능력조차 불신당하니 얼마나 위기입니까?

실존▶ 민주▶ 자유▶ 공화

강양구 얘기를 듣고 보니, 보수 권력을 지탱하던 일곱 개의 기둥이 흔들리고 또 보수 권력에 균열이 가는 게 또렷해 보입니다. 정말로 10·26 서울시장 보궐선거 결과는 그렇게 금이 가기 시작한 보수 권력의 물적 토대가 본격적으로 무너지는 변곡점으로 기록될지도 모르겠어요. 그렇다면, 그렇게 강고했던 보수의 물적 기반을 붕괴시킨 시대적 흐름은 무엇일까요?

박성민 지난 60년을 돌이켜 보면 대략 20년마다 시대적 흐름이 바뀐 것 같습니다. 우선 1950~1960년대는 전쟁을 겪었고, 수백만 명이 죽었습니다. 수많은 사람들이 가족과 헤어졌고 고향을 떠나야 했어요. 살아남은 사람도 정상이 아니었습니다. 팔다리가 잘린 사람도 있었고 그보다 더한 사람도 많았습니다. 셀 수 없이 많은 아이들이 고아가 되었고, 남편 잃은 여자도 많았습니다. 너나 할 것 없이 가난했습니다. 먹을 것이 없어 원조로 겨우 입에 풀칠하던 시절입니다. 북한에 대한 두려움이 여전했던 시절이지요. 실제로 1968년까지 북한군이 무장한 채로 청와대까지 내려오지 않았습니까. 그 시절에는 그저 살아남는 것이 삶의 목표였습니다. "오늘 낳은 아이가 잘 자라서 돌을 맞을 수 있을까?" 이런 종류의 걱정이 집집마다 있었습니다. 실제로 태어난 지 얼마 되지 않아 죽은 아이들이 아주 흔했습니다.

'생존에 대한 회의'가 시대를 지배했습니다. '실존의 시대'였죠. 그때 많은 사람들이 교회로 몰려들었어요. 교회라는 곳이 미국의 원조를 받는 창구이기도 했고, 미국으로 나가는 통로이기도 했고, 피란민들이 모여 있는 공동체이기도 했지만 무엇보다 그 시절 사람들에게는 '신'이 필요했거든요. 한국 현대사에서 기독교가 부흥한 이유를 살필 때 이 점을 놓쳐서는 안 됩니다.

보릿고개를 겨우 면해 굶어죽지 않게 된 1970~1980년대에는 1972년에 유신헌법이 선포되는가 하면, 긴급조치와 비상계엄이 수시로 발동되었습니다. 1979년에는 부산과 마산에 위수령이 선포되고 결국 박정희 대통령이 김재규 중앙정보부장의 총탄에 죽음을 맞습니다. 그리고 12·12 쿠데타가 일어나고, 해가 바뀌어 1980년 5·17 비상계엄이 전국으로 확대되고 바로 다음 날에 5·18이 일어납니다.

자유와 인권은 유린되었습니다. 수많은 사람들이 투옥되고, 고문 받고, 사형 당했습니다. 언론은 통제되었고, 수많은 젊은 이들이 스스로 목숨을 끊거나 타살되었습니다. '국가 권력에 대한 회의'가 시대를 지배했습니다. 그리고 1987년 6월 항쟁이 있었고, 민주주의 이행이 이뤄졌어요. 당시는 '민주의 시대'였어요.

그러다 사회주의가 무너지고 냉전이 끝난 1990~2000년대는 1992년 김영삼 정부를 시작으로 세계화가 시작되었습니다. 사회주의가 무너지자 사람들은 "역시 진보는 먹고사는 문제는 해결 못해."라는 생각을 하게 됩니다. '진보에 대한 회의'가 시대를 지배했습니다. '자유의 시대'가 열린 것입니다.

강양구 그 즈음에 세계는 격변하고 있었습니다. '현실 사회주의'가 몰락했어요. 그리고 우리가 지금 '신자유주의'라고 부르는 '자유시장 자본주의'가 전 세계적으로 득세합니다. 한국에서는 이제 막 쟁취한 '정치의 자유'에 취해 '경제의 자유'가 가져올 여러 가지 부정적인 폐해를 제대로 인식하지 못했던 게 그때가 아닌가 싶습니다.

박성민 맞아요. 정치적 자유는 극대화되면 '정치 권력이 분산'되지만, 경제적 자유는 극대화되면 '시장 권력이 집중'된다는 사실을 그땐 잘 몰랐죠. 돌이켜 보면 보수의 주도권도 '안보 보수'에서 '시장 보수'로 넘어간 때가 바로 그때죠. 40년간 권력을 장악했던 군인들이 물러가고 그 자리를 기업인이 차지했습니다.

　　징후는 이미 1990년대 초반부터 있었어요. 1992년에 있었던 한국과 미국의 대통령 선거를 떠올려 보세요. 당시 한국에서는 정주영 현대그룹 명예회장이 16퍼센트를, 미국에서는 기업가 로스 페로가 나와서 무려 19퍼센트의 지지를 얻었어요.

1950~1960년대 실존의 시대: 해외 원조 없이 살 수 없는 가난과 북한에 대한 두려움으로 신이 필요한 때였다. 즉 '생존에 대한 회의'가 지배하는 시대였다.

1970~1980년대 민주의 시대: 유신헌법에서 비상계엄을 거치면서 수많은 젊은이들이 투옥과 고문을 겪었다. '국가 권력에 대한 회의'가 지배하는 시대였다.

1990~2000년대 자유의 시대: 사회주의가 무너지고 냉전이 끝나고 세계화가 이루어지자 진보만으로는 먹고사는 문제를 해결하지 못한다는 인식을 하게 되었다. '진보에 대한 회의'가 지배하는 시대였다.

지금 우리는 공화의 시대에 살고 있다. 월 스트리트의 탐욕과 양극화로 '시장에 대한 회의'가 지배하는 시대가 되었다. 이제는 이웃과의 연대와 공동체의 안녕, 즉 공생을 말할 때가 된 것이다.

강양구 1995년에는 이건희 삼성그룹 회장도 중국 베이징에서 "정치는 4류, 관료와 행정은 3류, 기업은 2류"라며 당시 김영삼 정부를 비판했어요. 당시에는 해프닝으로 일단락되었지만, 사실은 '시장 보수'가 한국 사회를 지배하는 권력은 '시장'이라는 자신감을 표출했던 일이었습니다.

박성민 그때부터 계속해서 권력을 넓혀 가던 '시장 보수'가 권력의 정점에 오르는 게 바로 2007년에 이명박 대통령이 당선되는 거예요. 정주영 명예회장의 측근이었던 재벌 기업(현대건설) CEO 출신의 이명박 대통령이 '시장'에 대한 열광 속에서 등장했으니까요. 이때 '자유의 시대'도 정점을 찍은 것이지요.

강양구 '실존의 시대', '민주의 시대', '자유의 시대'를 거쳐 20년이 흐른 지금 또다시 시대정신이 바뀌었을까요?

박성민 2008년 9월에 '리먼브러더스'가 파산하면서 금융 위기가 전 세계를 덮쳤습니다. 월 스트리트의 탐욕과 그것을 부추긴 시장 권력이 위기의 주범이라는 사실이 드러났습니다. 그 전까지는 '신자유주의'니 '양극화'니 '20 대 80' 등으로 점잖게(?) 비판하던 대중의 분노가 폭발한 겁니다. 그토록 믿었던 시장을 더 이상 믿을 수 없게 된 것입니다. 시장이 문제를 해결해 주기는커녕 문제의 원인이라는 인식이 높아지고 있습니다. '시장에 대한 회의'가 지배하는 시대가 된 것입니다.

어느 날 『정의란 무엇인가』가 베스트셀러가 됩니다. '정의'가 화두가 되고, 국가란 무엇이고 공익이란 무엇인가 하는 공공성, 공동체, 공생, 공인 같은 단어들에 대한 관심이 높아졌습니다. 오죽하면 이명박 대통령이 나서서 안 어울리는 '공정'을 말했겠어요? 이름을 붙여 본다면 '공화의 시대', 혹은 '공공의 시대'라고 할 수 있겠습니다. '공화의 시대'에 시민들은 개인의 자유만 맹목적으로 추구하는 게 아니라 이웃과의 연대, 그리고 더 나아가 공동체의 안녕에 관심을 가집니다. 어쩌면 훗날 역사가는 지난 2011년 8월 24일 무상 급식 주민투표가 있었던 날을 '자유의 시대'에서 '공화의 시대'로 넘어가는 변곡점으로 기록할지 몰라요.

시장 보수 vs. 사회 진보의 등장

강양구 방금 한국 현대사를 실존의 시대, 민주의 시대, 자유의 시대, 공화의 시대, 이렇게 네 가지 시기로 구분해 보았습니다. 정확히 말하면 '공화의 시대'는 아직 도래하지 않은 시대예요. 어쩌면 '자유의 시대'에서 '공화의 시대'로 가야 한다는 바람이 이런 시대 구분에 투영된 것인지도 모릅니다. 무상 급식 의제 말고 그런 조짐이 더 있습니까?

박성민 '안보 보수', 쉽게 말해서 군인들이 지배하던 시절에는 대한민국이 '레드 콤플렉스'에 사로잡혀 있었습니다. 당시 신민당이나 민주당을 이끌던 김영삼, 김대중 총재도 이 시절에는 연설할 때마다 "우리 신민당은 정통 보수(!) 야당입니다."라는 말을 몇 번이나 반복할 수밖에 없었어요. 수많은 진보 인사들이 '진보'를 주장했다는 이유만으로 형장의 이슬로 사라지거나 잡혀갔으니까요. 심지어 1986년에는 국회 본회의장에서 신민당 유성환 의원이 "대한민국의 국시는 반공이 아니라 통일"이라는 발언을 했다가 구속되기도 했습니다. 한마디로 살벌한 시대였죠.

'시장 보수'가 주도권을 잡았던 지난 20년은 대한민국이 '머니 콤플렉스'에 사로잡혀 있었습니다. 돈이 최고였지요. 너 나 없이 모두가 주식 투자와 부동산 투기에 뛰어들어 한몫 잡으려고 혈안이 되었습니다. 룸살롱과 골프장이 호황을 누렸죠. 이런 흐름을 타고 '욕망의 정치'가 잉태되었습니다. 돈을 향해 온 국민이 무한질주를 했습니다.

그러던 어느 날 금융 위기 이후 더 이상 욕망이 실현될 수 없다는 것을 알자 비로소 질주를 멈추고 삶과 사람에 대해 성찰하게 되었습니다. 밀폐된 룸살롱에서 비싼 술을 마시는 것이 아니라 개방된 커피숍에서 커피를 마시면서 대화를 나누게 됩니다. 세계에서 커피숍이 가장 빨리 확산된 사례일 겁니다. 또 골프장 대신 제주도 올레길이나 지리산 둘레길을 걷습니다. 산에 올라가도 전에는 맹목적으로 정상에 가는 것이 등산의 목적이었다면 요즘은 편하게 둘레를 걷습니다. '수직적 권위'의 시대가 가고 '수평적 연대'의 시대가 온 것을 상징적으로 보여 주는 것 아닐까요?

문제는 한국의 보수가 안보와 성장, 즉 북한과 돈 외에는 세상을 보는 다른 프레임을 갖고 있지 못하다는 것이죠. 이미 사회는 '사회'와 '문화'로 의제가 넘어왔는데 말이죠. 모든 것을 '돈'의 문제로만 보니 급식도 '재정'의 문제로만 보인 거죠. 그러는 사이에 안보와 성장에서 열세(?)를 보이던 진보 세력은 '사회·문화 이슈'에서 주도권을 장악했습니다.

자, 한 번 보세요. 서울시장을 바꾸게 된 결정적인 계기가 된 무상 급식은 물론이고 대학생 등록금(교육 문제), 용산 참사(주거 문제), 한진중공업(노동 문제) 등 최근 첨예한 문제로 떠오른 의제는 모두 다 복지를 내세운 '사회 진보'의 문제 제기 속에서 나온 것입니다. 바로 이 지점에서 보수의 위기가 시작되고 있어요. '사회 진보'에 대응하는 '사회 보수'의 논리가 있습니까?

군인이 지배하던 '안보 보수' 시절에는 '레드 콤플렉스'에 사로잡혀 있었다. 이 시절에는 김대중 민주당 총재도 자신을 '정통 보수 야당'이라고 강조했다.

'시장 보수'가 주도권을 잡았던 지난 20년간 대한민국은 '머니 콤플렉스'에 사로잡혀 있었다. 주식 투자와 부동산 투기, 룸살롱과 골프장이 호황을 누리면서 '욕망의 정치'가 잉태된 것이다.

금융 위기를 계기로 비로소 돈을 향한 무한 질주를 멈추고 삶과 사람에 대해 성찰하게 되었다. '수직적 권위'의 시대가 가고 '수평적 연대'의 시대가 온 것이다. 그러나 한국의 보수는 안보와 성장, 즉 북한과 돈 외에는 세상을 보는 다른 프레임을 갖추지 못했다. 이미 사회는 '사회'와 '문화'로 의제가 넘어왔는데, 보수는 여전히 모든 것을 '돈'의 문제로만 보기 때문에 급식도 '재정' 차원에서만 해석하고 있는 것이다. 반면 그동안 안보와 성장에서 열세했던 진보 세력은 '사회·문화 이슈'에서 주도권을 장악했다.

이젠 대발이 아빠로는 안 되는 겁니다. 이명박 대통령도 이렇게 생각할 겁니다. '내가 안보와 경제는 잘했는데 도대체 왜 이렇게 인기가 없지?' 옛날에는 가장이 돈만 잘 벌어다 주면 다 됐는데 요즘은 그것만으로 되는 건 아니죠. 권위만 내세우는 가장에서 자상하고 부드러운 가장으로 변해야 살아남지요.

강양구 듣고 보니 그렇습니다. 예를 들자면, 무상 급식을 하자는 쪽에다 대고 "급식 노동조합을 만들어서 좌익 혁명을 하려는 것"이라고 대꾸를 하지 않나…… 이건 '사회 진보'의 문제 제기에 '안보 보수'의 논리로 답하는 꼴입니다. 이런 얘기는 이른바 '어록'에 올라 SNS에서 조롱거리가 되었고요.

'시장 보수'의 대응도 마찬가지입니다. '사회 진보'가 무상 급식, 반값 등록금과 같은 대안을 들고 나오면 곧바로 재정 위기를 들고 나오는 게 '시장 보수'의 대응입니다. 무상 급식을 둘러싼 논란 중에도 '망국적 포퓰리즘'이라는 얘기가 나왔잖아요? 이런 얘기를 듣고서 시민들이 어떻게 반응할까요?

박성민 한국의 보수는 미국의 보수가 2008년 민주당에 정권을 빼앗긴 과정을 잘 살펴봐야 합니다. 공화당이 진 이유는 두 가지입니다. 이라크전쟁과 금융 위기입니다. 이라크전쟁이 한창이던 2004년에는 부시가 재선에 성공했지만 이라크에서 대량 살상 무기를 발견하지 못하자 잘못된 전쟁이라는 인식이 확산되었습니다.

그래서 2006년 중간선거에서 결국 공화당이 패배합니다. 그리고 2008년 대선에서 공화당의 대선 후보로까지 언급됐던 콜린 파월 전 국무장관이 오바마 지지를 선언합니다. 그리고 월스트리트의 탐욕과 시장의 문제가 드러나면서 결국 안보 보수와 시장 보수 모두 미국 국민의 신뢰를 잃어버리고 맙니다. 그리고 정권이 넘어갔죠.

국민▶ 시민▶ 소비자

강양구 지금까지 보수 시대를 뒷받침했던 일곱 개의 기둥이 약해졌다는 것과 시대정신을 통해 보수 시대가 끝나 가고 있는 것을 살폈습니다. 마지막으로 살펴볼 게 그런 시대정신을 구현할 주체의 문제입니다. 각 시대마다 그에 부합하는 주체가 있었을 거예요.

박성민 60대 이상은 '국민'으로서 살아온 사람들입니다. "우리가 대한민국을 만들었다."는 자부심이 있는 세대죠. 국민을 상징하는 건 바로 '국민교육헌장'입니다. 헤겔 철학의 거장이었던 박종홍 전 서울대학교 교수가 초안을 작성한 「국민교육헌장」이 발표된 게 1968년이었습니다. 1970년대에 초중고등학교를 다니던 세대는 지금도 「국민교육헌장」이 자연스럽게 튀어나와요. 저도 지금도 그걸 거의 반은 외어요. 엄청나게 많이 변주된 그 유명한 문장으로 시작하죠. "우리는 민족 중흥의 역사적 사명을 띠고 이 땅에 태어났다."

국민에게는 '의무'만 있었지 '권리'가 없었어요. 박정희 정부 때 지금 복지 제도의 기초가 되는 몇 가지 제도가 마련되기는 했지만 시혜적 성격이었습니다. 이런 경향은 헌법에도 여전히 남아 있어요. '국민의 의무'라는 게 있잖아요? 국방과 납세는 그렇다고 해도 도대체 노동, 교육이 왜 의무일까요?

이 세대는 "조국이 당신에게 무엇을 해 줄 것인가를 묻지 말고, 당신이 조국을 위해 무엇을 할 것인가를 물으십시오."라고 했던 미국의 대통령(1961~1963)존 피츠제럴드 케네디의 유명한 취임 연설을 그대로 체화한 사람들입니다. 국가에 대한 무한한 충성심으로 똘똘 뭉친 세대죠. 이 시대를 산 사람들은 애국심을 최고의 미덕으로 치죠.

흥미로운 것은, 이때는 TV, 전화기가 마을에 한두 대만 있을 뿐이었어요. 신문이 있기는 했습니다만 기본적으로 모든 정보의 원천이 국가로부터 나왔어요. 즉, 국가의 말 외에는 다른 여론 형성 과정이 원천적으로 차단된 시대였습니다. 이런 상황에서 국가의 말을 좇는 건 어찌 보면 당연했어요.

40~50대는 '시민'으로서 살아온 사람들입니다. 비록 '국민학교'에서 「국민교육헌장」을 외우고 '국기에 대한 맹세'를 강요당했지만, 그래도 이 세대는 "우리가 대한민국을 바꿨다."는 자부심이 있는 세대죠. 부당한 것을 거부하기 시작한 세대입니다. 1987년을 기점으로 노태우, 김영삼, 김대중 정부를 거치면서 '국민'이 '시민'으로 바뀝니다. '민주의 시대'가 돼서야 비로

소 시민이 등장한 거예요. 이런 전환을 상징하는 일이 '국민학교'가 '초등학교'로 명칭이 바뀐 거죠. 김영삼 정부가 1995년에 법을 개정하여 1996년 일제 시대 때부터 내려오던 '국민학교'의 명칭을 '초등학교'로 바꿉니다. 교육이 '국민의 의무'가 아니라 '시민의 권리'로 인식되는 변화를 상징합니다.

이 시기에 경제정의실천시민연합, 참여연대, 환경운동연합, 녹색연합 등 시민단체가 만개한 것도 기억해 둡시다. 이렇게 의무뿐만 아니라 권리에 대한 시민의 각성이 낳은 대통령이 바로 노무현 전 대통령이에요. 시민은 '권리'와 '의무'를 조화롭게(?) 받

국민: 60대 이상은 "우리가 대한민국을 만들었다."는 자부심을 갖고 살아온 세대다. 국민으로서 의무를 다했지만 권리는 누리지 못했다. 텔레비전과 전화기는 마을에 한두 대만 있었다.

시민: 40~50대 민주화 세대는 "우리가 대한민국을 바꿨다."는 자부심을 갖는 세대다. 이들은 교육을 '국민의 의무'가 아니라 '시민의 권리'로 인식하기 시작했다. 시민단체가 만개했고 집집마다 텔레비전과 전화기를 한 대씩 갖고 있었다.

소비자: 20~30대는 가난도 억압도 경험하지 않고 어릴 때부터 풍족한 소비를 누리고 자란 세대로, 무엇보다 '소비자'로서의 정체성을 갖고 있다. "우리가 대한민국이다."는 자부심이 있으며, '권리'가 '의무'에 우선한다. 이들은 텔레비전과 전화기를 한 대씩 들고 다니는 세대다.

아들인 세대입니다. 이 세대는 민주화에 대한 자부심과 시민의식으로 똘똘 뭉친 세대죠.

이때야 비로소 집집마다 TV와 전화를 가지게 됩니다. 1990년대에는 사이버공간도 새로운 소통 공간으로 등장했고요. 이들이 한국 현대사에서 책을 가장 친밀하게 여기는 세대라는 것도

기억해 둘 만합니다. 과거와는 비교할 수 없을 정도로 깊이 있는 정보가 빠른 속도로 확산되었어요. 이런 소통의 수단이 이들의 정체성과 뗄 수 없는 관계를 가지고 있을 거예요.

20~30대는 '소비자'의 정체성을 갖고 있는 세대입니다. 가난도 억압도 경험하지 않고 어릴 때부터 풍족하게 소비하면서 자란 세대죠. '우리가 대한민국이다.' 이런 자부심을 갖고 있는 세대입니다. '권리'가 '의무'에 우선하는 세대죠. 지금 10~20대는 '나는 소비한다, 고로 존재한다.'라는 소비자로서의 정체성이 자신의 다른 어떤 정체성보다도 우선합니다.

사실 30~40대도 별반 다르지 않아요. 그들은 '납세의 의무'를 강요당하자마자 곧바로 내가 낸 세금을 '허튼 곳에 왜 쓰냐?'고 따져 묻는 이들입니다. 이들은 '국가가 우리에게 무엇을 해 주었나?'라고 당당하게 묻는 세대입니다. 자신이 국가로부터 받는 것보다 주는 것이 더 많다고 생각하는 것입니다. 그러니 60대 이상과 가치관의 충돌이 일어날 수밖에 없지요.

이들은 텔레비전과 전화기를 한 대씩 들고 다니는 세대입니다. 마음만 먹으면 언제든지 사이버공간에서 여론 형성에 참여할 수 있어요.

강양구 그렇다면, '공화의 시대'라고 이름 붙인 새로운 시대에 걸맞는 주체의 모습은 뭘까요? 아까도 얘기했듯이 나의 권리뿐만 아니라 타인의 권리까지 균형 있게 고려하는 주체 또는 자신의 안녕뿐만 아니라 이웃과의 연대를 통해 공동체의 안녕을 추구하는 주체가 등장할 수 있을까요? 아마 함석헌 선생이라면 '생각하는 백성' 즉 '씨ᄋᆞᆯ'이라고 불렀겠군요.

박성민 그렇죠. 진정으로 공화의 시대를 열기 위해서는 '소비자'라는 정체성으로는 안 되겠지요. 공동체를 위한 '책임'이 굉장히 중요한 덕목일 겁니다. 공화의 시대가 오기 위해서는 정치 지도자와 대중 모두가 크게 변하지 않으면 안 됩니다. 보수와 진보가 가치관의 차이와 정체성의 차이를 극복하고 힘을 합칠 때, 비로소 '공화의 시대'가 꽃을 활짝 피울 수 있을 거예요. 그 상호 작용의 한 본보기를 보여 주는 것도 이번 대화의 목적입니다.

'공화의 시대'는 '책임'이 중요한 덕목이다. '소비자'로서의 정체성에서 벗어나 나의 권리뿐 아니라 타인의 권리까지 균형 있게 고려하고 이웃과의 연대를 통해 공동체의 안녕을 추구하는 주체로 거듭나야 한다. 함석헌 선생님이 말씀하신 '생각하는 백성'이 필요하다.

3
'75퍼센트 민주주의'를 향하여

정치의 본질은 '갈등 해소'다. 법과 제도의 개선을 통해 '불확실성'을 제거하는 것이야말로 지금 정치가 해야 할 일이다. 정치 선진화란 시스템 개선을 통해 '공정성'과 '예측 가능성'을 높여서 모두가 수긍하는 '신뢰'를 확보하는 것이다.

한국 정치 역사에서 반대파의 승복이 가능했던 정치 지형은 75:25였다. 따라서 다수 표를 얻은 대통령이 나올 수 있도록 결선투표제를 두고, 국회의원의 경우 유권자의 75퍼센트가 당선자에게 투표할 수 있도록 선거제도를 소선거구제에서 중대선거구제로 바꿔야 한다.

지금처럼 누구도 예측하지 못할 불확실한 선거 결과를 미리 예상해서 '결과를 위한 연대'를 이끌어내는 데 불필요한 에너지를 낭비하지 말고, 각자가 최선을 다한 다음에 그 결과를 가지고 '결과에 의한 연대'를 하는 것이 훨씬 더 효율적이다.

보수 타도 vs. 진보 박멸

강양구 지난 2011년 11월 22일 국회에서 한나라당이 주도해서 한미 FTA를 비준했어요. FTA는 전혀 다른 역사적 맥락에서 만들어진 미국식 법제도를 한국에 적용하려는 시도입니다. 그것이 한국 사회에 얼마나 큰 파장을 줄지는 미지수이지만, 무조건 쌍수를 들고 환영할 일은 분명히 아니죠. 더구나 2008년 금융 위기 이후에 미국이 뿌리째 흔들리는 상황에서는 더욱더 그래요.

이처럼 그 영향이 얼마나 클지 가늠할 수 없는 한미FTA를 놓고 여야 간에 오랫동안 진통을 앓다가, 결국에는 한나라당이 이른바 '날치기' 통과를 강행했습니다. 그 와중에 야당이 강행 처리를 막느라 국회를 점거하고, 심지어 본회의장에서 최루탄까지 터뜨렸습니다.

시민들은 한나라당의 강행 처리 방식에 상당수 분노를 느낀 듯하지만, 그렇다고 민주당, 민주노동당 등 야당이 제대로 대응한 것도 아닙니다. 처음부터 끝까지 정치인으로서의 리더십을 발휘하기는커녕 시민/사회단체의 목소리에 일방적으로 끌려갔으니까요. 거기다 민주노동당의 김선동 의원이 최루탄을 터뜨린 것은 비판을 면하기 어려워 보입니다. "폭탄이 있었다면 폭탄이라도 터뜨렸을 것"이라는 충격적인 말을 자랑스럽게 했는데, 이는 열혈 지지자를 만족시켰을지는 몰라도 상당수 시민에게는 오히려 거부감만 줬을 게 확실합니다. 오죽하면, 지지자 사이에서도 다음 날 보수 언론의 머리기사 소재를 제공하는 퍼포먼스라고 비아냥거렸겠어요. 개인적으로는 한미FTA를 굉장히 걱정하는 사람입니다만, 국회에서의 처리 방식을 보면서 '왜' '왜' '왜' 하는 물음이 계속 입에서 맴돌았습니다. 답답함을 넘어 절망감을 갖습니다.

한국 정치는 언제까지 세계의 조롱거리가 되어야 할까요? 정치인들도 이런 상황을 즐길 리는 없을 텐데, 왜 한국의 정치는 전쟁이 되는 거죠?

박성민 한미FTA를 여야가 합의 처리해야 한다고 끝까지 주장했던 한나라당 홍정욱 의원이 2011년 12월 11일에 "지난 4년은 제게 실망과 좌절의 연속이었습니다. 정치에 대한 국민의 냉소와 불신도 씻지 못했습니다. 정당과 국회를 바로 세우기에는 제 역량과 지혜가 턱없이 모자랐습니다."라면서 결국 19대 총선 불출마를 선언했습니다. 홍정욱 의원만이 아니라 많은 여야 의원들이 "이번에도 또 물리적으로 충돌하면 우리는 다 죽는다."며 합의 처리를 하려고 노력했잖아요? 그런데도 결국 안 됐어요. 민주당의 사무총장이던 정장선 의원도 책임을 지고 불출마 선언을 했습니다.

그런데 불출마는 왜 그렇게 끝까지 물리적 충돌을 막아 보려고 노력했던 의원들만 하는 겁니까? 여당이든 야당이든 폭력을 쓴 사람들은 기를 쓰고 나오려고 하는데요. 폭력을 부끄러워하는 사람과 폭력을 자랑스러워하는 사람의 차이일까요?

이렇게 한국 정치에 깊게 새겨진 폭력성은 도대체 어디서 온 것일까요? 민주주의의 역사가 짧아서 그런 것일까요? 독재와 운동의 관성이 남아 있어서 그럴까요? 왜 우리는 나와 생각이 다르면 모두 적으로 보고 '보수 타도'와 '진보 박멸'을 외칠까요? 우리는 꼭 그 답을 찾아야 합니다.

모든 것에는 본질이 있어요. 교육의 본질은 '가르치는 것'입니다. 종교의 본질은 '믿는다는 것'이죠. 언론의 본질은 뭡니까?

정치의 본질은 '갈등을 해소하는 것'이다. 특히 한국 사회의 가장 큰 문제는 생각이 다른 것이 아니라, 생각이 다른 사람과 같이 사는 법을 알지 못한다는 점이다. 이런 맥락에서 정치의 정의는 "어젠다(Agenda)를 넌어젠다(Non-Agenda)로 바꾸는 기술"이다. 즉 대립하는 이해관계와 갈등 속에서 생긴 어젠다를 정치인이 대화와 타협을 통해 넌어젠다로 만드는 것이다. 정치는 이렇게 '불확실성'을 '확실성'으로 바꿔서 대중이 미래를 예측할 수 있도록 '가시거리'를 확보해 주는 기술이다.

강양구 '묻는다는 것' 아닐까요?

박성민 그러면, 정치의 본질은 뭘까요?

강양구 어려운 질문이군요. 최장집 고려대학교 명예교수는 정치의 본질은 "권력의 문제를 다루는 데 있다."라고 얘기한 적이 있습니다. 그러니까 "상반되는 이해관계를 가진 집단과 세력들이 갈등을 표출하고, 이에 대한 경쟁과 타협, 중재와 통제가 이루어지는 과정에서" 바로 권력의 문제가 발생한다는 것이죠. 그리고 그 권력의 문제를 다루는 것이 정치고요.

박성민 최장집 교수가 '갈등'에 좀 더 방점을 찍고 있다면, 저는 갈등의 '해소' 과정에 좀 더 주목해서 정치의 본질을 말하고 싶어요. 저는 기본적으로 정치의 본질은 '갈등을 해소하는 것'이라고 생각합니다. 이런 맥락에서 제가 선호하는 정치의 정의는 '어젠다(Agenda)를 넌어젠다(Non-Agenda)로 바꾸는 기술'이라는 것이에요. 대립하는 이해관계를 가진 집단이 갈등하는 과정에서 사회적인 어젠다가 탄생합니다. 그 어젠다를 정치인이 대화와 타협을 통해 넌어젠다로 만드는 것이 바로 정치라는 거예요. 그러니까 한마디로 말해서 정치는 '불확실성'을 '확실성'으로 바꿔서 대중이 미래를 예측할 수 있도록 '가시거리'를 확보해 주는 기술이라는 거죠.

사람들은 불확실성을 힘들어합니다. 학교나 군대에서 제일 힘든 벌 중 하나가 이른바 '선착순'이에요. 선착순이 힘든 건 언제 끝날지 모르기 때문입니다. 미래가 불확실하면 사람들은 불안합니다. 예컨대 입소 첫날의 신병 교육대나 검진 결과를 기다리는 병원에서 사람들은 초조하고 불안하죠. 무슨 일이 벌어질지 모르니까요.

가끔 새벽에 집을 나설 때마다 거리를 치우는 환경미화원의 청소차를 볼 때가 있습니다. 그때마다 좋은 정치란 대중이 그 존재를 느끼지 못하도록 새벽에 쓰레기를 몰래 치우는 환경미화원의 청소차와 같은 것이 아닐까, 이런 생각을 해보곤 합니다. 그런데 어찌된 영문인지 한국의 정치는 여름 대낮의 아파트 단지에서 수박 파는 트럭처럼 시끄럽게 떠들어댑니다.

오히려 한국의 정치는 넌어젠다도 어젠다로 바꾸는 탁월한(?) 능력을 발휘해요. 헌법에 보장된 대통령의 임기 5년을 중간에 그만두고 싶다고 한 대통령이 있는가 하면, 건국 이래로 10년 이상 같은 이름을 유지하는 데 성공한(?) 정당이 단 세 개(!)에 불과할 정도로 어제까지 있던 정당이 오늘은 갑자기 문을 닫기도 합니다. 공직의 안정성을 위해 '임기'를 보장해 놓고서는 정권이 바뀌면 임기를 지키려는 사람을 '분위기 파악 못하는 바보'로 만들어서 기어이 내쫓기도 하지요. 이번에 김선동 의원이 국회에서 최루탄을 터뜨린 일도 이런 맥락의 일이었어요. 갈등을 해소하는 데 기여해야 할 정치인이 정작 트러블메이커로서 언론의 1면을 장식했잖아요.

앞으로도 자세히 다루겠지만, 한국 사회의 가장 큰 문제는 생각이 다른 것이 아니라 생각이 다른 사람과 같이 사는 법을 알지 못한다는 거예요. 사람마다 존재 조건이 다르고 또 세계관이 다른 것은 당연한 일입니다. 그러니 강 기자와 제가 생각이 다른 것처럼 저마다 다 생각이 다른 거예요. 그리고 그 사이에서 갈등이 생길 테지요. 이런 갈등은 당연한 겁니다.

문제는 갈등을 어떻게 조정하느냐 하는 거예요. 갈등을 조정하는 방법에는 한 세 가지 방법이 있을 거예요. 첫째, 만장일치. 이건 거의 불가능합니다. 또 바람직하지도 않고요. 이견이 없는 사회는 변화의 동력을 잃은 정체된 사회이기 십상이니까요. 둘째, 폭력. 이건 악순환입니다. 그래서 우리는 또 다른 방법을 찾았습니다. 셋째, 대화와 타협! 민주주의가 다른 체제보다 우월

한 한 가지는 바로 그것이 폭력을 쓰지 않는다는 거예요.

대화와 타협에도 두 가지 방식이 있어요. 하나는 각자의 주장을 주고받는 방식입니다. 다른 하나는 누더기가 되더라도 하나의 안으로 만들어 내는 방식이고요. 그래서 소시지 만드는 과정과 정치 협상은 들여다보지 말라는 격언이 왜 나왔겠어요. 둘다 더러워서 못 본다는 거예요.

바로 이게 정치의 본질입니다. 내 생각이 아니면 절대 받아들이지 않겠다고 버티면 어떻게 타협이 되겠어요? 한국 정치는 자기 주장은 많지만, 그 주장이 때때로 다수가 되고 때때로 소수가 되었을 때 어떻게 해소할 것인지에 대한 고민이 부족합니다. 한미FTA를 둘러싼 갈등은 바로 그런 고민 부족이 얼마나 심각한 지경에 이르렀는지 적나라하게 보여 줬어요.

강양구 그런 갈등을 해결하는 최선의 방식이 '다수결의 원칙'이라는 거 아닌가요? 의견이 충돌할 때는 대화와 토론을 통해 타협을 시도해 보고, 끝내 타협이 안 되면 어쩔 수 없이 표결로 결정하는 것이 민주주의다…… 이런 접근이 한국 사회에서는 상식으로 받아들여지잖아요. 그리고 다수결로 통과시킨 세력은 다음 선거에서 책임 지고 심판 받으면 된다는 거예요. 그래서 다수당이 되기 위해 선거에서 이기려는 것이고, 대통령 선거에서도 이기려는 것 아니냐, 만일 다수결이 무력해지면 선거에서의 승리가 무슨 의미가 있냐는 논리입니다. 사실 논리적으로 반박하기 쉽지 않은 통념이에요.

박성민 네, 그렇게 생각하는 정치인들이 있습니다. 그렇다면, 예컨대 170~180석의 과반수 의석을 확보한 한나라당은 4년간 모든 법안을 마음대로 통과시키면 됩니다. 그런데 한나라당도 마음은 굴뚝같을지 모르지만 감히 그렇게 하지 못해요. 17대 국회에서 152석을 확보한 열린우리당도 그렇게 못 했고요.

사실 51퍼센트를 확보하면 모든 것을 다 장악하는 방식은 정치보다는 시장, 엄밀히 말하면 '주주 자본주의'의 원리에 더 부합해요. 기업에서는 51퍼센트의 주식을 가지면 모든 것을 마음대로 합니다. CEO 출신들이 정치에서 실패하는 이유 중에 그런 문화 차이도 있을 거예요. 그들은 결론을 내리는 과정을 못 견뎌합니다. 그런데 그 과정이 바로 '정치'예요!

51퍼센트만 확보하면 모든 게 용인되는 식이라면 정치의 존재 이유도 정치인들의 존재 이유도 없습니다. 한 번 더 강조하지만 다수자와 소수자의 이해관계는 대립하기 마련이고, 그것을 각각 대변하는 정치인이 갈등을 해소하는 과정이야말로 바로 정치의 본질이에요. 그런 점에서 한미FTA를 둘러싼 갈등 자

다수결 원칙, 즉 51퍼센트만 확보하면 모든 것을 다 장악하는 식은 정치보다는 시장, 엄밀히 말해 '주주 자본주의'의 원리다. 기업에서는 51퍼센트의 주식을 가지면 모든 것을 마음대로 할 수 있다. CEO 출신들이 정치에서 실패하는 이유는 바로 이런 문화에 익숙해 있어서 결론을 내리는 과정을 못 견디기 때문이다. 하지만 그런 과정이 바로 '정치'다. 다수와 소수의 이해관계는 대립하기 마련이고, 그것을 각각 대변하는 정치인들이 대화와 타협을 통해 갈등을 해소하는 과정이 바로 정치의 본질이다.

체는 당연한 것입니다.

생각해 보세요. 일단 한미FTA와 그것이 강제하는 미국식 제도가 장기적으로 한국 사회에 어떤 영향을 줄지는 세계관의 문제이니 일단 차치해 둡시다. 하지만 한미FTA의 찬반 양쪽 모두 공히 그것의 문제점이라고 동의하는 부분이 있어요. 예를 들자면, 농업이 그렇죠. 한미FTA를 찬성하는 이조차도 농민이 '희생양'이라는 지적에는 감히 반론을 하지 못하잖아요. 그런데 한미FTA에서 희생양이 될 게 불 보듯 빤한 농민을 대변하는 정당 혹은 정치인이 국회에 있습니까? 이런 식으로 따져 보면, 지금 한국 국회에서 과소 대표되는 이들은 농민뿐만이 아니죠. 예를 들어서, 충분히 조직화되지 못한 비정규직 노동자는 어떻습니까? 그들의 위임장을 가지고 국회에서 활동하는 이들은 없습니다. 반면에 의사, 약사, 변호사처럼 이익집단의 대표는 국회에 들어와 있어요. 이런 상황에서 한미FTA를 둘러싼 첨예한 갈등이 벌어지는 것은 당연한 일이에요.

강양구 더구나 한미FTA는 여론 조사를 해보면 대체로 40~50퍼센트 정도만이 '찬성'을 하지, 30~40퍼센트는 일관되게 '반대'를 하는 결과가 나와요. 심지어 국회에서 한나라당이 한미FTA 비준 동의안을 처리하자마자 《동아일보》와 리서치앤리서치가 11월 22~23일 이틀간 실시한 여론 조사에서는 '다수당의 횡포'(50.5퍼센트)라는 비판 여론이 더 많았고요.

이런 점을 염두에 두면 한미FTA는 한국 정치의 고질적인 문제를 보여 준 것이죠. 그러니까 한국의 국회는 특정 집단의 이해관계만 너무 많이 대표되고(과잉 대표) 그 밖의 다른 많은 집단의 이해관계는 너무 적게 대표되는 (과소 대표) 문제를 갖고 있습니다. 이런 관점에서 보면 국회의 결정에 상당수 시민이 승복을 하지 못하는 이유를 이해할 수 있습니다. 애초에 내 편이 아니라고 생각하고 있으니까요.

한국 국회는 특정 집단의 이해관계만 너무 많이 대표되고(과잉 대표) 그 밖의 다른 많은 집단의 이해관계는 너무 적게 대표되는(과소 대표) 문제를 갖고 있다. 이런 관점에서 볼 때 국회의 결정에 상당수 시민이 승복하지 못하는 이유는 어쩌면 당연한 결과다. 한미FTA는 이러한 한국 정치의 고질적인 문제점을 보여 주는 사례다.

이번에 김선동 의원이 최루탄을 터뜨린 것도 지금 한국 국회의 맨얼굴을 극적으로 보여 준 게 아닌가 싶어요. 애초에 국회를 자기의 이해관계와는 관계가 없는, 아니 오히려 자기의 이해관계에 반하는 곳이라고 보는 이들로서는, '타도해야 할 대상'으로 볼 테니까요.

박성민 바로 그 부분이 핵심입니다. 이번 한미FTA를 둘러싸고 이명박 대통령이나 일부 한나라당 의원들은 이런 생각도 할 거예요. 우리도 할 만큼 했다고. 나중에 이 대통령까지 나서서 "비준 동의안을 통과시켜 준다면 재협상을 하겠다."고 약속까지 했으니까요. 하지만 그런 약속이 전혀 효과를 발휘하지 못했어요.

야당이나 국회 밖에서 한미FTA 반대 운동을 하는 시민들은 승복을 하지 못하는 거예요. 이렇게 한국은 승복의 문화를 만들지 못했어요. 거기에는 전쟁, 독재 등으로 이어진 아픈 한국 현대사가 중요한 역할을 했을 겁니다. 그런데 승복의 문화를 만들지 못하면 한미FTA를 둘러싼 갈등과 같은 일이 끊임없이 반복될 거예요.

여기서 확실히 강조하고 싶은 게 있어요. 절대로 진보는 '박멸'되지 않아요! 또 절대로 보수는 '타도'되지 않습니다! 지금 양자의 입장은 '박멸'하자, '타도'하자인데…… 보수는 '망국적 포퓰리즘'을 말하고 진보는 '민생 파탄'을 얘기합니다만, 나라가 그렇게 쉽게 망합니까? 민생이 정말로 파탄 났습니까? 이제 이런 언어 폭력의 악순환을 끊어야 할 때입니다.

75퍼센트의 힘

강양구 미국은 다른 나라 사람이 보면 기이할 정도로 승복의 문화가 발달해 있어요. 심지어 2000년 대선 때는 앨 고어가 조지 부시보다 총투표 수에서는 54만 3895표를 앞섰는데도 선거인단 투표에서 지는 바람에 대통령이 못 되었잖아요. 이런 51:49의 승복 문화는 우리 입장에서는 사실 이해하기가 어렵죠.

박성민 미국은 그 넓은 땅덩어리에서 연방제를 유지하려면 51:49의 승복 문화는 필수예요. 미국도 그런 승복 문화가 그냥 만들어진 것은 아닙니다. 제임스 매디슨과 같은 이들이 '3권 분립'을 강조한 헌법을 만들었고, 상하원 양원제를 채택했습니다. 그러고도 남북전쟁과 같은 내전을 겪었어요. 그러니까 미국의 '51:49'의 승복 문화는 제도와 피로써 만들어진 거예요. 미국에서는 51퍼센트의 의석을 차지하는 정당이 의회 상임위원장을 다 가져갑니다. 또 대통령 선거가 끝나면 승리한 쪽에서 의회와 행정부의 고위직 공무원을 다 바꿔요. 그러니까 미국은 주주 자본주의와 마찬가지로 51퍼센트의 지지를 얻은 정당에 모든 것을 맡기고 나중에 선거로 책임을 묻는 승복의 정치가 전통으로 자리를 잡았어요.

땅덩어리가 넓은 미국에서 연방제가 유지되려면 51:49의 승복 문화는 필수다. 하지만 그러한 승복 문화는 3권 분립과 양원제, 그리고 남북전쟁과 같은 제도와 피에 의해 만들어진 것이다. 미국에서는 51퍼센트의 의석을 차지하는 정당이 의회 상임위원장을 다 가져간다. 또 대통령 선거가 끝나면 승리한 쪽에서 의회와 행정부 고위직 공무원을 모두 바꾼다. 즉 미국은 주주 자본주의와 마찬가지로 51퍼센트의 지지를 얻은 정당에 모든 것을 맡기고 나중에 선거로 책임을 묻는 승복의 정치가 자리를 잡은 것이다.

우리의 정치 문화는 좀 다릅니다. 우리는 대통령 선거에서 이겼다고 공무원을 바꿀 수가 없잖아요. 정년과 임기가 보장되어 있으니까요. 무리해서 교체했다가는 소송에서 지고 망신만 당합니다. 이명박 정부에서만 한둘이 아니었어요. 정연주 전 KBS 사장, 김정헌 전 문화예술위원회 위원장 등…… 총선에서 다수당이 된다고 상임위원장을 다 갖는 것도 아니에요. 우리는 의석수에 따라 배분하는 아름다운(?) 우리만의 전통이 있어요.

강양구 그러니까 우리 정치는 선거에서 진 소수파를 존중하는 전통이 나름대로 있었군요. 그런데 왜 우리는 승복의 문화가 없는 걸까요? 독재와 저항이라는 역사적 관성이 남아서일까요? 아니면 해방 후부터 이어져 온 이념 전쟁의 탓일까요? 지역주의의 영향도 있겠고요.

박성민 그런 역사적, 이념적, 지역적 문제도 있겠습니다만, 저는 다수의 국민들이 의사 결정 과정에서 '배제'된 것이 중요한 이유라고 생각합니다. '1등만 기억하는 더러운 세상'이라는 독설이 있듯이 '승자 독식주의'가 이제는 한계에 온 것 같아요. 이젠 더 이상 1등을 존경하거나 예찬하지 않습니다.

　1등을 바라보는 시선은 어떤가요? 오히려 저항하고 조롱합니다. 그리고 뭔가 '꼼수'가 있었을 거라고 지레짐작하고요. 정치만이 아니라 사회 전반에 만연해 있는 '박탈감'이 원인일 거예요. 승자의 '정통성'이 약화되고 패자의 '반발심'이 강화되면서 물리적 충돌이 점점 커져 갑니다.

강양구 그렇다면, 더 늦기 전에 우리 사회에서 승복 문화를 만들어야 합니다. 그런데 어디서부터 시작해야 할까요? 우선 선출 권력의 정통성을 확보하는 데서부터 시작해야 할 것 같아요. 사실 한국의 대통령과 국회의원의 여러 문제는 그 정통성이 약하다는 데서부터 비롯되는 것 같거든요.

박성민 '87년 체제' 이후 노태우 전 대통령부터 이명박 대통령까지 다섯 명의 대통령이 당선되었습니다. 그런데 그중에 어떤 대통령도 과반수의 지지를 얻은 적이 없어요. 노태우 대통령은 36.6퍼센트, 김영삼 대통령은 42.0퍼센트, 김대중 대통령은 40.3퍼센트, 노무현 대통령은 48.9퍼센트, 이명박 대통령은 48.7퍼센트였어요. 이렇게 대통령의 정통성의 기반이 약하다 보니 국정 운영을 안정적으로 할 수가 없습니다. 김대중 전 대통령은 2등과의 차이가 고

'87년 체제' 이후 노태우, 김영삼, 김대중, 노무현, 이명박 등 다섯 명의 대통령 가운데 아무도 과반수의 지지를 얻지 못했다. 미국처럼 승복 문화가 없는 한국에서 낮은 지지율은 정통성의 약화를 의미하기 때문에 국정 운영이 안정적일 수가 없다. 김대중 전 대통령은 2등과의 차이가 고작 1.5퍼센트, 노무현 전 대통령은 고작 2.3퍼센트였다. 따라서 2등을 지지한 이들은 승복을 하지 못하는 악순환이 반복되고 있는 것이다. 지금 한국 정치에서 승복의 문화를 만들기 위해서는 선출 권력의 정통성을 확보하는 게 시급하다.

작 1.5퍼센트, 노무현 전 대통령은 고작 2.3퍼센트였습니다. 그러니까 당시 이회창 후보를 지지했던 이들은 승복을 하지 않은 거예요. 그들에게 김대중, 노무현 대통령은 '너희 대통령'이지 '우리 대통령'이 아닙니다.

지역구에서 최다 득표자를 한 명만 뽑는 국회의원 선거도 마찬가지예요. 불과 몇 표 차이로 당락이 결정됩니다. 심지어는 16대 총선에서는 경기도 광주에서 문학진 후보가 불과 세 표 차이로 떨어졌잖아요. 그래서 생긴 별명이 '문세표'였어요. 그러면, 몇 표 차이로 떨어진 후보를 지지한 시민들이 당선된 국회

의원을 '우리 의원'으로 인정하겠어요?

강양구 그런 정당성의 문제를 어떻게 극복해야 할까요? 마냥 시민으로부터 압도적인 지지를 받는 대통령, 국회의원이 나오길 기다릴 수도 없고요. 아까 만장일치의 문제점을 잠시 언급했던 것처럼, 그렇게 이견 없는 쏠림 현상이 바람직한지도 모르겠고요. 역사적으로 끔찍한 일이 많았잖아요.

박성민 바로 그 지점에서 창조적인 고민이 필요합니다. 최근의 한국 정치사를 쭉 훑어봤어요. 그랬더니 흥미로운 사실을 확인했습니다. 한국 정치에서 승복의 문화가 없다고 했잖아요. 미국과 같은 '51:49'는 어림도 없습니다. '60:40'은 어떨까요? 40퍼센트 쪽이 절대로 승복하지 않습니다.

지금 한미FTA, 4대강 살리기 사업 등의 찬반 여론은 대개 60:40에 가까워요. 하지만 절대로 반대 측이 승복하지 않습니다. 오히려 반대 측이 더욱더 목소리를 높이기 십상이지요. 대개는 찬성 측보다는 반대 측이 절박한 경우가 많으니까요.

그런데 '75:25'면 어떨까요? 2004년 3월 12일 한나라당, 민주당 의원이 노무현 전 대통령 탄핵소추안을 195표 중 찬성 193표, 반대 2표로 가결시켰어요. 그러자 역풍이 심하게 불었죠. 당장 12일 저녁에 급하게 실시한 여론 조사 결과를 보면 확인할 수 있습니다. 대부분의 여론 조사에서 70퍼센트 정도가 노무현 대통령 탄핵에 '반대'했어요. 찬반 여론이 KBS-미디어리서치 조사에서 28.6퍼센트 대 69.6퍼센트, MBC-한국리서치 조사에서 22.7퍼센트 대 70.0퍼센트, SBS-티앤소프레스 조사에서 25.3퍼센트 대 69.3퍼센트, 동아일보-코리아리서치센터 조사에서 19.1퍼센트 대 70.3퍼센트, 한겨레-리서치플러스 조사에서 24.0퍼센트 대 71.1퍼센트로 나왔습니다.

인터넷 포털사이트의 응답은 더 극적이었어요. '다음(daum.net)'에서는 응답자의 86.2퍼센트, '네이버(naver.com)'에서는

한미FTA 및 4대강 사업의 찬반 여론은 대체로 60:40에 가깝다. 이럴 경우 반대 측은 절대 승복하지 않는다. 오히려 반대 측이 절박하기 때문에 목소리만 더 커지기 마련이다. 하지만 2004년 노무현 전 대통령 탄핵 반대와 2008년 촛불 집회 때의 여론 지형은 대체로 75:25였다. 1993년 긴급명령 형식으로 실시된 금융실명제는 기득권의 저항이 만만치 않은 파격적인 조치였지만 의외로 역풍은 미미했다. 당시 국민의 78.6퍼센트가 '찬성' 입장이었기 때문이다. 이처럼 한국 사회에서는 적어도 75퍼센트 이상이 동의해야 승복이 가능하다.

응답자의 83.3퍼센트가 탄핵에 '반대' 의견을 나타냈습니다. 5~10퍼센트의 '무응답' 층에 탄핵에 '반대'하지만 굳이 자신의 의사를 표현하기는 싫은 '반노(盧)' 성향이 포함돼 있다는 것까지 염두에 두면 실제 여론 지형은 '75:25' 정도로 봐야죠.

취임하자마자 이명박 대통령을 휘청하게 만들었던 2008년 촛불 집회를 전후한 여론도 비슷했어요. 당시 촛불 집회를 촉발했던 미국산 쇠고기 수입을 결정한 한미 쇠고기 협상을 놓고 부정적인 여론이 71퍼센트(한국사회여론연구소 2008년 4월 28일 조사)에서 78.8퍼센트(한국사회여론연구소 2008년 5월 15일 조사)로 높았어요.

2008년 봄부터 여름까지 전국을 휩쓸었던 촛불 집회의 물결, 그리고 그 결과 이명박 대통령이 머리를 두 번이나 조아린 일은 이런 '75:25'의 여론 지형을 염두에 둬야만 제대로 이해할 수 있습니다. 한국 정치사를 쭉 살펴보면 의외로 이런 경우를 많이 찾아볼 수 있습니다. 김영삼 정부 때도 비슷한 일이 있었더군요.

김영삼 대통령은 취임 첫해인 1993년 8월 12일 20시를 기하여 대통령 긴급명령 형식으로 전격적으로 금융실명제를 실시했어요. 기득권의 저항이 만만치 않은 파격적인 조치였습니다. 그런데 의외로 역풍은 미미했어요. 왜냐하면, 당시 국민의 78.6퍼센트가 '찬성' 입장이었거든요. 《동아일보》 국민 의식 전국 여론 조사 1994년 1월 1일.)

그렇다면, 여기서 우리는 잠정적으로 이런 결론을 내릴 수 있을 것 같아요. 한국 사회에서는 적어도 75퍼센트가 동의하는 일에는 일단 승복한다, 이렇게요.

강양구 얘기를 듣고 보니 미국의 심리학자 솔로몬 애시(Solomon Asch)의 고전적인 심리 실험이 생각나네요. 애시는 1951년에 여섯 명에게 특정 길이의 직선 하나를 보여 주고 나서, 이것과 같은 길이의 직선을 다른 세 개 직선 중에서 고르라는 과제를 냈어요. 앞서 다섯 명에게는 자기 차례가 왔을 때 틀린 직선을 선택하도록 사전에 몰래 지시를 내렸습니다.

결과는 어땠을까요? 아무것도 모르는 나머지 한 명은 나머지 다섯 명이 얘기한 틀린 답을 따라하는 경향이 있었어요. 놀랍게도, 그는 누가 봐도 틀린 답을 선택한 자신의 결정을 놓고서 나머지 다섯 사람의 눈치를 보고 내린 결정이 아니라 자신의 선택이었다고 강변하는 경향도 있었고요. 심리학자들이 바로 '동조(conformity)' 현상이라고 부르는 것이죠.

박성민 일상생활에서도 그런 일은 자주 있죠. 점심 때 두 명은 동태찌개를 원하고 한 명은 김치찌개를 원해요. 김치찌개를 원하는 한 사람의 목소리가 크면 두 사람이 어쩔 수 없이 그것을 따를 수도 있어요. 그런데 여기에 동태찌개를 원하는 한 사람이 더 끼면 상황은 달라지죠. 그 상황에서 김치찌개를 고집하기란 쉽지 않아요.

　　저는 지금 한국 사회가 지향해야 할 민주주의에 이런 이름을 붙이고 싶어요. '**75퍼센트 민주주의!**' 즉, 우리에게 필요한 것은 적어도 시민의 75퍼센트의 의견이 반영될 수 있는 제도적인 틀을 만들어 내는 것입니다. 그러니까 과반수의 지지를 받는 대통령과 국회의원을 만들어 내고, 최소한 75퍼센트의 민의를 수렴하는 국회를 만들어 내는 일이 필요한 거예요.

결승전이 필요하다!

강양구 75퍼센트 민주주의, 발상은 신선합니다. 그런데 그게 가능할까요?

박성민 말잔치로만 끝나지 않도록 제도화를 강구해야 합니다. 지금 한국 정치에서 필요한 건 무능한 대통령, 무능한 국회의원을 조롱하는 일이 아니에요. 대통령, 정치인, 정당을 향해 막말을 쏟아내면 그 순간은 짜릿한 카타르시스를 느낄 수도 있겠죠. 하지만 딱 그뿐이에요. 지금 필요한 일은 '비가역적인 시스템'을 만드는 것입니다.

1990년대만 하더라도 어딜 가나 새치기가 당연시되었어요. 지금 와서 생각해 보면 얼굴이 화끈거릴 정도로 부끄러운 일이지만 그때는 그게 자연스러웠습니다. 국가 원로들이 나서서 "질서를 지키자."느니 "새치기를 하지 말자."느니 하는 캠페인을 할 정도였으니까요. 요즘에도 도로에서 얄밉게 끼어드는 차들은 여전히 있지만, 적어도 줄을 서서 기다리는 장소에서는 새치기가 사라졌습니다.

한국인의 의식이 갑자기 선진화한 걸까요? 국가 원로까지 나서서 목소리를 높인 캠페인이 효력을 본 걸까요? 결정적인 이유는 '대기 번호표' 발급기가 곳곳에 설치되었기 때문입니다. 요즘은 은행, 병원, 극장, 식당 등 어디서나 대기 번호표를 뽑고 자기 차례를 기다려요. 대기 번호표는 누구에게나 '공정'하게 '기회'를 줍니다. 더구나 이것은 자기가 얼마나 더 기다려야 하는지 예측할 수 있어요. 예측이 가능하면 계획을 세울 수 있습니다. 화장실을 다녀올 수도 있고, 시간이 오래 걸릴 것 같으면 다른 급한 업무를 먼저 처리하고 올 수도 있어요. 정치가 하는 일이 바로 이런 겁니다.

문제의 해결 방법을 사람에게서 찾지 말고 법과 제도와 같은 시스템의 개선을 통해 '불확실성'을 제거하는 것이야말로 지금 정치가 해야 할 일이에요. 이명박 대통령이 당선되자마자 온갖 것에 '선진화'를 붙여 놓았는데 진짜 선진화는 바로 이런 것입니다. 법과 제도를 통해 '공정성'과 '예측 가능성'을 높여서 모두가 수긍하는 '신뢰'를 확보하는 것이죠.

1987년에 만들어진 헌법이 여전히 힘을 발휘하는 것은 법과 제도의 개선을 통해 비가역적인 시스템을 만들었기 때문입니다. 그랬기 때문에 1987년 대선에서 양김 씨의 분열로 대통령을 군인 출신이 가져갔지만, 감히 누구도 다시 1987년 이전으로 역사를 되돌릴 생각을 하지 못한 것입니다.

제가 지금 '75퍼센트 민주주의'를 얘기하는 것도 바로 이런 비가역적인 시스템을 만들자는 거예요. 그렇다면, 당장 4월 총선이 코앞인데 너무 늦은 걸까요? 천만의 말씀입니다. '87년 체제'가 어떻게 만들어졌나요? 1987년 6월 29일 당시 노태우 민정당(민주정의당) 대표가 대통령 직선제 등의 헌법 개정 요구를 받아들이는 6·29 선언을 발표합니다. 그리고 채 한 달도 안 돼서 헌법 개정을 전담할 '8인 정치 회담' 구성에 합의합니다. 여당에서는 권익현, 윤길중, 최영철, 이한동 의원이, 야당에서는 이중재, 박용만, 김동영, 이용희 의원이 협상 대표로 나섰어요. 그리고 7월 31일 첫 회의가 열리고, 한 달 만인 8월 31일에 헌법 전문과 본문 130개 조항에 완전한 합의를 이뤄요.

이 모든 일에 약 두 달의 시간이 걸렸을 뿐입니다. 그리고 이렇게 만들어진 개정 헌법은 10월 27일 국민투표에서 총유권자 78.2퍼센트의 투표와 투표자 93.1퍼센트의 절대적인 지지로 확정이 됩니다. 바로 '87년 체제'가 그렇게 탄생했습니다. 즉 '87년 체제'는 그 자체로 대타협의 산물이었어요.

강양구 그렇다면, 지금부터 '75퍼센트 민주주의'를 위해 가장 서둘러야 할 것이 뭡니까?

박성민 2012년 4월에 총선, 12월에 대선이 있습니다. 촉박한 일정이긴 하지만 '87년 체제'가 만들어진 과정을 염두에 두면 절대로 짧은 시간이 아니에요. 우선 고작 40퍼센트짜리 대통령이 나올 수밖에 없는 현재의 대통령 선거제도를 고쳐야 합니다. 비교적 검증된 해법이 있어요. 바로 '결선투표제'입니다.

강양구 프랑스에서처럼 과반수를 얻지 못한 1등과 2등을 놓고 결선투표를 하는 방식이죠?

박성민 맞아요. 대한민국 국민의 50퍼센트 이상의 지지를 얻는 대통령이 나올 수 있도록 제도로 보장하자는 것이에요. 대한민국 국민의 절반 이상이 '우리 대통령'이라고 여길 수 있는 지도자가 나와야 경제 위기, 남북 관계, 외교 문제 등 산적한 장애물을 소신껏 넘을 수 있지 않겠습니까?

사실 결선투표제라고 하니까 생소하게 들립니다만, 한국 정치에는 결선투표제의 전통이 있습니다. 1997년 한나라당의 전신인 신한국당은 대통령 후보를 선출하는 과정에서 이회창 후보와 이인제 후보가 결선투표를 했습니다. 2004년에 박근혜 의원이 한나라당의 대표로 선출될 때도 결선투표가 있었습니다. 여론 조사를 50퍼센트나 반영하는 바람에 1차 투표에서 박근혜 의원이 대표로

문제점을 알았다면 해결 방법을 사람에게서 찾지 말고 시스템 측면에서 고민해야 한다. 즉 법과 제도의 개선을 통해 '불확실성'을 제거하는 것이야말로 지금 정치가 해야 할 일이다. 정치 선진화란 법과 제도를 통해 '공정성'과 '예측 가능성'을 높여서 모두가 수긍하는 '신뢰'를 확보하는 것이다. 따라서 국민의 과반수가 지지하는 대통령을 배출하도록 결선투표제를 도입하고, 75퍼센트 민주주의가 제도로서 정착되도록 여야 간 대타협이 필요하다.

선출되긴 했습니다만. 만약 그때 1차 투표에서 과반수를 얻는 후보가 없었다면, 현장에서 1, 2위를 놓고 대의원이 결선투표를 하도록 돼 있었어요.

민주당도 마찬가지입니다. 민주당은 2002년 대통령 후보 예비경선에서 '선호 투표제'를 도입해 관심을 모았어요. 예를 들어, 후보가 다섯 명이 나왔다고 칩시다. 선거인은 지지 후보 한 명만 찍는 게 아니라 출마한 후보 모두를 선호도에 따라 1~5위까지 순위를 매겨서 기표해요. 투표 완료 후 1순위 개표에서 과반수 득표자가 나오면 당선자가 바로 확정됩니다.

하지만 과반수 득표자가 없을 경우에는 1순위 표를 가장 적

게 얻은 꼴찌(5위) 후보의 2순위 표를 1~4위 후보에게 나눠서 재집계합니다. 그래도 과반수 득표자가 안 나오면 4위 후보의 2순위 표를 1~3위 후보에게 다시 나눠줍니다. 결국에는 과반수 득표자가 나올 수밖에 없어요. 이 선호 투표제도 투표는 한 번만 하지만 사실상 결선투표제의 변형인 셈이죠.

이런 결선투표제의 전통이 사라진 지금은 어떻습니까? 고작 20퍼센트 정도의 지지를 얻은 이들이 당 대표가 됩니다. 그런 대표는 정통성도 인정을 받지 못하고 지도력도 발휘하지 못하죠. 그러니 한나라당이든 민주당이든 당의 꼴이 '동거' 정당 수준으로 전락한 것 아닙니까?

75퍼센트 국회

강양구 방금 대통령 선거의 결선투표제를 언급했습니다만, 개인적으로 더 시급히 개혁해야 할 것은 국회의원 선거제도라고 생각합니다. 현재 한국의 국회의원 선거제도는 한 지역구에서 한 명만 뽑으며(소선거구제), 1등만 당선되는(다수 대표제) 방식을 고수하고 있습니다. 아까 나온 '1등만 기억하는 더러운 세상'을 그대로 구현한 선거제도라고 할 수 있어요.

그런데 이런 선거제도에서는 민의가 제대로 반영되기가 어렵습니다. 최소한 이 부분에 대해서는 정치인, 지식인 사이에 공감대가 있는 것 같은데 전혀 바뀔 기미가 보이지 않아요. 개인적으로는 네덜란드, 독일처럼 정당명부 비례대표제를 확대하는 게 확실한 방법처럼 보입니다만…… 지지하는 정당에 투표를 하고 나서 그 투표율에 따라 의석수를 나누는 식으로요.

박성민 지적하신 것처럼 지금의 국회의원 선거제도에서 국회는 절대로 75퍼센트의 민의를 반영할 수 없어요. 전 국민의 과반수는 자신의 대표를 국회의원으로 내보내지 못하는 구조니까요. 저 역시 정당명부 비례대표제의 확대가 75퍼센트 민주주의를 가능케 하는 한 가지 방법이라고 생각합니다.

하지만, 선거제도는 현역 국회의원들이 결심을 해야만 바꿀 수 있어요. 지역구에 목을 매는 현역 국회의원들에게 정당명부 비례대표제의 확대를 기대하는 건 고양이가 자기 목에 방울 달기를 기대하는 것과 같아요. 정당명부 비례대표제 얘기가 2000년대 초부터 나왔지만 여전히 비례대표 의석을 과감하게 확대하지 못하는 것은 이 때문이 아닐까요?

그래서 저는 차라리 지금의 소선거구제를 중대선거구제로

현재 한국의 국회의원 선거제도는 한 지역구에서 1등 한 명만 뽑는 소선거구제인데, 이런 방식으로는 국회가 결코 75퍼센트의 민의를 반영할 수 없다. 전 국민의 과반수가 자신의 대표를 국회의원으로 내보내지 못하는 구조다. 정당명부 비례대표제의 확대가 75퍼센트 민주주의를 가능케 하는 방법일 수 있지만, 선거제도는 현역 국회의원들에 의해서만 바뀔 수 있는데 지역구에 목을 매는 현역 국회의원들이 자신들에게 불리한 정당명부 비례대표제의 확대를 찬성할 리 없다. 따라서 지금의 소선거구제를 중대선거구제로 바꾸는 게 현실적인 대안이다.

바꾸는 게 오히려 현실적인 대안이라고 생각합니다. 경기도 고양시를 예로 들어 봅시다. 현재 고양시는 총 네 개의 지역구에서 네 사람의 국회의원을 선출합니다. 그런데 이 고양시 지역구를 하나로 합친 다음에 세 사람을 국회의원으로 뽑는다고 생각해 보세요.

물론 거대 정당이 복수 공천을 할 수도 있지만 한나라당, 민주당뿐만이 아니라 진보 정당이든 녹색당이든 소수 정당의 후보가 국회의원으로 당선될 가능성이 커지지 않겠어요? 최소한 고양시에 사는 시민의 75퍼센트 정도는 자신이 찍은 사람이 국회의원 배지를 다는 모습을 확인할 수 있겠죠. 자신의 대표자가 국회에서 활약하는 모습을 볼 수 있게 되는 겁니다.

어쨌든 유권자의 75퍼센트가 당선자에게 투표를 할 수 있도록 당선자 득표율의 합이 75퍼센트, 낙선자 득표율의 합이 25퍼센트 정도가 되도록 선거제도를 바꿔야 합니다.

강양구 일본에서도 확인할 수 있었듯이 중대선거구제는 기존 정당, 기성 정치인에게 유리합니다. 일본도 이른바 '족(族)' 의원이라고 불리는 정치인들의 독식 폐해 때문에 1994년에 중대선거구제를 폐기하고 소선거구제로 돌아섰잖아요? 여전히 정당명부 비례대표제에 미련이 남는데요.

박성민 제도를 바꿨다는 사실 자체가 중요해요. 일본이 중대선거구제의 폐해가 커서 여러 가지 단점에도 불구하고 소선거구제로 선거제도를 바꾼 건 사실이에요. 하지만 일본의 선거제도 개혁에서 배울 건 다른 거예요. 일본에서 1994년에 중대선거구제를 소선거구제로 바꾸면서 이른바 '이중등록제'와 '석패율' 제도를 도입합니다.

이중등록제는 지역구와 비례대표에 동시에 출마할 수 있는 제도입니다. 석패율은 당선자와 낙선자의 득표 비율을 말합니다. 예를 들자면, A후보가 5만 표로 당선되고 B후보가 4만 표로 낙선했다면, B후보의 석패율은 80퍼센트(4만/5만)가 됩니다. 아깝게 떨어질수록 이 석패율이 높은 겁니다. 이중등록제와 석패율 제도는 한 후보가 지역구와 비례대표로 동시에 출마하는 것을 허용하고, 이런 중복 출마자 중에서 낙선한 후보 중 석패율이 제일 높은 후보를 비례대표로 구제해주는 것이에요.

일본이 중대선거구제를 소선거구제로 바꾸면서 왜 이런 이중등록제와 석패율 제도를 도입했을까요? 바로 현역 국회의원을 구제하기 위해서였어요. 정치, 특히 선거제도는 현재의 국회의원과 미래의 국회의원, 현재의 정당과 미래의 정당 사이에 협

예를 들어 경기도 고양시는 총 네 개의 지역구에서 네 사람의 국회의원을 선출한다. 그런데 이 고양시 지역구를 하나로 합친 다음에 세 사람을 국회의원으로 뽑는다면, 한나라당, 민주당뿐만이 아니라 진보 정당이든 녹색당이든 한 사람이 더 후보로 당선될 가능성이 생긴다. 최소한 고양시에 사는 시민의 75퍼센트 정도는 자신이 찍은 사람이 국회의원 배지를 다는 모습을 확인할 수 있는 구조가 된다. 이렇게 유권자의 75퍼센트가 당선자에게 투표할 수 있도록 선거제도를 바꿔야 한다.

상의 산물이라는 점을 절대로 잊어서는 안 됩니다. 지금 중대선
거구제로 전환하면 최소한 해당 선거구의 현역 국회의원 중에
서 경쟁력이 있는 이들 몇은 살아남을 수 있을 거예요. 바로 그
점을 미끼로 현역 국회의원이 선거제도의 개혁에 나서도록 해
야지요.

강양구 그런데 4월 총선이 코앞인데 선거제도 개혁이 가능할까요?

박성민 우리는 종종 역사를 너무 쉽게 망각합니다. 아까 '87년 체제'를
지탱하는 헌법 초안이 불과 두 달 만에 마련되었다는 사실을
확인했어요. 지금의 선거제도도 마찬가지입니다. 1988년 총선
이전까지만 하더라도 한국의 선거제도는 한 선거구에서 두 명
의 국회의원을 뽑는 중선거구제(1973년 9대 총선~1985년 12대 총선)
였어요.

　1985년 2월 총선에서 신민당이 돌풍을 일으킬 수 있었던 배
경에는 바로 이런 중선거구제가 있었기 때문입니다. 만약 그때
도 소선거구제였다면 절대로 신민당 돌풍은 없었을 거예요. 하
지만 선거구에서 두 명을 뽑을 수 있었기 때문에 민정당 148석
(전국구 61석)에 맞서 신민당이 67석(전국구 17석)의 성적을 거둘 수
있었던 것이죠.

　그렇다면, 1988년 총선에서는 중선거구제가 소선거구제로
왜 바뀌었을까요? 대선에서 승리한 민정당이 왜 불리한 소선거
구제를 받아들였을까요? 1987년 대선에서 노태우 전 대통령이

당선되었지만 다음 대선에서는 2등으로 떨어진 김영삼 전 대통령의 당선이 유력해 보였어요. 그때만 하더라도 김대중 전 대통령이 또 출마하기는 힘들어 보였거든요. 통일민주당을 탈당해서 3등으로 떨어졌으니까요. 재기 불능처럼 보였습니다.

여당 입장에서는 김영삼 전 대통령이 독주하는 구조보다는 김대중 전 대통령이 살아나서 양김이 경쟁하는 구도가 더 유리했겠죠. 그래야 또 여당이 이길 수 있을 테니까요. 그래서 나온 정치적 협상의 결과물이 바로 소선거구제입니다. 결국 1988년 총선은 후보 단일화 실패와 선거 패배로 죽기 직전의 김대중 전 대통령에게 숨통을 터 줬죠.

총선 두 달 전인 2월에 소선거구제를 핵심으로 하는 선거제도가 마련됐고, 4월 총선에서는 이변이 일어났습니다. 전국 득표율 19퍼센트밖에 얻지 못한 김대중 전 대통령의 평화민주당이 70석을 얻었고, 김영삼 전 대통령이 이끄는 통일민주당이 23퍼센트를 얻었는데도 59석밖에 얻지 못했어요. 소선거구제가 김대중 전 대통령을 살린 셈이죠.

정치학 교과서에서는 소선거구제를 양당제를 담보하는 제도, 중대선거구제는 다당제를 담보하는 제도라고 소개해요. 하지만 한국에서는 소선거구제가 다당제를 담보해요. 왜냐하면 1988년에는 '1노 3김'이라는 지역에 기반을 둔 맹주들이 있었으니까요. 대구/경북(TK), 부산/경남(PK), 호남, 충청, 이 네 곳에 똬리를 틀고 수도권을 나눠먹었죠.

사실 이런 기형적인 구도 속에서 김영삼 씨의 대통령 욕심을 자극해서 만들어진 것이 바로 1990년 '3당 합당'입니다. 그리고 그때 만들어진 TK와 PK 사이의 '90년 동맹'은 지금까지 한국 정치에 안 좋은 영향을 끼치고 있어요. 지금은 선거제도로 수혜를 입었던 '1노 3김'은 사라졌는데 그 폐해만 여전히 한국 정치를 지배하는 상황입니다.

그러니 지금의 국회의원 선거제도에서 '75퍼센트 민주주의'는 요원해요. 제가 여러 가지 단점에도 중대선거구제를 주장하는 이유도 이 때문입니다. 국회의원들이 개심해서 정당명부 비례대표제를 확대한다면 그 역시 반대할 이유가 없습니다. 하지만 과연 그것이 현실에서 가능할지 의문이 드는군요.

결과에 의한 연대

강양구 저의 투표 경력을 고백하자면, 1997년 대선에서 처음 투표를 했습니다만 그때부터 지금까지 단 한 번도 제가 뽑은 후보가 대통령이나 국회의원으로 당선된 적이 없습니다.

박성민 바로 여기 있었군요. 대표되지 못한 시민의 전형! 만약 결선투표제가 도입된다면, 강 기자는 대선에서 자신의 이념과 지향에 맞는 후보에게 투표를 하면 되는 거예요. 예를 들자면, 진보 정당이나 녹색당 후보에게 표를 던지겠죠. 물론 그들이 대통령이 되기는 현실적으로 힘들겠지만, 일단 지지세는 과시할 수 있죠.

그리고 뚜껑을 열어 봤더니 1위를 한 후보가 50퍼센트를 넘지 못했어요. 그렇다면, 1, 2위 후보가 결선투표를 해야 합니다. 그들은 당연히 3, 4, 5위 후보에게 손을 내밀 수밖에 없겠죠. 그들을 지지한 시민이 결선투표에서 자신을 찍도록 해야 하니까요. 그러니 결과를 놓고 연정 제안도 가능하게 됩니다. 그 과정에서 진보 정당 측에 노동부 장관이나 보건복지부 장관을 할당하겠다는 약속을 할 수도 있고, 녹색당 측에 환경부 장관을 할당하겠다는 약속을 할 수도 있을 거예요. 그렇게 진보 정당, 녹색당이 장관을 배출하고, 직접 권력에 참여해 본다면 다음 선거에서 그 정당의 존재감은 훨씬 더 또렷해질 거예요.

바로 '결과에 의한 연대'가 가능해지는 거예요. 지금처럼 누구도 예측하지 못할 불확실한 선거 결과를 미리 예상해서 '결과를 위한 연대'를 이끌어 내는 데 지리멸렬하게 힘을 쏟을 필요도 없죠. 각자가 최선을 다한 다음에 그 결과를 가지고 연대를 하면 되는 겁니다. 바로 이게 결선투표제가 가져올 긍정적인 모

1위 후보가 50퍼센트를 넘지 못했다면, 1, 2위 후보가 결선투표를 하도록 제도를 고쳐야 한다. 그러면 그들은 당연히 3, 4, 5위 후보에게 손을 내밀 수밖에 없다. 이렇게 결과를 놓고 연정 제안이 가능하게 되면, 그 과정에서 진보 정당 측에 노동부 장관이나 보건복지부 장관을 할당하겠다거나 녹색당 측에 환경부 장관을 주겠다는 약속도 할 수 있다. 즉 '결과에 의한 연대'가 가능해진다. 지금처럼 누구도 예측하지 못할 불확실한 선거 결과를 미리 예상해서 '결과를 위한 연대'를 이끌어 내는 데 불필요한 에너지를 낭비하지 말고, 각자가 최선을 다한 다음에 그 결과를 가지고 연대를 하는 것이 훨씬 효율적이다. 이것이 바로 결선투표제가 가져올 긍정적인 모습이다.

습입니다.

2002년 프랑스 대선이 바로 이런 모습이었습니다. 당시 프랑스의 극우 정당 민족전선의 장마리 르팽이 1차 선거에서 17퍼센트를 득표하며 공화국연합당의 자크 시라크에 이어 2위에 오르는 이변이 일어납니다. 사회당의 리오넬 조스팽은 3위로 밀려나는 치욕을 감수해야 했어요. 다수대표제가 얼마나 위험한 결과를 초래할 수 있는지 잘 보여 준 일입니다. 지금도 프랑스 사람 대다수는 사실상 히틀러 나치의 노선을 좇는 르팽이 2002년 대통령 선거에서 2위를 차지한 사실을 놓고 '프랑스의 치욕'으로 여깁니다. 그런데 다수대표제에서는 그런 일이 언제든지 일어날 수 있어요. 전체 인구의 75퍼센트가 반대하더라도 단 25퍼센트가 열광적으로 지지하면 르팽 같은 극우주의자도 대통령에 당선될 수 있으니까요.

결국 시라크와 르팽이 결선투표를 하게 되었어요. 그때 프랑스에서 어떤 일이 일어났나요? 리오넬 조스팽에게 표를 줬던 사회당 지지자를 포함해서 보수부터 진보를 아우르는 전 정당의 지지자들이 '공화국' 프랑스를 지키고자 공화국연합당의 시라크에게 표를 던져서 압도적인 표차로 르팽을 떨어뜨립니다.

2002년 프랑스 대선의 예에서 볼 수 있듯이, 그 사회의 다수가 성취한 가치를 지킬 수 있는 제도가 필요합니다. 20퍼센트든 30퍼센트든 1등만 하면 모든 것을 독차지하는 지금의 선거제도에서는 50퍼센트 민주주의마저도 불가능해요. 결선투표제는 그것을 달성하는 효과적인 방법이고요.

한 번 더 강조하지만, 75퍼센트 민주주의야말로 사회를 보호하는 방법입니다!

진보당-민주당-공화당-자유당

강양구 3김이 몰락하고 나서 한국의 정치는 한나라당 대 반한나라당 구도로 고착화하는 모습이에요. 야당이 '결과에 위한 연대'가 아니라 '결과를 위한 연대'에 집착하는 것도 반한나라당이라는 또렷한 지향점이 있기 때문입니다.「나는 꼼수다」와 같은 접근이 대중에게 호소력을 갖는 것도 바로 이 구도 탓이고요.

박성민 한 번 더 강조하지만 소선거구제에서 중대선거구제로 시급히 바뀌야 한다고 생각하는 것도 바로 그런 한나라당 대 반한나라당 구도 때문이에요. 사실 그 구도는 대구/경북(TK)과 부산/경남(PK) 사이에 맺어진 한시적인 '90년 동맹'이 여전히 힘을 발휘하고 있기 때문에 가능한 것입니다. 그런데 사실 지금의 한나라당, 민주통합당은 모두 공통의 이념은커녕 공통의 이해관계를 추구하기에도 적절하지 않은 '동거' 정당 수준이에요. 그런데도 감히 국회의원 누구도 그런 정당을 깰 생각을 하지 못합니다. 왜냐하면 앞으로 '안철수 현상'을 다루면서 얘기하겠지만 개인의 힘으로는 한나라당 대 반한나라당의 구도를 깨기가 쉽지 않으니까요.

이런 양당 비슷한 구도는 사실 시대착오적이에요. 지금 한국 사회가 얼마나 분화되어 있습니까? 이렇게 분화된 사회에서 다양한 이해관계를 고작 두 개의 정당으로 수렴할 수 있다는 발상이 가당키나 합니까? 더구나 그중 하나는 자신의 정체성을 고작 '한나라당에 반대한다.'는 것에 두고 있잖아요. 반한나라당이면 모든 게 해결되나요? 답답한 일입니다.

저는 최소한 당이 네 개 이상은 있어야 한다고 생각합니다. 어떤 정당일까요? 가만히 생각해 보면, 한국 정치사 속에 다 존재했던 당이에요. 일단 맨 왼쪽에는 '진보당'이 있을 거예요. 비정규직 노동자-서민 자영업자를 비롯한 사회 약자의 이해관계를 대변하는 정당입니다.

맨 오른쪽에는 '자유당'이 있겠군요. 이 당은 말 그대로 자유시장 자본주의를 옹호하는 정당이에요. 재벌, 기업의 이해관계를 대변하는 정당이라고 생각하면 되겠군요. 자유기업원 같은 곳이 표방하는 가치를 적극적으로 구현하고자 노력하는 정당이 되겠죠. 사실 한나라당, 민주통합당 국회의원 중에서는 이당에서 같이 손잡고 일하면 좋을 법한 이들이 많아요.

그리고 그 사이에, 진보당 오른쪽에는 민주당이, 자유당 왼쪽에는 공화당이 있을 겁니다. 왼쪽부터 진보당, 민주당, 공화당, 자유당 순서로요. 민주당은 특히 남북 관계에 있어서는 김대중 정부의 햇볕 정책을 계승하는 당이 될 수 있겠네요. 그리고 공화당은 시장의 가치를 인정하면서도 공동체의 이익을 염두에 두고 국가의 개입을 적극 고려하는 보수주의자의 정당이 될 테고요.

그리고 진보당보다 더 왼쪽에는 녹색당 혹은 노동당 같은 당이, 자유당보다 더 오른쪽에는 민족당과 같은 극우 정당이 있을 수도 있겠고요. 이 정도의 정당 스펙트럼은 되어야 현대 사회의 복잡한 이해관계와 가치를 대변할 수 있을 거예요. 자, 그렇다면 한미FTA는 어떻게 될까요?

강양구 지금 민주통합당이 한미FTA를 반대하고 있기는 합니다만, 그런 구도에서는 자유당, 공화당, 민주당 정도까지 한미FTA를 찬성할 것 같군요.

복잡하고 세분화된 현대 사회에서 지금과 같은 한나라당 대 반한나라당 구조는 시대착오적이다. 최소한 당이 네 개는 있어야 한다. 맨 왼쪽에는 비정규직 노동자, 서민 자영업자를 비롯한 사회 약자의 이해관계를 대변하는 '진보당'이, 맨 오른쪽에는 시장 자본주의를 옹호하고 기업의 이해관계를 대변하는 '자유당'이 있다. 그리고 그 사이에 진보당 오른쪽에는 민주당이, 자유당 왼쪽에는 공화당이 위치한다. 민주당은 특히 남북 관계에 있어서는 김대중 정부의 햇볕 정책을 계승하는 당이 될 것이고, 공화당은 시장의 가치를 인정하면서도 공동체의 이익을 염두에 두고 국가의 개입을 적극 고려하는 보수주의자의 정당이 될 것이다.

박성민 네, 그렇게 연대를 하겠죠. 반면에 무상 급식과 같은 경우에는 상황이 반대가 될 겁니다. 진보당에서 발의를 하고 민주당, 공화당 정도까지 무상 급식에는 찬성할 수 있을 거예요. 이런 식으로 되어야 비로소 최소한 75퍼센트는 자신의 목소리를 반영할 수 있는 '75퍼센트 민주주의'가 가능해지는 겁니다.

그런데 소선거구제에서는 이런 식의 다당제가 불가능합니

다. 중대선거구제라면 지금의 한나라당 대 반한나라당의 구도
가 깨질 가능성이 있습니다. 앞의 구도를 염두에 두고 말하자
면, 한나라당을 지지하는 이들이 공화당 후보를 찍을 수도 있을
테고, 민주당을 지지하는 이들이 진보당 후보를 찍을 수도 있을
테니까요. 일단은 여기서부터 시작하자는 것입니다.

강양구 지금 박세일 서울대학교 교수 같은 이들은 '대(大) 중도 신당'을
만들자고 얘기합니다만.

박성민 한나라당도 싫고, 민주당도 싫은 이들을 다 모아서 당을 만들자
는 얘기입니다. 여론 조사 결과만 보면 한 50퍼센트 이상이 모
일 수 있을 것처럼 보이니까요. 그런데 이런 당이 과연 의미가
있을까요? 앞의 정당 구도로 말하자면 진보당 정체성을 가진
사람과 자유당 정체성을 가진 사람이 일단 기성 정당이 싫으니
까 모이자는 것인데…… 왜 이런 정당을 굳이 만듭니까? 각각
의 이념과 지지 기반에 따라 각자 정당을 만들고 '결과에 의한
연정'을 하면 됩니다. 이념이 다르고 지지 기반이 다른데 어떻
게 같은 정책을 만들 수 있겠어요?

선거는 많을수록 좋다!

강양구 5년에 한 번씩 뽑는 대통령, 4년에 한 번씩 뽑는 국회의원의 선

거 주기는 어떻게 생각하나요? 선거가 너무 잦다는 지적이 많습니다만.

박성민 천만에요. 선거는 더 많이 치러야 합니다. 앞에서 얘기했듯이 2004년에 노무현 전 대통령이 국회로부터 탄핵을 당하고 나서 국민의 75퍼센트 정도가 '반대'했지만 큰 혼란은 없었어요. 왜 그랬을까요? 바로 50일 뒤에 총선이 있었으니까요. 선거로 곧바로 심판을 할 수 있는데 들썩거릴 이유가 뭐겠어요?

이념과 이해관계의 스펙트럼이 다양한 네 개 정당이 존재한다면, FTA의 경우 자유당, 공화당, 그리고 민주당까지도 찬성 입장에 설 수 있다. 반대로 무상 급식의 경우에는 진보당에서 발의하고 민주당, 공화당까지 찬성할 수 있을 것이다. 이렇게 되어야 비로소 최소한 75퍼센트는 자신의 목소리를 반영할 수 있는 '75퍼센트 민주주의'가 가능해진다.

그런데 소선거구제에서는 이런 식의 다당제가 불가능하다. 중대선거구제라면 지금의 한나라당 대 반한나라당의 구도가 깨질 가능성이 있다.

많은 이들이 선거 피로증을 호소합니다만, 그건 뭘 모르고 하는 얘기죠. 선거야말로 가장 적은 비용으로 온갖 사회 갈등을 한 방에 해결하는, 가장 검증된 방법입니다. 흔히 대의민주주의의 한계를 지적하는 이들이 장자크 루소의 다음과 같은 유명한 말을 인용하곤 합니다.

"영국인들은 5년마다 자신들이 대표를 직접 선출하므로 스스로 자유롭다고 생각한다. 그러나 그들은 5년 중 단 하루만 자유로울 뿐이다."

루소가 지적하려는 말의 의미를 모르는 바는 아니지만, 그가 간과한 부분이 있어요. 선거를 자주 치르면 이런 대의민주주의의 한계를 어느 정도 극복할 수 있습니다. 예를 들자면, 일단 대통령 선거를 치르고 나서 무조건 2~3년 안에 국회의원 선거를 할 수 있도록 해야 해요. 한국 사람 성미가 얼마나 급합니까? 4~5년 기다릴 필요가 뭐 있나요? 2년에 한 번씩 평가할 수 있도록 해 줘야 합니다. 그래서 대통령의 정책이 국회의원 선거를 통해 시민으로부터 평가를 받을 수 있도록 제도적으로 보장해야 합니다. 이렇게 대통령 선거와 국회의원 선거를 교차시켜 놓으면, 국회의원들이 절대로 대통령 눈치를 보지 않아요.

지금이야 대통령이 국회의원을 자신의 돌격대 정도로 알잖아요. 국회의원 또한 혹시 장관 자리라도 하나 주지 않을까 하고 대통령 눈치를 보는 거고요. 그런데 대통령의 정책이 자신의 배지를 좌지우지하는 상황에 처하면 국회의원이 대통령의 눈치를 볼 리가 없죠. 앞장서서 대통령의 정책에 훈수를 두고, 견제를 하면서 자신의 배지를 지키고자 노력할 거예요.

사실 국회의원의 임기도 아예 2년으로 줄여야 합니다. 지금 미국 하원 의원의 임기가 2년이에요. 임기 2년이라고 미국 의원이 한국 의원보다 질이 더 떨어집니까? 그 반대죠? 2년 동안 열심히 일하고 다선 의원 되라는 겁니다. 지금처럼 임기 첫해에는 아무것도 안 하다가, 마지막 해에야 존재감을 부각하려고 용쓰지 말고요.

그리고 이렇게 국회의원의 임기를 2년으로 줄여 놓으면 정치 신인이 등장할 가능성도 커져요. 4년에 한 번씩 국회의원을 하면 어떤가요? 한 번 떨어지면 4년을 기다려야 해요. 두 번 떨어지면 40대가 금세 50대가 되어서 은퇴할 나이가 됩니다. 그런데 2년 주기로 국회의원 선거가 있으면 떨어지고 나서 그때부터 다시 시작하면 됩니다. 한국 정치가 훨씬 더 역동적이 됩니다.

"촛불보다는 투표가 힘이 세고, 투표보다는 제도가 힘이 세다." 선거를 자주 치러야 대의민주주의의 한계를 극복할 수 있다. 예를 들어 대통령 선거 후 2~3년 안에 국회의원 선거를 두어야 한다. 대통령의 정책이 국회의원 선거를 통해 시민으로부터 평가를 받을 수 있도록 제도적으로 보장하는 것이다. 이렇게 대통령 선거와 국회의원 선거를 교차시켜 놓으면, 국회의원들도 대통령 눈치를 보지 않고 소신껏 일할 수 있게 된다.

강양구 그렇게 대통령 선거와 국회의원 선거를 교차시켜 두지 않으니 엉뚱한 이들이 유탄을 맞죠? 예를 들자면 지방자치단체장이요.

박성민 맞아요. 성남시장은 성남시를 위해 얼마나 봉사할 수 있을지를 놓고 평가받아야 하잖아요? 또 성북구청장은 임기 중에 성북구를 위해 무슨 일을 했는지를 놓고 평가받아야 합니다. 그런데 성남시장한테 국회의원이 한 대통령 탄핵의 책임을 묻고, 성북구청장한테 대통령이 한 FTA에 대한 책임을 물으면 이게 과연 지방자치인가요? 대통령 선거와 국회의원 선거를 교차해 놓으면 이런 엉뚱한 데다 성 내는 문제도 해결할 수 있어요.

제 생각은 간단합니다. 100퍼센트가 다 만족하는 민주주의는 현실적으로 불가능합니다. 하지만 민주주의라는 이름에 부합하려면 최소한 75퍼센트는 만족시키는 민주주의 제도가 필요합니다. 그런데 지금 한국은 75퍼센트는커녕 50퍼센트도 자기의 의견이 대의되고 있다고 여기지 않아요. 그러니 「나는 꼼수다」 같은 데 기웃거리는 겁니다. 「나는 꼼수다」를 백 번 듣는다 한들 세상은 아무것도 변하지 않아요. 하지만 현실 정치에서 할 수 있는 일이 없으니 주야장천 「나는 꼼수다」나 듣고, 그러고도 분이 안 풀리면 촛불을 들고 광장으로 나가는 것이죠. 그리고 또 아무것도 바뀌지 않은 세상에 절망하고요.

제가 대학생들에게 이런 얘기를 한 적이 있어요. "촛불보다는 투표가 힘이 세고, 투표보다는 제도가 힘이 세다." 대학생들이 촛불을 아무리 들어도 꿈쩍도 안 하던 정당이 이제는 여당, 야당 할 것 없이 20대에게 비례대표 후보를 준다고 난리예요. 실제로 한나라당 비상대책위원회에는 20대 중반의 청년이 참여해 화제가 되기도 했고요. 이게 다 20대가 투표로 힘을 보여 줘서 생긴 일입니다.

이제 75퍼센트 민주주의가 가능하도록 제도적으로 보장하면 정치 때문에 답답한 마음을 투표장에서 표로, 그리고 자기를 대의하는 정당과 국회의원에게 풀면 되는 겁니다. 물론 그래도 「나는 꼼수다」에 열광하는 이들이 있겠죠. 하지만 75퍼센트 민주주의가 이룩된다면 그들은 소수에 머물 겁니다.

4
안철수 현상, 안철수 '시대'로 이어질까?

안철수 교수는 공공성과 소통이 결여된 이명박 대통령에 대한 길항으로 등장했다. 이것이 바로 안 교수가 진보라는 이미지를 얻게 된 이유이지만, 엄밀히 말해서 안 교수는 박정희 패러다임이라는 구보수에 대항하는 신보수에 더 가깝다.

이 시대 대중은 무엇보다도 '소비자로서의 정체성'을 가지고 세상사를 살핀다. 대중은 안철수 교수에게서 성공한 사업가로서의 빌 게이츠와 혁신가로서의 스티브 잡스뿐만 아니라 기부 문화 확산에 앞장서는 부자 워런 버핏의 이미지를 모두 보고 있다. 조국 같은 '강남 좌파'든 오세훈 같은 '강남 우파'든 간에 문화적으로 세련된 이미지를 상징하는 '강남성'은 이 시대에 닮고 싶은 동경의 대상인데, 안 교수가 바로 이런 강남성의 상징이 된 것이다.

그렇다면 안철수 현상이 과연 '안철수 시대'로 이어질 수 있을까?

박정희 패러다임의 붕괴

강양구 10·26 서울시장 선거 이후에 안철수 교수의 행보에 지대한 관심이 쏠렸어요. 2011년 11월 14일 안 교수는 자신이 보유하고 있는 안철수연구소 주식 지분(37.1퍼센트)의 절반을 사회에 환원할 뜻을 밝혀서 화제가 되기도 했고요. 이런 행보가 모두 2012년 대선 출마를 염두에 둔 정치적 행동이 아닌지를 놓고 설왕설래했지요.

정치인으로서의 비전을 한 번도 밝힌 적이 없는 데다 앞으로 정치를 할지 말지도 불확실한 안철수 교수가 여전히 가장 유력한 대선 후보로 꼽히고 있고요. 이런 상황 자체가 한국 정치가 처한 아이러니를 상징적으로 보여 준다는 생각도 드는데요. 한국 정치를 이해하려면 이 '안철수 현상'을 꼭 한 번 제대로 짚고 넘어가야겠습니다.

박성민 안철수 현상의 밑바닥에는 정치적, 경제적, 사회적, 문화적 이유들이 복잡하게 엉켜 있어요. 그리고 대중이 '안철수'를 원하는 것인지, 아니면 '안철수 같은 사람'을 원하는 것인지도 분명하지 않고요. 어쨌든 안철수 현상은 지금 한국 사회를 읽기 위해 자세히 들여다보아야 할 부분입니다.

안철수 교수를 둘러싼 최근의 상황을 보면서 2008년 미국발 경제 위기의 진앙이었던 리먼브러더스가 떠올랐습니다. 2008년 6월에 버락 오바마가 미국의 민주당 대통령 후보로 확정되었을 때 저는 워싱턴에 있었어요. 만나는 사람들마다, 특히 반공화당 성향을 가진 이들일수록 한목소리로 "미국이 잘못된 길로 가고 있다."라고 말할 때였어요.

그중에서는 《워싱턴 포스트》의 여론 조사 담당 디렉터도 있었습니다. 그는 미국이 잘못된 길로 가고 있는 걸 보여 주는 두 가지 증거를 들었어요. "첫째, 이라크전쟁이 잘못되었다. 둘째, 미국 경제가 잘못되었다." 그리고 구체적인 설명도 덧붙였습니다. 그런데 참 이상하더군요. 이라크전쟁을 놓고는 원인, 결과, 대안이 거침없이 나왔습니다. 이미 당시에는 부시 행정부가 이라크전쟁의 이유로 내세웠던 대량 살상 무기가 애초에 없었던 것이라는 사실이 확인되었어요. 2006년 중간선거에서 공화당이 패배한 이유 중의 하나가 이라크전쟁에 대한 비판 분위기 때문이었고요. 오바마도 집권하면 18개월 내에 철수하겠다는 구상을 발표했습니다. 이라크전쟁에 대해서는 분명한 입장이 있었던 거예요.

그런데 미국의 경제를 놓고는 그 누구도 무엇이 잘못되었다거나 어디로 가야 하는지를 자신 있게 말하지 못하는 거예요. 물론 2007년부터 시작된 '서브프라임 모기지' 사태를 놓고 비판이 있었지만 그것이 미국 경제를 뿌리째 흔들 것이라곤 생각지 못할 때입니다. 오바마와 민주당이 미국 경제가 무엇이 잘못되었는가를 분명하게 설명하지 못한다면 부시에 대한 반감이 고조되고 있음에도 대선 승리가 쉽지 않을 수 있는 상황이었습니다. 실제로 2008년 9월 초에 공화당이 존 매케인과 세라 페일

린을 후보로 선출한 전당대회 직후에는 이른바 '컨벤션 효과'로 인해 근소하게나마 매케인이 오바마를 앞서기 시작했고요.

공화당 전당대회 열흘 후인 9월 15일에 서브프라임 모기지 사태의 여파로 미국의 4위 투자은행인 리먼브러더스가 파산합니다. 그것을 신호탄으로 세계 경제를 쥐락펴락했던 난공불락의 월 스트리트가 순식간에 붕괴합니다. 그제야 미국 사람들이 하나같이 말하는 거예요. 바로 저거다! 우리가 말했던 미국 경제의 문제점이 바로 저 월 스트리트의 '탐욕'이다! 규제받지 않은 금융 자본이야말로 이 모든 문제의 핵심이다! 금융 자본의 탐욕을 징벌하지 않으면 미국 경제는 물론이고 세계 경제의 미래도 나락에 빠질 것이다! 모두가 문제가 있다는 건 알고 있었는데, 리먼브러더스가 파산하고 나서야 사람들이 위기의 실체를 제대로 인식한 것이죠.

안철수 교수도 리먼브러더스와 같은 역할을 했다고 봅니다. '안철수'가 등장하기 전에도 사람들은 정치와 경제를 비롯한 한국 사회에 대한 불만을 가지고 있었어요. 하지만 그것을 구체적으로 표현하지 못했습니다. 그런데 그가 등장하자 비로소 이렇게 말할 수 있게 된 거예요. "바로 저거야, 우리가 원했던 게 바로 저거라고! 저런 사람을 원한 거라고!"

강양구 구체적으로 안철수 현상을 통해 깨달은 불편한 진실은 뭘까요?

박성민 이제 대한민국에는 새로운 패러다임이 필요하다, 옛날 패러다임으로는 더 이상 버틸 수가 없다는 깨달음이죠. 지난 수십 년간 대한민국을 지배해 온 사고방식은 안보와 성장 패러다임, 즉 박정희 패러다임이에요. 박정희 패러다임은 '안보'와 '성장'이라는 두 기둥으로 뒷받침됩니다.

앞에서도 언급했지만, 한국 사회를 지배해 온 보수의 두 축이 '안보 보수'와 '시장 보수'인 것도 그들이 박정희 패러다임을 현실에서 실천하는 이들이었기 때문이죠. 그들은 '반공주의', '국가주의', '민족주의', '권위주의' 등을 내세우면서 대한민국을 훈육하고 지배했어요. 이런 박정희 패러다임을 한 문장으로 표현한 슬로건이 바로 예비군 모토 아니겠어요? "싸우면서 일하고, 일하면서 싸우자!" 김대중, 노무현 정부를 거치면서 박정희 향수가 살아났습니다. 박정희 시대를 경험한 사람만이 아니라 젊은 층도 '역대 최고의 대통령'으로 박정희 전 대통령을 선택하는 분위기였어요. 심지어 민주화 운동가마저 박 전 대통령의 경제 발전에 대해서는 긍정적으로 재평가할 정도였으니까요.

2007년에 이명박 대통령이 당선된 것도 이런 박정희 패러다임의 위력 탓이었어요. 그런데 아이러니하게도 당시 박근혜 의원은 아버지(박정희 전 대통령)의 부정적인 유산을 가져갔습니다. 독재를 상기시키는 권위주의 같은 것이죠. 반면에 이명박 대통령은 박정희 전 대통령의 긍정적인 유산을 가져갔어요. 경제 성장을 주도한 추진력 있는 이미지를요.

그런 점에서 김대중, 노무현 정부의 가장 큰 실책은 박정희 패러다임을 청산하지 못했다는 점이에요. 사실 김대중 전 대통령은 수십 년간 박정희 패러다임을 극복하고자 안간힘을 썼습니다. 김 전 대통령이 박정희 패러다임의 한 축인 '안보'를 '평화'로 대체해 보려는 시도는 상당한 성과를 거두기도 했고요. 하지만 '안보'와 함께 박정희 패러다임의 또 다른 축이었던 '성장'을 극복하는 데는 실패했습니다. 김대중 정부의 경제 정책에서 1970년대 김 전 대통령이 박정희 전 대통령의 경제 정책에 맞서 구상했던 '대중경제론'의 흔적은 찾아볼 수 없었습니다.

　　김대중 정부의 뒤를 이은 노무현 정부도 박정희 전 대통령의 성장 노선에는 이의를 제기하지 않았습니다. 결국 10년 동안 대한민국은 박정희 전 대통령에게 향수를 강하게 느끼는 '박정희의 나라'로 돌아갔습니다. 이상의 시구처럼 "날자, 날자, 한 번만 더 날자꾸나, 한 번만 더 날아 보자꾸나!" 하는 국민의 욕망이 이명박 대통령을 탄생시켰죠. 이명박 대통령의 핵심 공약이 (보잉) '747'인 것은 우연이 아니네요.

강양구　기대가 커서 그런가요? 지금은 그런 이명박 대통령에 대한 불만이 하늘을 찌르잖아요. 그걸 곧 박정희 패러다임의 붕괴 징조로 봐야 한다는 얘기인가요?

박성민　2007년에 박정희의 긍정적 이미지를 가졌던 이명박 대통령이 지금은 오히려 권위주의 같은 박정희의 부정적인 유산을 그대로 안고 있는 인물로 보여요. 특히 이미 김대중, 노무현 정부를 거치면서 권위주의를 시대착오로 보는 젊은이들 사이에서는 이명박 대통령의 모습이 '옛날 방식'의 통치 스타일로 비치거든요.

그 사이에 박근혜 의원은 박정희 패러다임을 제대로 실천할 사람이 자신이라고 목소리를 높였어요. "아버지가 꿈꿨던 복지국가"와 "서민이 행복한 국가"를 실현할 사람이 자신이라고 강조하기 시작한 거예요. 박정희 전 대통령의 긍정적 이미지를 찾아온 거죠. 실제로 박 의원은 2011년 초까지만 하더라도 여론조사마다 30~40퍼센트의 지지율을 얻었어요.

그런데 바로 이 지점에서 균열이 생긴 거예요. 앞에서도 이야기했지만 '안보'와 '성장'이라는 박정희 패러다임은 이미 천천히 무너지고 있었던 겁니다. 한국의 젊은이들은 북한이 핵무기와 미사일을 개발하고, 연평도에서 도발을 해도 '이미 망해가는 나라' 정도로 보고 있는 것 같습니다.

성장 위주의 경제 정책을 놓고도 회의적인 분위기가 만연합니다. 사람들은 2008년 미국에서 시작된 금융 위기와 양극화의 심화를 보면서 우리가 단 날개가 '보잉 747'의 날개가 아니라 뜨거운 태양을 향해 날아오르다가 녹아 버린 '이카로스의 날개'라는 것을 깨달았어요. 지금 필요한 것은 또 다른 박정희 패러다임이 아니라, 박정희 패러다임이 아닌 '다른 어떤' 것이다! 이렇게요. 안철수 현상을, 미국에서 리먼브러더스가 그랬던 것처럼, 박정희 패러다임 붕괴의 신호탄으로 볼 때 비로소 보수-한나라당-이명박-박근혜의 동반 추락을 설명할 수 있습니다.

2008년의 미국 대통령 선거를 봅시다. 당시 공화당의 대통령 후보 존 매케인은 공화당뿐만 아니라 미국 의회 내에서도 상당히 중도적인 개혁파로 분류되는 정치인이었어요. 그런데 이런 중도 개혁 후보가 버락 오바마가 등장하니까 갑자기 청산해야 할 '과거'를 상징하는 인물이 된 거예요. 당시 미국 대통령 선거가 '과거' 대 '미래' 구도가 된 것도 이 때문이에요.

지난 수십 년간 대한민국을 지배해 온 것은 '성장'과 '안보'를 두 축으로 하는 박정희 패러다임이다. 박근혜는 "아버지가 꿈꿨던 복지국가"와 "서민이 행복한 국가"를 강조하며 박정희 패러다임의 긍정적인 모습을 강조했고, 이명박 대통령은 박정희 패러다임의 경제 성장 이미지를 가져왔다. 하지만 박정희 패러다임은 이미 무너지고 있는 옛것이 되었다. 지금의 젊은 세대에게 박정희 패러다임이 상징하는 권위주의는 구시대의 산물일 뿐이다. 이제 새로운 패러다임이 필요하다. 안철수 현상은 이처럼 새로운 패러다임에 대한 열망의 산물이다.

지금 박근혜 의원이 처한 상황이 매케인의 처지와 비슷합니다. 박 의원은 구시대를 상징하는, 그러니까 박정희 패러다임으로서 대한민국을 지배했던 '안보 보수'와 '시장 보수', 즉 '구보수'의 대표로 인식되는 반면에 안철수 교수는 새로운 패러다임의 도래를 예고하는 상징으로 받아들여지고 있는 거예요.

강양구 그러니까 안철수 현상은 2장에서 살펴본 '보수의 위기'와도 같은 맥락이군요. 그렇다면 여기서 우리는 이런 질문을 던져 봐야겠네요. 보수가 지배하던 방식, 그러니까 박정희 패러다임은 이미 무너지기 시작했습니다. 그런데 그것을 대신할 새로운 패러다임의 실체는 무엇일까요? 우리는 지금 박정희 시대에서 안철수 시대로 가고 있는 건가요?

박성민 1장에서 우리는 이런 질문을 던졌어요. 지금의 이 왁자지껄한 소란이 새로운 시작을 예고하는 전야인지, 아니면 한 시대의 끝에 불과한 시대의 마지막 밤인지, 아직 예단하기는 이르다고요. 다만 앞에서 '75퍼센트 민주주의'를 언급하면서 얘기했듯이 전야가 되기 위해서는 역전 불가능한 비가역적인 체제의 변화가 필요합니다.

한 번 더 강조할게요. 1960년에도 3·15 부정선거에 20대들이 일어나서 4·19 혁명이 일어났잖아요. 하지만 그것은 1년 만에 5·16 군사 쿠데타로 마무리됩니다. 과거를 상징하던 이승만 전 대통령을 하야시켰지만 결국은 끝이 보이지 않는 더 캄캄한 밤으로 가고 말았어요. 하지만 그로부터 25년이 지난 1985년 2월 12일의 총선은 달랐죠. 그날의 신민당 돌풍은 1987년의 6월 항쟁으로 이어졌습니다. 그리고 앞에서 살펴봤듯이 여야의 대타협으로 지금까지 한국의 정치를 규정하는 '87년 체제'를 낳았습니다. 비록 1987년 대선에서 다시 군인 출신(노태우 전 대통령)이 대통령이 되었지만 민주주의로의 이행은 역전 불가능한 상황이 되었어요.

지금 안철수 현상을 얘기하는 이들이 바로 이 점을 놓치고 있어요. 우리가 앞에서 '75퍼센트 민주주의'가 등장하기 위한 여러 가지 제도의 틀을 강조한 것도 바로 이 때문이잖아요. 역전 불가능한 비가역적인 체제가 만들어지지 않으면 아무리 대단한 지도자도 할 수 있는 건 제한적입니다.

의도가 선하다고 결과도 선하지는 않아요. 새로운 체제는 선한 사람들의 선한 의도로 만들어지는 것이 아니라 선한 결과를 가져오는 '제도'를 통해 비로소 뿌리를 내릴 수 있어요.

안철수 현상은 새로운 패러다임의 도래를 예고하는 상징일 뿐, 안철수 현상이 안철수 시대를 보장하지는 않는다. 지금 안철수 현상을 얘기하는 이들은 바로 이 점을 놓치고 있다. '75퍼센트 민주주의'가 등장하기 위한 여러 가지 제도의 틀을 강조한 것도 바로 이 때문이다. 역전 불가능한 비가역적인 체제가 만들어지지 않으면 아무리 대단한 지도자라도 새로운 비전을 실행하는 데 제한이 있다. 의도가 선하다고 저절로 선한 결과가 나오는 건 아니다. 새로운 체제는 선한 사람들의 선한 의도로 만들어지는 것이 아니라 선한 결과를 가져오는 '제도'를 통해 비로소 뿌리를 내릴 수 있다.

'安風'과 '昌風'

강양구 그럼에도 불구하고, 왜 '안철수'일까요? 안철수 현상을 시민들은 물론이고 지식인조차 전에 없었던 새로운 현상으로 해석해요. 예전에도 정치권 밖의 인물이 인기를 끌었던 적은 꽤 있었어요. 2007년에도 문국현(전 유한킴벌리 회장) 씨가 주목을 받으면서 대선에 출마한 적도 있잖아요?

박성민 정치권 밖의 인물이 시민의 인기에 힘입어 기성 정치인을 대체할 것으로 기대를 모은 일은 새로운 현상이 아니에요. 멀리는 1992년의 고 정주영 현대그룹 명예회장이 있었고, 가깝게는 방금 얘기한 문국현 씨가 있었어요. 이 밖에도 많아요. 조순 전 서울시장, 정운찬 전 서울대학교 총장 등도 있습니다.

그중에서도 '안풍(安風)'에 비견할 만한 것으로는 1995년의 '창풍(昌風)'을 들 수 있어요. 이회창 의원이 그 주인공입니다. 그는 김영삼 정부 때 감사원장과 국무총리를 거치면서 국민적 영웅으로 떠올랐어요. 부패와 특권이 만연했던 시절에 '법과 원칙'을 내세우면서 '대쪽' 이미지를 구축했습니다. 역시 기성 정치권의 길항으로 대중의 환호를 받았죠.

이회창 의원이 정치 참여의 가능성을 내비친 1995년 말에 그의 인기는 지금의 안철수 교수의 인기보다 더 높았어요. 당시의 여론 조사 결과를 보면, 그가 여당인 신한국당은 물론이고 제2야당인 민주당으로 출마해도 대통령으로 당선되었을 거예요. (당시 제1야당은 1995년 7월 정계 복귀를 선언한 김대중 전 대통령이 이끄는 새정치국민회의였습니다.) 아직도 기억이 생생해요. 이회창 의원과 친분이 깊은 홍성우 변호사가 민주당에 참여하고 있었기 때문에, 당시만 하더라도 이 의원이 민주당으로 가리라는 관측이 많았어요. 그런 분위기에서 1995년 12월에는 민주당이 신한국당과 국민회의를 제치고 정당 지지율 1위에 오르기도 했어요.

물론 이회창 의원은 1996년 1월에 신한국당에 입당합니다. 이 의원은 그해 4월 총선에서 신한국당의 비례대표 1번으로 출마해서 총선 승리의 주역이 되었고요. 그의 인기가 안철수 교수보다 더 대단했다고 보는 이유는 당시가 이른바 '3김 시대'였기 때문입니다. 김영삼, 김대중, 김종필 3김이 각각 신한국당, 새정치국민회의, 자유민주연합(자민련)의 총재를 맡고 있었어요.

이런 사실을 염두에 두면 지금의 안철수 교수에 대한 대중의 열광이 과연 유례가 없었던 새로운 것인지도 따져 볼 필요가 있습니다. 더구나 한 가지 기억해야 할 것도 있어요. 정주영, 이회창, 문국현 등 수많은 인물들이 대중의 지지를 등에 업고 정치권으로 들어와서 대권 후보의 반열에 올랐지만, 단 한 번도 성공하지 못했어요.

앞에서도 지적했지만, 우리가 주목할 것은 안철수 현상이 과연 '안철수 시대'로 이어질 수 있느냐 하는 거예요. 안철수 시대가 된다는 것은 대한민국이 '박정희 패러다임'에서 '안철수 패러다임'으로 패러다임의 전환을 겪는다는 뜻이에요. 안철수 교수는 과연 '안철수 패러다임'을 만들고 있나요? 그는 '안철수 시대'를 열 수 있을까요? 이것이 바로 2012년에 우리가 지켜봐야 할 대목입니다.

우리 시대의 교황

강양구 안철수 교수 이전에도 정치권 밖에서 '바람'을 일으킨 이들이 한둘이 아니었다는 지적에 공감합니다. 하지만 그럼에도 안철수 교수에 대한 대중의 열광에는 과거와는 다른 어떤 것이 있다는 지적이 많아요. '안철수 바람'이 아니라 '안철수 현상'이라고 불릴 만한 이유가 있다는 거예요. 무엇이 '안철수'를 특별하게 만드는 걸까요?

박성민 먼저 질문을 하나 해볼게요. 2011년에 안철수 교수 말고 주목을 받았던 이가 또 누가 있습니까?

강양구 2011년 10월 5일에 타계한 스티브 잡스가 떠오르는군요. 공교롭게도 둘 다 정보통신 기술에서 남다른 성취를 이뤘다는 공통점이 있네요.

박성민 네, 그렇습니다. 안철수 현상의 이면에는 문명사적인 변화가 있어요. 사실 근대 이전만 하더라도 지식의 위계질서는 이런 식이었어요. 맨 밑바닥에 기술이 있고, 그 위에 과학, 그 위에 철학, 그리고 맨 위에 신학이 있었습니다. 신학과 철학이 절대적 힘을 갖고 있었어요. 신학자들은 우주관과 세계관에 대해 절대적인 권위를 휘둘렀습니다. 철학자들은 신학자들의 지침대로 역사에 대한 해석과 규범을 생산해 냈고요. 과학자와 기술자들이 그 질서를 벗어나려면 갈릴레오 갈릴레이처럼 목숨을 걸어야 했어요. 조르다노 브루노는 심지어 화형을 당했고요. 그렇다고 이 질서에 나쁜 점만 있었던 것은 아닙니다. 최소한 근대 이전은 '예측'이 가능한 사회였죠.

강양구 대중이 성경 말씀대로, 아니 신학자 말씀대로 살았으니까요?

박성민 네, 맞아요. 대중은 철저히 규범 속에서 움직였어요. 그 시대에 일탈은 곧 격리를 의미했잖아요. 이론에서의 일탈이든 행동에서의 일탈이든 '이단'이 되는 순간 잔인하게 매장되었습니다. 과거라고 왜 동성애가 없었겠습니까? 그렇지만 드러내 놓고 할 수는 없었지요. 아무튼 그런 점에서 중세 시대는 돌발 상황이 최소화된 예측 가능한 사회였습니다. 지금의 시각에서 보면 끔찍하고 답답했던 사회 같지만요.

그러니까 그런 시대에는 경험이 곧 지혜였어요. 산전수전 다 겪은 마을의 노인이야말로 경험을 토대로 시도 때도 없이 닥치는 여러 문제에 가장 효과적인 해결책을 제시할 수 있었습니다. 오랜 세월 동안의 경험이야말로 권위의 원천이었어요. 예측 가능한 사회에서는 경험이야말로 가장 큰 힘을 발휘하니까요. 인디언 추장, 집안의 어른, 국가의 원로 들이 경험과 지혜를 바탕으로 힘을 발휘하던 시대였습니다.

그런데 지금은 어떤가요? 근대 이전 지식의 위계질서는 이제 물구나무를 섰어요. 맨 밑바닥에 신학이 있고, 그 위에 철학, 그 위에 과학, 그리고 맨 위에는 놀랍게도 기술이 있습니다. 스티브 잡스, 빌 게이츠, 그리고 안철수 같은 기술자들이 부와 명예, 그리고 세상에 영향력을 미치는 힘을 갖고 있어요. 신학의 경우, 지배력은 고사하고 자기 영역을 방어하기도 힘겹습니다.

이 시대에는 더 이상 오랜 세월 동안 축적한 경험이 예전만큼 힘을 발휘하지 못합니다. 세계화와 정보화로 환경 자체가 바뀌었는데, 어떻게 과거의 환경에 기반을 둔 경험이 문제 해결의 기준이 될 수 있겠어요? 당장 집에서 새로 나온 가전제품의 조작 방법을 습득하는 순서는 정확히 나이 순과 반대잖아요.

강 기자도 『은하수를 여행하는 히치하이커를 위한 안내서』라는 아주 골 때리는 과학소설(SF) 알죠? 컬트 팬이 상당한 책이라던데, 제 취향은 아니더군요. 그 소설을 쓴 더글러스 애덤스가 만년에 '더크 젠틀리' 시리즈를 썼어요. 애덤스는 그 시리즈의 세 번째(『Salmon of Doubt』)를 완성하지 못하고 2001년에 죽었죠. 2002년에 유고가 나왔는데, 거기에 기술에 관한 애덤스의 기발한 통찰이 들어 있어요.

당신이 태어날 때부터 세상에 존재한 기술은 정상적이고 평범한 것으로 세상의 자연스러운 일부분이다. 당신이 열다섯 살부터 서른다섯 살 사이에 등장한 기술은 새롭고 놀랍고 혁명적인 것이다. 당신은 아마도 그것과 친해질 수 있다. 당신이 서른다섯 살 이후에 등장한 모든 기술은 자연의 질서에 반하는 (부담스러운) 것이다.

아주 정확한 지적이에요. 앨빈 토플러가 예순다섯 살 이상을 의무교육 시켜야 한다는 주장을 했었어요. 그런데 저는 이 애덤스의 얘기를 염두에 두면, 최소한 서른다섯 살부터 의무교육을 시켜야 한다고 봅니다. 저는 물론이고 애덤스 식으로 말하면 강 기자도 의무교육 대상자네요.

강양구 그런 지적을 염두에 두면 스티브 잡스, 빌 게이츠, 그리고 안철수 교수와 같은 기술자들이 부와 명예는 물론이고 세상을 지배하는 힘까지 가지게 된 데는 이유가 있어요. 왜냐하면 지금은 그들이 세상의 규칙을 정하니까요. 한 번 생각해 보세요. 애플의 아이폰으로 시작한 스마트폰은 우리의 라이프스타일을 송두리째 바꾸고 있습니다.

아이폰, 그러니까 스마트폰이 일상생활을 좌지우지해요. 스티브 잡스와 애플의 소수 기술자들이 아이폰을 만들어 냄으로써 우

지식의 위계질서가 바뀌었다. 근대 이전에는 '신학〉철학〉과학〉기술' 순이었는데, 현대는 이 위계질서가 물구나무를 서서 '기술〉과학〉철학〉신학'이 되었다. 지금은 기술을 지배하는 사람이 세상의 규칙을 정한다. 스티브 잡스, 빌 게이츠 등이 부와 명예를 차지하며 영향력을 행사하는 이유다. 그런데 대중은 안철수 교수에게서 (성공한 IT 사업가로서의) 빌 게이츠와 (성공한 IT 혁신가로서의) 스티브 잡스뿐만 아니라 (기부 문화 확산에 앞장서는 부자) 워런 버핏의 이미지까지 본다. 따라서 박정희 패러다임의 '안보'와 '시장' 논리 외에는 다른 어떤 콘텐츠도 없는 기존 정치인은 밀릴 수밖에 없는 것이다.

리 삶의 규칙을 새롭게 바꾸는 거예요. 여기서 한 가지 문제를 짚고 넘어가지 않을 수 없네요. 이렇게 그들이 급격한 변화를 주도하는 동안 그 누구도 그것을 승인한 적이 없다는 거예요.

박성민 앨빈 토플러가 "세상은 100마일로 움직이는데, 정치는 3마일, 법은 1마일로 움직인다."고 한탄했던 그대로 실현된 거예요. 아까 신학이 위계질서의 맨 꼭대기에 있을 때 그 정점에 있었던 인물이 교황이잖아요. 신의 뜻을 핑계로 무소불위의 권세를 누

렸죠. 저는 가끔 요즘은 스티브 잡스나 빌 게이츠 같은 이들이 교황과 같은 존재가 아닐까 생각합니다.

"미래를 예측하는 가장 좋은 방법은 미래를 창조하는 것이다."라는 말이 있잖아요. 1990년대에 빌 게이츠, 2000년대에 스티브 잡스가 세계인을 상대로 '프레젠테이션' 하잖아요. "앞으로 1년 뒤 당신들의 삶은 이렇게 바뀔 것이다. 5년 뒤에 세상은 이렇게 달라질 것이다." 왜냐하면 그 사람들이 윈도, 아이폰, 아이패드를 만들고 있으니까요.

강양구 그래서 저는 인터넷으로 밥 벌어먹는 주제인데도, 아직껏 아이폰과 같은 스마트폰을 거부하고 있습니다. 일종의 디지털 러다이트 운동을 실천하는 중이라고나 할까요. 사실 버스, 지하철에서 남들이 다들 스마트폰으로 인터넷 검색을 할 때 조용히 책을 꺼내 드는 기분도 상당히 짜릿합니다!

아무튼, 안철수 교수에게는 요즘의 대중이 닮고 싶은 캐릭터들이 다 들어 있습니다. 예를 들자면, 대중은 안철수 교수에게서 (성공한 정보통신 사업가로서의) 빌 게이츠와 (성공한 정보통신 혁신가로서의) 스티브 잡스뿐만 아니라 (기부 문화 확산에 앞장서는 부자) 워런 버핏의 모습까지 겹쳐진 이미지를 보고 있습니다.

박성민 맞습니다. 그러니 박정희 패러다임의 '안보'와 '시장' 외에는 다른 어떤 콘텐츠도 없는 기존의 정치인이 어떻게 대적하겠어요? 단순히 인기투표를 하면 어떤 정치인도 안철수 교수를 이길 수 없는 구조입니다. 왜냐하면 지금 안철수 교수는 모두가 닮고 싶은 인물이니까요. 또 자기 아들딸들이 저렇게 컸으면 싶은 그런 인물이니까요.

멋진 '강남성(性)'

강양구 '닮고 싶은' 인물! 이게 안철수 교수에 대한 대중의 인기를 이해할 수 있는 중요한 포인트입니다. 2011년에 강준만 전북대학교 교수가 『강남 좌파』를 펴내서 '강남 좌파'를 둘러싼 논란이 있었어요. 강 교수는 안철수 교수뿐만 아니라 조국 서울대 교수, '시골 의사' 박경철 씨 등을 '강남 좌파'로 규정했고요.

박성민 안철수 교수는 그런 규정에 자기는 "강남에 살지도 않고 좌파도 아니다."라고 답했지요. 하지만 여기서 말하는 '강남'과 '강북'은 물리적인 지역이 아닙니다. 그 '강남'이라는 말에 들어 있는 것들은 '합리적 주장', '상대에 대한 배려', '다양성의 인정', '닮고 싶은 매력', '촌스럽지 않음', '글로벌 경쟁력' 등이에요.

강양구 그런 것을 뭉뚱그려서 '강남성(性)'이라고 할까요? 사실 '강남 좌파'만 있는 게 아니라 '강남 보수'도 있습니다. 예를 들자면, 오세훈 전 서울시장이 대표적인 '강남 우파'였어요. '강남 우파'는 한국을 지배해 온 전통적인 보수들(상대편에서는 흔히 '수구 꼴통'

이라고 부르죠!)의 가치에 의문을 제기해 왔어요.

오세훈 전 시장은 이른바 '합리적 보수'라는 이미지를 만들어 왔어요. 오 전 시장이 (실제 시정과는 무관하게) 세련된 외모와 화려한 달변으로 문화의 중요성을 강조할 때, 또 가진 자들의 '노블레스 오블리주(noblesse oblige)'를 강조할 때, 진보-보수를 막론하고 여성, 젊은 시민들이 열광했던 게 사실입니다. 안타깝게도 오 전 시장은 무상 급식 주민투표를 계기로 그걸 잃어버렸어요. 자신을 서울시장으로 만들어 준 '강남성'을 버린 것입니다.

박성민 그래서 '강남 좌파'에서 우리가 주목해야 할 열쇳말은 '좌파'가 아니라 '강남'입니다. 바로 '강남성'이 보수, 진보를 막론하고 왜 대중을 유혹하느냐, 그걸 파악하는 게 중요합니다. 바로 그 '강남성'의 힘을 간파하는 것 또한 안철수 현상을 이해하기 위한 핵심이라고 생각해요.

두 가지 측면에서 살펴볼 필요가 있겠어요. 우선 '공급' 측면에서 볼까요? 강남 좌파나 강남 우파나 공통적으로 전통적인 좌우파 정치인의 대체재로 등장했어요.

강남 좌파를 상징하는 조국 교수와 강남 우파를 상징하는 오세훈 전 시장에게는 공통점이 있습니다. 일단 화려한 스펙을 자랑합니다. 당연히 그에 부합하는 경제적 여유가 있어요. 잘생긴 외모와 세련된 화법도 필수고요. 거기다 '강북 우파'의 졸부 이미지 혹은 '강북 좌파'의 촌스러운 이미지와 다르게 문화적 취향도 남달라 보입니다.

여기에 더해서 강남 좌파는 심지어 '진보적'이기까지 해요. 즉 사회의 약자와 연대한다는 마음가짐을 자랑하고 더 나아가 실천도 합니다. 강남 우파도 "남북 대립이 능사인가?", "과연 돈이 최고인가?"라며 기존의 '안보 보수'와 '경제 보수' 같은 전통 보수가 고집했던 가치에 의문을 제기하면서 소통 지향적인 모습을 보입니다.

좌파만 놓고 얘기를 해보면, '강남 좌파'의 이런 모습을 이른바 '강북 좌파'의 대명사라고 할 수 있는 김근태, 노회찬, 심상정 씨 같은 이들은 절대로 따라갈 수 없어요. 노회찬 씨가 자신의 책 표지에 첼로를 켜는 모습을 등장시키면서 이런 강남성을 획득해 보려고 했지만 결국은 실패했습니다. 왜냐하면, 애초에 이미지의 원형이 다르니까요.

'강남 좌파'와 '강남 우파'는 모두 기존 좌우파 정치인의 대체재로 등장했다. 오세훈 전 서울시장은 깔끔한 외모와 달변으로 '합리적인 보수' 이미지를 구축했으나 무상 급식 주민투표를 계기로 이러한 '강남성(性)'을 잃어버렸다. 조국 교수는 세련된 문화적 취향으로 강북 좌파의 '촌스러운' 이미지를 탈피했다. 강남에 살지도 않고 좌파도 아닌 안철수 교수를 대중이 '강남 좌파'로 인식하는 이유는 그에게서 '수구 꼴통'과 다른 참신성과 합리적 주장, 글로벌 경쟁력, 그리고 세련되고 쿨한 이미지를 보기 때문이다. 대중이 좌파든 우파든 상관없이 강남성을 대표하는 안철수, 조국, 홍정욱 씨 등을 동경하는 이유는 그들이 소비자로서의 정체성을 갖고 정치인을 바라보기 때문이다. '강남성'은 닮고 싶은 동경의 대상이 된 것이다.

강양구 통상적인 구분을 따르자면 조국, 김제동 씨 같은 분이 강남 좌파의 대명사라면 강남 우파는 오세훈, 홍정욱, 조윤선 씨 같은 이들이겠지요. 전통적인 정치인들이 이들을 아무리 질시하더라도 흉내를 내기에는 한계가 있습니다. 이런 점에서 이들에게 강남성은 고유한 정치적 자산인 거죠. 또 대중은 이들에게 열광하고요.

박성민 대중의 열광! 그게 더 중요한 문제입니다. 왜 대중은 이렇게 좌파, 우파를 막론하고 강남성을 가진 엘리트들에게 열광할까요? 우선 시대가 변했어요. 앞에서 언급했듯이 지금 이 시대 시민의 정체성은 '소비자'로 규정됩니다. 이들은 세상사를 다른 무엇보다도 소비자로서의 정체성으로 살핍니다.

우리가 앞에서도 살펴봤지만 지금의 젊은 세대는 TV와 전화기를 각자 한 대씩 들고 다닙니다. 할아버지 세대는 마을에 한 대씩 있었고, 아버지 세대는 집에 한 대씩 있었는데요. 지금 젊은 세대는 모든 걸 자기들이 선택합니다. 소비자로서 최대한의 권리를 누리고 있어요.

집에서도 인터넷 TV를 통해 보고 싶은 프로그램을 보고 싶은 시간에 봅니다. 극장도 CGV 같은 멀티플렉스에 가서 골라서 보고요. 인터넷 포털사이트에서 뉴스도 골라서 봅니다. 이들은 모든 걸 소비의 대상으로 봅니다. 심지어는 정치인도요! 유시민, 손학규, 조국, 문재인, 박원순, 안철수…… 이렇게 액정 화면 넘기며 '신상(품)'을 고르듯이 쇼핑합니다.

지금 강남 좌파로 언급되는 이들 중 몇몇은 일반 시민의 상상을 초월할 정도로 돈을 많이 벌었어요. 그들은 고가의 강남

고급 주택에 살고, 자기 아이들은 외국어고등학교에 넣거나 유학을 보냅니다. 만약 1980~1990년대라면 이것만으로도 이들이 좌파 행세를 하기 어려웠을 거예요. 하지만 지금의 대중은 '능력 있어서 돈을 벌고 세금도 제대로 내는데 도대체 뭐가 문제냐?'라며 '쿨'하게 생각합니다. 예를 들어, 대표적인 좌파 지식인이라고 할 수 있는 진중권 씨가 취미로 고가의 경비행기를 운전한다고 할 때도 그것은 오히려 그의 매력을 높이는 요소가 된다는 겁니다.

강양구 닮고 싶다, 이런 욕망이 있는 거죠. 앞에서 언급했듯이 기성세대의 경우, 나는 몰라도 우리 애들은 '강남' 좌파, '강남' 우파로 키우고 싶은 거예요.

박성민 2008년 노원구(병)에서 노회찬 씨와 홍정욱 씨의 대결은 바로 그걸 명확히 보여 준 사례죠. 당시 노원구에는 계층적 위치, 역사적 경험, 이념적 성향 어느 모로 보든 간에 강북 좌파인 노회찬 씨에게 가까운 시민들이 꽤 많았어요. 그런데 그들이 노회찬 씨 대신 홍정욱 씨를 선택합니다. 마음 한구석에 미안한 마음을 가지면서요.

그들의 마음이 딱 '강남성'에 대한 동경이었을 거예요. "비록 나는 늦었지만 우리 아이는 (좌파든 우파든 상관없으니) 홍정욱과 같은 강남성을 가진 사람으로 키우고 싶어." 바로 이런 '강남성에 대한 동경'이야말로, 강남 좌파와 강남 우파에 대한 열광의 실체입니다. 정치권이 자꾸 그들에게 손을 내미는 것도 바로 이런 대중의 욕망을 알기 때문이고요.

안철수 교수에 대한 대중의 열광도 이 '강남성'에 대한 열망을 전제하지 않고는 제대로 이해할 수 없습니다. 비록 안 교수가 강남에 살지 않더라도, 대중은 지금 대한민국에서 '강남성'을 가장 잘 구현한 인물로 그를 인식하고 있는 거예요. 만약 어떤 계기로 오세훈 전 시장처럼 그가 '강남성'을 잃는다면, 그의 인기가 지금처럼 유지될지는 미지수입니다.

'인기인'과 '정치인'

강양구 그런데 여기서 '인기인'과 '지도자'를 구분할 필요가 있습니다. 언젠가 이런 얘기를 한 적이 있어요. "오랫동안 외국에 나갈 때 처자식과 재산을 맡길 수 있는 사람"이 있다면 이런 사람이 바로 지도자 자격이 있는 정치인이라고요. 기억하나요? 닮고 싶은, 좋아하는 인기인이라도 처자식과 재산을 함부로 맡길 수는 없는 법인데…….

박성민 맞아요. 제가 그런 얘기를 했었지요. 왜냐하면 개인의 생명과 재산을 확장하면 그게 바로 헌법이 대통령에게 요구하는 국민의 생명과 재산을 지키라는 역할이거든요. 지금의 정치인이 과연 그렇게 '처자식과 재산을 맡기고 갈' 만큼 신뢰를 주는지는 의문이지만, 일단 지도자를 자처하는 정치인이라면 대중에게 그런 믿음을 줘야 한다고 생각합니다. 그런 점에서 안철수 교수는 아직 정체성이 모호합니다.

강양구 본인은 계속 '인기인'처럼 처신을 하고 있어요. 대중은 정치인, 그것도 대통령 자리를 맡길 만한 지도자로 여기고 있는데요. 여기서 한 번 따져 볼 필요가 있습니다. '인기인'이었던 안철수 교수가 최소한 대중에게 기존의 정치인을 대체할 수 있을 만한 지도자로 받아들여진 순간은 언제일까요?

박성민 안철수 교수가 2001년에 『CEO 안철수, 영혼이 있는 승부』를 펴낸 순간이 그런 계기가 아니었을까요? 그 순간부터 안 교수는 정보통신 중소기업의 평범한 CEO에서 철학이 있는 기업인으로 자신의 이미지를 만들었으니까요. 그런 이미지가 나중에 「무릎팍 도사」 같은 예능 프로그램에서 주목을 받는 계기도 되었고요.

강양구 저는 생각이 달라요. 안철수 교수의 책은 중요한 계기가 아닙니다. 더 중요한 것은 안철수 교수가 개발한 컴퓨터 바이러스 '백신'입니다. 지금 대한민국에서는 남녀노소를 막론하고 거의 모든 시민이 컴퓨터를 사용합니다. 할아버지께서 올해 만 아흔둘이신데 가끔씩 연락을 주세요. 《프레시안》에 실린 제 기사에 오타가 있다고요.

그런데 할아버지 컴퓨터에도 안철수연구소에서 보급하는 백신(V3)이 깔려 있어요. 매번 컴퓨터를 켤 때마다 대한민국의 거의 모든 시민이 안철수연구소의 이름을 한 번씩 머릿속에 새깁니다. 더구나 이 고마운 백신은 심지어 공짜예요. 안철수연구소만큼 '안티' 소비자가 없는 기업도 드물 겁니다. 이러니 '안철수' 이름 석 자에 천사표가 붙지 않을 수 없지요.

박성민 그렇군요. 윈도를 쓰면서 빌 게이츠를 생각하고, 아이폰을 쓰면서 스티브 잡스를 생각하는 것처럼.

강양구 그나마 그네들은 회사 이름을 '빌 게이츠' 혹은 '스티브 잡스'라고 짓지는 않았잖아요. 그런데 오랫동안 안철수 교수는 베일에 싸여 있었습니다. 중간에 책을 내긴 했지만 다수 대중이 그의 존재를 생생하게 확인할 정도는 아니었죠. 그러나 바로 「무릎팍 도사」의 출연이 '컴퓨터 안의 안철수'를 '살아 있는 안철수'로 만들어 준 거예요.

저는 종종 안철수 교수를 「무릎팍 도사」가 점지해 준 대선 후보라고 농담을 합니다. 그런데 이게 과장이 아니에요. 실제로 그렇습니다. 안철수 교수가 2009년 6월 17일 「무릎팍 도사」에 나오지 않았더라면, '청춘 콘서트'가 가능했을까요? 지금처럼 대선 후보로 주목받는 게 가능했을까요? 불가능했습니다.

박성민 기왕 얘기가 나왔으니, 안철수 교수 개인에게 초점을 맞춰 얘기를 더 해봅시다. 컨설턴트로서의 경험을 염두에 두면, 보통 정치인이 지도자로서의 이미지를 가지려면 세 가지를 갖춰야 합니다. 브랜드, 스토리, 정체성. 브랜드는 능력, 정체성은 신뢰, 스토리는 매력을 상징합니다. 브랜드와 정체성은 대중에게 공감을 불러일으키고, 스토리는 감동을 줍니다.

안철수 교수는 이 세 가지를 다 갖췄나요? 강 기자 생각은 어때요?

정치인이 지도자의 이미지를 가지려면 정체성, 스토리, 브랜드 세 가지를 갖춰야 한다. 안철수 교수의 경우 브랜드는 확실하다. 대중은 "철학이 있는 기업인" 안 교수에게서 "생각하는 대로 사는" 사람의 아우라를 발견한다. 이것이 바로 닮고 싶은 안철수 브랜드다. 또한 얼마 전에는 자신이 보유하고 있는 안철수연구소 주식 지분의 절반을 사회에 환원하겠다고 발표함으로써 계속해서 스토리도 만들어 내고 있다. 반면 대중이 안 교수를 '진보'로 인식하고 있는 데 반해 본인이 "안보는 보수, 경제는 진보"라고 말했듯이 그의 정체성은 아직 모호하다.

강양구 브랜드는 확실합니다. 정체성은 모호해요. 스토리는 안철수 교수의 약한 고리 중 하나라고 생각합니다.

박성민 정확합니다. 지금 안철수 교수한테 확실한 건 방금 말한 대로 브랜드입니다. "생각하는 대로 살지 않으면 사는 대로 생각하게 된다." 제가 무척 좋아하는 폴 발레리의 말입니다. 안철수 교수가 대단한 것은 "생각하는 대로 사는" 인물이라는 거예요. 이것이야말로 사실 백신보다 더 큰 브랜드입니다. 왜냐하면, 안철수 교수의 잠재적 경쟁자인 대다수 정치인은 그 반대거든요. 지금 정치인의 모습을 보세요. 하나같이 "사는 대로 생각하는" 모습이잖아요. 똑같은 정치인이 한나라당 의원이면 한나라당이 요구하는 대로, 민주당 의원이면 민주당이 요구하는 대로, 민주통합당 의원이면 민주통합당이 요구하는 대로 표변합니다.

대중은 바로 "생각하는 대로 사는" 사람의 '아우라'를 안철수 교수에게서 발견한 거예요. 그리고 바로 그런 점을 '청춘 콘서트'에 나온 젊은이들이 닮고 싶어 하는 것이고요. 어쩌면 이것도 '강남성'의 한 부분일 수 있겠군요. 이런 안철수 교수의 브랜드는 앞으로도 두고두고 안 교수에게는 호재가, 다른 정치인에게는 악재가 될 거예요.

강양구 그런 점이 오히려 안철수 교수가 정치인으로 변신하는 데 장애물이 되지는 않을까요?

박성민 좋은 지적입니다. 아까 안철수 교수가 자신이 창업한 회사 이름에 '안철수'라는 본인의 이름 석 자를 붙인 걸 지적했잖아요. 부나 권력보다는 명예를 중요하게 생각하는 안 교수의 성향이 반영된 거라고 생각해요. 그런데 명예를 중요하게 생각하는 사람은 현실 정치에 참여하는 게 쉽지가 않습니다. 그가 선뜻 정치인으로의 변신을 결단하지 못하는 것에는 이런 성향 탓도 있을 거예요.

다시 원래 얘기로 돌아갑시다. 아까 안철수 교수의 스토리가 약하다고 평했잖아요? 정치인에게 스토리는 아주 중요해요. 이회창 의원이 대선에서 번번이 패배한 중요한 이유 중 하나도 그의 스토리가 약한 탓이에요. 왜냐하면 이회창 의원은 술집에서 안주거리로 이야기할 거리가 없는 정치인이었거든요. 얼마나 재미없는 인물입니까?

반면에 안철수 교수는 계속해서 스토리를 만들어 내고 있습니다. 가장 최근에도 두고두고 얘깃거리가 될 스토리를 하나 만들었잖아요. 자신이 보유하고 있는 안철수연구소 주식 지분의 절반을 사회에 환원하겠다고 발표한 일이요. 당시에는 약 1500억 원 가치였는데, 지금은 2500억 원에 이른다지요?

'신보수'의 등장

강양구 안철수 교수의 정체성은 어떻습니까? 안 교수를 지지하는 시민들은 반한나라당, 그러니까 자신을 '진보'라고 생각하는 이들이 압도적으로 많을 거예요. 그런데 정작 안 교수의 정체성은 '진보'인지 '보수'인지 헷갈릴 때가 많아요. 그 자신은 "안보는 보수, 경제는 진보"라고 소개했지만, 사실 '보수' 쪽에 가깝다는 인상입니다.

한때 안철수 교수의 멘토로 불렸던 윤여준 전 환경부 장관도 《중앙SUNDAY》(2011. 12. 11)와의 인터뷰에서 "가정 출신, 성향 등 기본적으로 보수적인 사람"이라고 평했어요. 최근에 진보, 보수를 가르는 가장 첨예한 갈등 사안이었던 한미FTA만 놓고 보더라도 안 교수가 야당 편에 서서 '반대'하는 모습은 상상하기 힘듭니다. 실제로 그는 계속해서 침묵을 지켰고요.

3장에서 진보당, 민주당, 공화당, 자유당의 4당 구도를 언급했잖아요. 안철수 교수는 그중 어느 정당과 가장 이념이 비슷할까요? 저는 공화당 정도가 딱 맞을 것 같습니다만.

박성민 대중이 특정 인물에게 열광할 때, 특히 그 사람이 정치인일 때, 그 속에는 대중이 한국 사회에 던지는 강력한 메시지가 들어 있습니다. 대개 그 메시지는 불만을 반영하고 있어요. 열광의 강도는 불만의 강도와 비례합니다. "어떤 사람을 알고 싶으면 그 사람의 친구를 보지 말고 적을 봐라." 이런 말이 있지 않습니까?

안철수 교수에게 열광하는 대중 심리의 실체를 제대로 파악하려면 그의 길항이 누구인지 보는 것도 중요해요. 예컨대 2007년 대선을 앞두고 고건 전 총리가 떴잖아요? 그것은 노무현 전 대통령의 '불안'한 이미지가 '안정'된 이미지의 고건 전 총리를 불러낸 것입니다. 고건 전 총리는 노무현 전 대통령이 탄핵을 당하고 나서 대통령 직무를 대리하기도 했었고요.

지금 안철수 교수는 이명박 대통령의 길항으로 존재합니다. 이명박 대통령에 대한 대중의 불만의 실체는 뭘까요? 저는 공공성 결여와 소통의 부재를 꼽고 싶군요. 적어도 40대 이하 세대는 그렇게 생각하는 쪽이 많아요. 일차적으로는 안철수 교수가 바로 이명박 대통령에게 없는 바로 그 빈 공간을 채우고 있기 때문에 열광의 대상이 되었다고 볼 수 있습니다.

강양구 그건 아까 지적한 박정희 패러다임의 붕괴와도 곧바로 연결되는 부분이네요.

박성민 그렇습니다. 아까 박정희 패러다임의 두 축이 '안보'와 '성장'이라고 했어요. 사실 노무현 전 대통령이 서거했을 때, 이른바 '친노(盧)' 정치인들이 대중의 부각을 받았어요. 대중이 이명박 대통령과 맞설 인물로 노무현 전 대통령을 떠올린 거예요. 그래서 통합진보당의 공동대표 유시민 씨 등이 주목을 받았습니다.

안철수 교수는 구보수에 대항하는 신보수이며, 진보-민주-공화-자유의 스펙트럼에서 공화에 가깝다. 그런데 대중은 이명박 대통령으로 상징되는 박정희 패러다임을 극복할 수 있는 대안을 안철수 교수에게서 찾는 것이다. 이명박 대통령에 대한 대중의 불만의 실체는 공공성 결여와 소통의 부재다. 안철수 교수는 이런 이명박 대통령의 길항으로 존재한다. 그렇기 때문에 대중은 안철수 교수를 반한나라당과 반보수로 인식하고 있는 것이다. 하지만 보수든 진보든 어느 쪽도 개인의 힘으로는 박정희 패러다임을 넘어설 수 없다. 그래서 '75퍼센트 민주주의'를 위한 제도적 틀이 필요한 것이다.

노무현재단 이사장 문재인 씨도 같은 맥락에서 주목을 받았고요. 그런데 대중의 관심이 예전만 못해요. 왜 그럴까요? 그들이 노무현 전 대통령과 너무나 비슷하기 때문입니다. 아까도 얘기했지만 노 전 대통령도 박정희 패러다임의 한 축인 '성장'을 추종하는 노선을 결코 버리지 못했어요. 자신이 고백한 대로, 박정희 패러다임의 변죽만 울리다 실패하고 말았습니다.

바로 그때 또 다른 이명박 대통령의 길항 인물로 안철수 교수가 등장한 거예요. 앞에서 지적했듯이 안철수 교수가 이명박 대통령으로 상징되는 박정희 패러다임을 극복할 인물로 등장한 겁니다. 그런데 박정희 패러다임은 이 대통령만 가지고 있는 게 아니에요. 보수-한나라당-이명박-박근혜는 모두 박정희 패러다임을 공유합니다.

대중이 안철수 교수를 반이명박뿐만 아니라, 반한나라당, 반박정희, 더 나아가 보수에 반하는 진보로 보는 것도 이런 사정 때문입니다. 그런데 과연 그럴까요? 이렇게 생각해 볼 수는 없을까요? 안철수 교수는 진보가 아니라 박정희 패러다임으로 상징되는 구보수에 대항하는 신보수에 가까운 것 아닌가요? 물론 본인은 보수다 진보다 이렇게 구분되는 것을 싫어할 테지만요.

강 기자가 지적한 대로, 안철수 교수는 공화당 정도의 정체성을 가진 정치인이에요. 이들은 구보수와 다르게 시장의 가치보다 공공의 가치를 우선에 둡니다. 그렇다고 자본과 노동 간의 시장의 역학관계가 역전되는 것에는 절대로 동의하지 않아요. 시장의 약자에 대한 보호 장치를 두는 것으로 충분하다고 여깁니다.

이들 신보수는 사회, 문화 문제에서는 지금의 진보와 훨씬 더 비슷한 모습을 보일 거예요. 예를 들어서 "동성애자는 에이즈(AIDS) 환자"라고 여기는 일부 기독교(개신교)의 주장에 진보와 마찬가지로 눈살을 찌푸릴 거예요. 그렇다고 이들 신보수가 동성애자의 결혼을 허용할 것 같지는 않군요.

강양구 2012년에 안철수 교수의 행보를 보면, 그의 정체성도 좀 더 또

렷해지리라 생각됩니다. 다만 대중이 열광한다고 해서 지식인, 정치인까지 덩달아 안 교수를 마치 '진보의 메시아'인 것처럼 받아들이는 건 문제가 있습니다. 정작 자신은 '좌파'도 아니고 '진보'도 아니라는데요.

오히려 지금 진보 세력은 대중이 진짜 원하는 것이 무엇인지를 포착하는 게 중요할 듯해요. 아까도 얘기했듯이 지금 대중이 원하는 것은 '안철수 같은 사람'이지 '안철수' 본인은 아니잖아요. 박정희 패러다임을 대체할 수 있는 새로운 패러다임을 제시할 진보의 대안을 내놓아야 할 때라는 거예요.

박성민 맞아요. 박정희 패러다임에 맞서 새로운 패러다임을 제시할 수 있어야 우리가 '공화의 시대'라고 명명한 새로운 시대정신을 구현할 지도자로서 대중의 지지를 받을 수 있을 거예요. 그런데 그 시대정신을 구현할 지도자가 꼭 안철수 교수라는 법은 없어요. '신보수'가 아닌 '신진보'의 정체성을 가진 누군가가 나올 수도 있으니까요.

여기서 한 번 더 강조하고 싶은 것이 있습니다. 보수든 진보든, 안철수 교수든 또 다른 누구든, 개인의 힘으로 박정희 패러다임을 넘어설 수 있다는 생각은 망상이에요. 우리가 앞에서 '75퍼센트 민주주의'를 만들기 위한 제도적 틀의 모습을 살펴봤어요. 이런 제도적 틀이 마련될 때 비로소 새로운 시대와 그 시대에 부합하는 지도자가 활약을 펼칠 수 있습니다.

5

지도자가
사라진 시대

지금의 젊은 세대는 미국을 애플의 스티브 잡스와 함께 생각할 것이다. 그러나 한 나라의 크기는 무엇보다도 그 나라의 지도자에 의해 평가된다. 그렇기에 우리는 공화의 시대를 맞아 새로운 지도자를 기다리고 있다.

대통령과 같은 큰 지도자가 갖춰야 할 자질에는 네 가지가 있다. ① 정치가로서의 결단력, ② 사상가로서의 통찰력, ③ 경영가로서의 추진력, ④ 운동가로서의 설득력이다. 김영삼, 김대중, 박정희, 노무현 전 대통령이 각각 이 자질들 가운데 하나를 갖추고 있었다.

그렇다면 다음 세대의 지도자는 어떤 자질을 갖추어야 할까?

대중이 원하는 지도자는 누구인가?

강양구 '안철수 현상'을 얘기하다 보니, 궁금한 게 하나 생겼어요. 2012년 차기 대통령으로 적합한 인물이 누구인지 여론 조사를 해보면 1, 2, 3위가 대개는 박근혜, 안철수, 문재인 순으로 나옵니다. 그런데 셋의 공통점이 있어요!

박성민 참 재미없는 사람들이죠…… 진지한 분들입니다. 박근혜, 안철수 두 사람은 단어 하나를 고를 때도 아주 신중합니다. 특히 안철수 교수는 말의 무게를 잘 아는 것 같아요. 자기 말이 갖는 엄청난 힘을 알기 때문에 단어 선택에 극도로 예민하지요. 듣는 제가 고통스러울 정도로요. 그런데 그게 안철수다운 겁니다.

강양구 문재인 씨는 어떤가요? 어느 인터뷰를 보니까 "문제가 없어서 오히려 문제인 사람, 문재인"이라고 표현했던데, 그도 역시 '바른 생활' 파죠?

박성민 문재인 씨 본인은 자신도 「나는 꼼수다」처럼 '씨바', '졸라' 하고 마음대로 말하는 게 부럽다고 하더군요. 근데 그거 아무나 하는 것도 아니고, 한다고 다 어울리는 것도 아니에요. 김어준 씨나 어울리지. 인터뷰에서 자신이 고등학생 때 술 마시고 놀았다는 이야기를 강조했는데 재미없는 사람이라는 콤플렉스가 있는 것 같아요. 그럴 필요 없는데 말입니다. 유재석이 김구라가 될 필요는 없잖아요? 문재인 씨는 신중하고 진지한 것이 매력인 분이죠. 왜 커피에 소금을 넣습니까?

강양구 요즘은 정치인과 연예인이 구분이 안 가는 경우가 많습니다. 정치인이 트위터에 자신의 일거수일투족을 자진해서 올리고, 또 생각도 언어도 정제되지 않은 말들을 쏟아내서 스스로 구설수에 오릅니다. 게다가 '떨거지' 취급을 당하면서까지「나는 꼼수다」와 같은, 시쳇말로 '화끈한' 막말이 오가는 방송에 출연합니다.

그런데 이런 상황에서 정작 대중은 정반대의 '진중한' 이미지의 소유자에게 열광하는 현상, 한 번 생각해 볼 필요가 있지 않을까요?

박성민 바로 그 지점이 출발점입니다. 요즘 이명박 대통령의 지지율이 얼마나 되나요?

강양구 20퍼센트 중반 정도에요. 이렇게 말하면 이명박 대통령의 지지율이 낮아 보입니다만, 사실 우리나라 대통령의 평균치라고 할 수 있습니다. 노무현 전 대통령도 임기 4년차에는 20퍼센트를 벗어나지 못했거든요. 심지어 10퍼센트 대로 떨어지기도 했고요. 그러니까 더 이상 대통령의 낮은 지지율은 뉴스거리도 아닙니다.

박성민 대통령의 낮은 지지율은 우리나라만의 문제는 아니에요. 미국의 조지 부시는 퇴임 직전에 실시한 여론 조사에서 역사상 가장 지지율이 낮은 대통령이라는 불명예를 얻었어요. 일본도 낮은 지지율 때문에 총리가 자주 사퇴했고, 최근에는 총리마다 20퍼센트 지지율을 유지하기도 힘겨워 보여요.

유럽의 정상들도 마찬가지입니다. 세계의 지도자들이 거의 동시에 지지율이 이렇게 낮아진 사례는 역사적으로도 찾아보기 어려워요. 그래서 요즘의 지도자는 과거에 비해 결단력, 통찰력, 추진력, 설득력 등이 한참 떨어진다…… 이렇게 한탄하는 목소리가 세계 곳곳에서 들립니다. 그런데 정말로 현대의 지도자들은 과거의 쟁쟁한 역사적 인물들보다 자질이 떨어질까요?

강양구 그러고 보니 간디, 마오쩌둥, 윈스턴 처칠, 프랭클린 루스벨트, 샤를 드골처럼 당대를 호령하며 역사 속에 이름을 또렷하게 새긴 지도자가 나온 지 한참 된 것 같아요.

박성민 이렇게 생각해 보면 어떨까요? 처칠, 루스벨트, 드골 같은 이들이 지금 정치를 한다면 어땠을까요? 확신하건대 그들의 '위대함'은 사라지고 오늘의 지도자처럼 '무능한' 지도자로 남을 가능성이 큽니다. 왜냐하면 지금은 좋은 지도자가 나오기 어려운 시대예요. 좋은 지도자는 존재하는 것이 아니라 만들어지는 것인데, 지금은 그것이 지극히 어렵습니다.

우선 정보화는 정치의 모습을 혁명적으로 바꾸어 놓았어요. 오늘날 정치인은 사생활이 없습니다. 지도자들은 더욱더 그래요. 대통령 후보의 경우는 하루에 열다섯 시간 이상 대중의 눈에 노출될 수밖에 없어요. "낮 말은 새가 듣고 밤 말은 쥐가 듣는다." 이런 옛말이 요즘처럼 실감나는 세상이 없습니다. 술자리에서 무심결에 던진 농담도 그날 밤 뉴스에 보도될 수 있어요. 먼 나라에 가서 식사하면서 가볍게 던진 말이 트위터, 페이스북과 같은 SNS를 통해 순식간에 지구 반대편으로 전해지며 격렬한 논쟁을 야기합니다. 농담 정도는 양호한 편입니다. 그보다 더한 것도 동영상으로 찍힐 수 있어요. 기자 회견을 하던 미국 대통령이 이라크 기자가 던진 신발을 피하는 장면도 실시간으로 볼 수 있어요. CNN, YTN과 같은 24시간 뉴스 채널과 인터넷 포털사이트도 과거에는 뉴스거리도 안 되었던 사소한 것들을 쉴 새 없이 퍼다 나릅니다. 정치인은 자신도 모르게 「돌발 영상」의 주인공이 되고요.

과연 이런 환경에서도 처칠, 루스벨트, 드골, 마오쩌둥과 같은 정치인이 자신의 '위대함'을 고수할 수 있을까요? 그들의 평전을 읽어 보면, 그들 역시 약점이 많은 사람들이었어요. 하지만 그때는 대중과의 일정한 거리를 통해 그런 약점이 감춰질 수 있었습니다. 보여 주고 싶은 모습만 보여 줄 수 있었어요.

심지어 요제프 괴벨스처럼 '다큐멘터리' 기법을 이용해 히틀러를 지도자로 만들 수도 있었어요. 아마 아직도 이것이 통하는 나라는 북한 정도일 겁니다. 북한은 선전 매체를 완벽하게 통제하고, 잘 짜인 시나리오에 따라 모두들 일사불란하게 연기를 합니다. 연출 경험도 풍부하고 연기 경험도 대단하죠. 20대 후반의 김정은을 '지도자'로 만들 '노하우'가 있는 체제입니다.

과거에는 민주주의 국가에서도 그런 이미지 메이킹이 어느 정도 가능했지만 지금은 어림도 없지요. 힐러리 클린턴이 자신의 남편인 빌 클린턴 대통령의 백악관 성추문이 세계 곳곳으로 빛의 속도로 퍼져 나가는 것을 보고 경악한 것이 벌써 10년도 더 됐으니까요. 지금은 더하죠. 역사에 기록된 지도자도 요즘 같으면 온갖 추문의 당사자가 되어 지지율이 형편없었을 겁니다.

강양구 대중이 통치하고 지배하는 세상에서 그렇게 대중과 권력 사이의 거리가 좁혀지는 건 불가피한 현상 아닐까요? 어떤 면에서는 바람직하기도 하고요. 사실 황제, 교회, 귀족, 특권 계층이 독점하던 권력이 조금씩 대중에게 넘어온 것이야말로 민주주의가 확대되는 과정이었으니까요.

박성민 최근에 무소속 서울시장의 탄생과 안철수 교수가 등장하면서 '정당의 위기'를 말하는 이들이 많아요. 디지털 혁명 이전에는 '조직'과 '언론'을 장악한 정치인만이 지도자가 될 수 있었어요. 정치인은 정당 같은 공조직도 모라자서 '민주산악회'(김영삼), '나라사랑실천운동본부(나사본)'(김영삼), '새시대새정치연합청년회(연청)'(김대중) 같은 사조직도 따로 만들었습니다. 또 언론을 우군으로 만드는 것이 정치인이 해야 할 가장 중요한 일이었죠.

바로 이 조직과 언론을 '관리'하려면 돈이 필요해요. 그래서 기업에 손을 내밀 수밖에 없었습니다. 그런데 그 기업은 돈을 아무에게나 주나요? 일단 기업은 자기의 생사여탈권을 쥔 대통령에게 가장 많이 바쳤지요. 그 다음에는 대통령이 될 가능성이 큰 사람에게 줬고요. 물론 야당 총재에게도 보험 차원의 돈을 주고요. 국회의원도 영향력에 따라서 이른바 '떡값'을 나눠줬습니다. 그 나름대로 합리적인(?) 시스템이었다고나 할까요?

그런데 이 시스템이 디지털 혁명으로 완전히 깨졌어요. 지금은 조직이 필요 없습니다. 1987년 민주화 이행 이후 한국의 권력이 딱 그렇게 변화해 왔어요. 1987년에 다수당의 다수파로 당선된 노태우 전 대통령, 1992년에 다수당의 소수파로 당선된 김영삼 전 대통령, 1997년에 소수당의 다수파로 당선된 김대중 전 대통령, 그리고 마침내 2002년에 소수당의 소수파로 당선된 노무현 전 대통령, 그리고 지금 2012년에는 '개인' 안철수 교수가 주목을 받고 있고요.

조직이 힘을 잃었다는 것은 정당이 힘을 잃었다는 것입니다. 언론도 마찬가지예요. 과거 정치에 엄청난 영향력을 행사했던 '올드미디어'의 시대가 가고 '뉴미디어'의 시대가 되자 '개인'도 미디어가 되었습니다. 이젠 한 사람의 영향력이 거대 언론을 능가하는 경우도 있습니다.

이렇게 정당과 언론의 도움이 없어도 정치 지도자가 될 수 있게 되자 그들을 관리하기 위한 '돈'이 필요 없게 되었어요. 또 돈이 필요하면 지지자를 상대로 '펀드'를 만들면 되고요. 정당 밖에서도 정치 지도자가 나오는 시대가 된 것입니다. 아니 오히려 박원순 서울시장이나 안철수 교수 혹은 손석희 교수처럼 국회의원을 한 번도 안 한 사람일수록 대중이 열광합니다. 오죽하면 "정치를 하려면 정치 하지 마라."라는 말까지 생겼겠습니까?

누구나 대통령이 될 수 있는 시대가 열렸습니다. 이렇게 모든 이들이 권력에 접근하게 되니까 흥미로운 현상이 나타났습니다. 로마제국 시대에는 왕과 귀족이 원형극장에서 싸우는 노예들을 구경했어요. 그런데 이제 왕들이 칼을 들고 싸우고, 대중이 이를 지켜보며 즐기는 세상이 된 거지요. 정치인이 대중의 구경거리로 전락한 것입니다.

강양구 그 와중에 실제로 연예인이 대통령이 되기도 합니다. 1981년 미국 대통령에 당선된 영화배우 출신의 정치인 로널드 레이건이 대표적입니다. 그리고 나중엔 아예 자신과 별반 다르지 않은, 사실상 거리가 느껴지지 않는 대통령을 뽑았고요. 1992년에 미국 대통령으로 당선된 시골 출신의 빌 클린턴이 그 대표적인 예입니다.

박성민 그래요. 20세기 중반까지는 선거로 지도자를 뽑는 나라라 할지라도 지도자는 특별한 '가문' 출신인 경우가 많았어요. 왕, 귀족의 전통이 남아 있었기 때문에 대중과의 거리가 '먼' 사람들이 지도자가 되어 대중을 통치했습니다. 대중도 그것을 자연스럽게 받아들였고요.

그러던 대중이 힘이 커지자 점점 자신들과 '닮은' 지도자를 원하기 시작했습니다. 하늘에 있던 지도자를 땅으로 끌어내렸어요. 결국 대중은 자신들과 '같은' 사람을 지도자로 뽑았습니다. 1946년 같은 해에 태어난 미국의 빌 클린턴이나 한국의 노무현은 이렇게 선언을 한 지도자들입니다. "바로 내가 대중이다!"

실제로 빌 클린턴은 재임 중에 '섹스 스캔들'을 통해 백악관의 대통령도 일반인과 별반 다르지 않음을 화끈하게 보여 줬어요. 한국에서는 2002년 노무현 대통령의 당선을 그런 대중의 열망이 반영된 현상이라고 봐야 해요. '우리와 같은 지도자' 말입니다. 실제로 노 대통령은 저잣거리의 언행과 별반 다르지 않은 모습으로 열광과 혐오를 동시에 받았지요.

강양구 다시 아까 던진 질문으로 돌아가면, 그렇게 자신과 닮은 지도자를 갈망했던 대중이 왜 지금은 박근혜, 안철수, 문재인 같은 이들에게 혹할까요?

박성민 불확실한 세상이 두렵고 불안한 탓입니다. 지금 이 시대에 대중은 과거 그 어느 때보다도 힘을 가졌어요. 하지만 그 대중이 살아가는 세상은 어떻습니까? 세계 최고의 정보를 갖고 있는 최강국 미국도 테러와의 전쟁에서 이기지 못해요. 고성능 컴퓨터와 천재적 분석가들이 그토록 많은데도 금융 위기를 막을 수 없었습니다. 지진은 물론이고 미사일 공격에도 끄떡없다는 핵발전소가 지진 해일 한 방으로 한순간에 공포의 핵무기로 변했습니다. 그것도 최고 수준의 안전 기술을 보유했다는 일본에서요. 더구나 김정일 국방위원장의 죽음으로 한 반도의 긴장도가 최고조로 높아졌는데, 정작 대통령은 까맣게 모르고 청와대에서 생일 파티를 하고 있었잖아요.

자크 아탈리는 불확실한 세상이 주는 불안감과 같은 스트레스에서 벗어나고자 대중이 갈수록 '오락'에 집착할 것이라고 예측했어요. 한국이 딱 그렇죠. 채널마다 예능 프로그램이 넘치잖아요. 또 틈만 나면 사람들이 복잡한 세상사를 잊고 산으로, 섬으로 떠납니다. 그런데 그렇다고 불안이 없어지는 건 아니죠.

이렇게 불안한 대중이 바로 자신과 '다른' 지도자를 찾기 시

과거 지도자는 귀족이나 훌륭한 가문 출신으로 대중과 '거리가 먼' 인물이었다. 그러나 민주주의 시대에 힘을 얻은 대중은 하늘에 있던 지도자를 땅으로 끌어내렸다. 1946년 같은 해에 태어난 빌 클린턴이나 노무현은 대중이 나의 이웃과 같은 존재를 지도자로 뽑은 사례다.

그런데 금융 위기를 비롯하여 위기감이 고조되자 불확실한 세상에서 대중은 다시 나와 '다른' 지도자를 원하게 되었다. 인기인은 대중을 좇는 사람이지만 지도자는 대중을 이끄는 사람이다. 「나는 꼼수다」식의 화끈한 '막말'에 대중이 열광할지 모르지만 그런 인물을 지도자로 인정하지는 않는다. 대중이 박근혜, 안철수, 문재인처럼 진지한 인물에게 매력을 느끼는 또 다른 이유다.

작한 거예요. 이들은 「나는 꼼수다」처럼 화끈한 '막말'을 쏟아내는 이들에게 열광합니다. 하지만 대중은 결코 그들을 지도자로 인정하지는 않아요. 최고의 인기를 누리는 김어준 씨가(그럴 리도 없겠지만!) 대통령 후보로 나선다면 다들 '낄낄거리며' 웃겠지요. 마치 허경영 씨를 보고 즐거워했던 것처럼.

정치인은 연예인이 아닙니다. 인기인이 대중을 좇는 사람이

라면, '지도자는 대중을 이끄는 사람'이에요. 누가 그런 지도자가 될 수 있을까요? 대중보다 더 깊은 지식을 갖고 있으며, 더 치열한 논쟁을 할 수 있으며, 더 뛰어난 글을 쓸 수 있으며, 더 품격 있게 말할 수 있는 정치인이야말로 지도자가 될 수 있어요. 대중과 다른 것이 없으면 지도자가 될 수 없습니다.

정치 드라마 「웨스트윙」의 교훈

강양구 혹시 「웨스트윙(The West Wing)」을 아시나요? 미국의 백악관 대통령 참모들의 애기를 그린 정치 드라마예요.

박성민 여러 번 봤지요. 제가 틈만 나면 정치인에게 꼭 보라고 권하는 드라마죠. 「웨스트윙」에서 대통령으로 나오는 제드 바틀릿은 군 경험이 없는 대통령입니다. 그래서 그는 군 지휘부가 자기를 신뢰하지 않을 것이라는 콤플렉스가 있어요. 어느 날 그는 드디어 지하 벙커로 내려가는 상황을 맞습니다. 그의 주치의 중 한 사람인 젊은 장교가 중동으로 출장 가던 중 비행기가 피격당하거든요. 합참의장은 모든 정황을 고려해서 '적절한 대응(proportional response)'을 대통령에게 내놓아요. 그런데 대통령은 책상을 내리치며 분노합니다. 이런 도발을 당했는데 겨우 '빤한 군사 기지' 몇 개를 폭격하는 것이 적절한 대응이냐는 것이에요. 그는 더 '강력한 보복' 계획을 만들어 오라고 명령하고는 상황실을 나갑니다.

전략가인 비서실장과 합참의장은 걱정스러운 눈으로 서로를 바라봅니다. 대통령이 냉정을 잃고 있다고 판단한 거예요. 죽은 대위가 출발하기 전에 대통령에게 보여 줬던 가족사진과 군 경험이 없는 대통령의 첫 포격 명령이라는 점이 냉정을 잃게 만든 것이에요. 속으로 부글부글 끓어도 대통령이 '씨바' '졸라' 하면서 대응하는 순간 상황은 더 엉망진창이 될 수 있어요. 상황실로 돌아온 대통령에게 합참의장은 강력한 보복 계획을 보고합니다. 그러자 좀 차분해진 대통령은 다시 한 번 '적절한 대응'에 대해 설명을 요구합니다. 결국 대통령은 최고 군사 전문가들인 참모들의 판단을 따르게 됩니다. 실제로 대통령은 바로 이런 자리입니다. 수백 명, 수천 명, 아니 전 국민의 생사를 좌지우지하는 결정을 내려야 합니다.

그런 점에서 대중이 자기와 '다른' 지도자를 원하는 것은 당연합니다. 이 불확실한 세상에서 대통령과 같은 지도자는 분노에 휩싸여 감정적 결정을 내리거나 여론에 휘둘려 성급한 결정을 내려서는 안 됩니다. 그렇다고 두려운 나머지 시급한 결정을 미뤄서도 안 되고요. 용기는 '잘 조절된 분노'입니다. 어려운 일입니다. 하지만 대중 대신 이런 힘든 일을 해야 하기 때문에 지도자의 존재 이유가 있어요. 용기가 지도자의 중요한 덕목 중 하나인 것은 바로 그 때문이죠.

강양구 제드 바틀릿은 결국 재선에 성공하지요. 「웨스트윙」 이야기를 좀 더 해봅시다. 사실 제가 보기에 이 드라마의 주인공은 '지도자'가 아니라 '참모'들인 것 같아요. 우리나라에서 훌륭한 지도자가 안 나오는 중요한 이유 중 하나는 항상 '지도자'보다 뛰어난 '참모'가 없다는 것 아닌가요?

박성민 여기 「웨스트윙」의 숨은 팬이 또 있었군요. 그 드라마는 정말 지도자든 참모든 간에 정치 하는 사람은 꼭 봐야 합니다. 아주 훌륭한 현실 정치 교과서거든요. 주인공 바틀릿 대통령은 민주당을 지지하는 사람들이 "내가 꿈꾸는 대통령"으로 그리는 사람입니다. 그러니 당연히 모든 것을 갖춘 '완벽한' 대통령일 수밖에요.

강양구 사실 그래서 현실감이 떨어집니다. 세상에 그런 대통령이 어디 있겠어요? 그래서 저는 실제 미국 대통령의 모습은 또 다른 미국 드라마 「24」에 나오는 것과 비슷하리라 생각해요. 공익과 사익 사이에서 끊임없이 갈등하는, 그리고 때로는 사익으로 기우는 모습이요.

박성민 「24」 얘기까지 하면 너무 길어지니 여기서는 「웨스트윙」에서 멈춥시다. 강 기자의 지적대로 지도자의 중요한 조건 중 하나는 '참모를 쓰는 능력'이에요. 제가 나름대로 「웨스트윙」에 나오는 참모를 네 등급으로 분류했어요. 기본적으로 이들은 당대 천재이고 최고의 전문가들입니다. 그건 의심할 바 없어요. 왜냐하면 실제로 최고의 참모로부터 자문을 받아서 만든 드라마니까요.

강양구 누가 D등급입니까? 궁금한데요.

박성민 D등급은 대통령의 연설문을 쓰는 샘 시본입니다. 그는 아주 뛰어난 스피치라이터이고 박학다식합니다. 모르는 게 없는 사람이에요. 드라마 속에서도 "당대 천재 중 하나"라고 평가됩니다만 아쉽게도 그는 전략에는 문외한입니다. 그래서 공화당과의 전략적 싸움에서는 늘 '어리버리'하게 그려집니다.

C등급은 정무수석과 공보수석을 맡은 조시 라이먼과 토비 지글러입니다. 역시 천재인 이들은 전략에도 아주 뛰어납니다. 아쉬운 것은 이들이 가끔 보스인 대통령이 아닌 자신들을 위해 불필요한 싸움을 벌인다는 거죠. 그래서 결국에는 대통령을 곤란하게 만들기도 합니다.

B등급은 여성 대변인 C. J. 크레그입니다. 정무 감각도 아주 뛰어나고 철저하게 대통령 중심으로 행동합니다. 훗날 대통령 비서실장이 쓰러지자 후임으로 임명됩니다. 대통령이 쓰러진 비서실장에게 누구를 후임으로 해야 하느냐고 묻자 비서실장은 물어볼 것도 없지 않느냐는 태도로 그녀를 추천합니다. 그

불확실한 세상에서 대통령과 같은 지도자는 분노에 휩싸여 감정적 결정을 내리거나 여론에 휘둘려 성급한 결정을 내려서는 안 된다. 그렇다고 두려운 나머지 시급한 결정을 미뤄서도 안 된다. 용기는 '잘 조절된 분노'이다. 지도자의 존재 이유는 대중 대신 이런 힘든 일을 해야 하는 데 있다. 용기가 지도자의 중요한 덕목 중 하나가 되는 이유다.

런데도 그가 B등급인 이유는 대통령에게 결정을 '미루기' 때문입니다. 잘못된 결정이라도 결국은 대통령의 결정에 승복하고 말죠.

강양구 A등급은 비서실장 리오 맥개리군요.

박성민 맞아요. 대통령의 친구이자 비서실장인 리오 맥개리가 제가 선정한 A등급 참모입니다. 그는 노벨 경제학상을 받고 뉴햄프셔의 주지사로 있던 제드 바틀릿을 대통령으로 만든 인물입니다. 그는 대통령보다 정치 경험도 더 많고 민주당뿐만 아니라 공화당에서도 인정해 주는 전략가에요. 대통령이 존경의 대상이라면, 그는 모든 참모와 정치인의 '신뢰'를 받는 인물입니다.

맥개리는 냉정한 전략가입니다. 대통령의 고뇌를 잘 알지만 대통령이 인간적인 감정에 휩싸이거나 일시적인 분노에 의해 판단을 그르치게 하지 않아요. 항상 옳은 판단을 하는 참모들이 옆에 있다는 것을 대통령에게 계속 주지시킵니다.

그리고 대통령이 괴로운 결정을 하게 될 때도 인간적인 괴로움은 다 들어주지만 바틀릿에게 '미합중국의 대통령'이기에 반드시 해야 할 일이라고 조언합니다. 대통령은 그를 무한 신뢰합니다. 바틀릿은 이런 비서실장이 부담스러우면서도 믿음직스럽습니다. 어느 날 젊은 장관에게 대통령 바틀릿이 조언합니다.

"자네보다 더 똑똑한 친구가 있나?"

"예, 있습니다."

"그 친구를 위해 목숨을 버릴 수 있나?"

"네. 그럴 수 있는 친구입니다."

"자네가 대통령이 되면 그 친구가 비서실장일세."

이명박 대통령이 비판받는 큰 이유 중 하나가 사람을 잘못 쓴다는 거잖아요. 고소영(고려대-소망교회-영남), 강부자(강남 땅부자) 내각은 차치하더라도 대통령이 군사, 정보, 정치, 경제에서 최고의 보좌를 받고 있다는 신뢰를 못 주는 거죠. 좋은 지도자는 좋은 참모를 씁니다. 참모의 수준을 보면 지도자의 수준을 알 수 있습니다.

강양구 어쨌든 드라마는 현실에서 보기 힘든 인물을 그리죠. 현실에 있는 우리 지도자 이야기로 다시 돌아갑시다. 2012년 들어와서 박근혜, 안철수, 문재인, 이 진지한 세 사람이 서로 다른 행보를 하잖아요.

박성민 제가 박근혜 의원이나 문재인 씨의 참모라면 예능 프로그램 출연은 말렸을 거예요. 예능 프로그램에 출연해서 젊은 시절 비키니 입은 사진을 공개하고(박근혜), 젊은 시절 근육질의 복근을 자랑하는(문재인) 모습이 과연 박근혜 의원이나 문재인 씨의 지도자로서의 위상을 높이는 데 무슨 도움이 되었을지 의문이거든요.

반면에 안철수 교수는 예능 프로그램 출연에 응하지 않고,

대신 미국으로 가서 빌 게이츠 등을 만나서 글로벌한 경쟁력을 갖춘 지도자라는 이미지를 쌓았습니다. 안 교수가 빌 게이츠를 만나는 동안, 박근혜 의원이나 문재인 씨는 연예인과 입씨름하는 모습이 대중에게 각인되었어요. 이 한 번의 이벤트로 안철수 교수는 박근혜 의원이나 문재인 씨와 '격'이 다른 이미지를 또렷하게 남긴 셈입니다.

지도자의 필수 조건 3가지

강양구 마음 같아서는 「웨스트윙」에서 참모들을 그대로 데려오고 싶군요. 다시 아까 얘기로 돌아갈게요. 박근혜, 안철수, 문재인 세 사람이 '진지한' 이미지로 묶이긴 합니다만, 사실 전혀 상반된 삶을 살아온 분들이잖아요. 또 그들이 진중한 이미지만큼 과연 대중이 기대하는 지도자로서의 역할을 잘 할 수 있을지는 아직 미지수입니다.

박성민 지도자가 대중에게 평가받는 조건은 세 가지가 있어요. 이미지, 업적, 비전이 그것입니다. 그중에서 짧은 시간에 대중의 마음을 사로잡는 데 가장 중요한 조건은 바로 이미지일 거예요. 그래서 이미지가 중요하죠. 요즘은 더 그렇죠. 이미지의 시대니까요. 그런 이미지는 4장에서 얘기한 대로 브랜드, 스토리, 정체성으로 구성되죠.

박근혜 의원이 왜 오랫동안 압도적으로 높은 지지율을 유지할 수 있었을까요? 사실 박 의원은 아직 업적이나 비전을 보여 준 게 없습니다. 그렇다면 역시 이미지가 인기 비결일 거예요. '품격', '신뢰', '강단' 같은 것이 박 의원이 쌓은 지도자 이미지입니다. 아, 대한민국과 결혼했다, 이런 남다른 '애국심'도 빼놓을 수 없죠.

비교적 빠른 시간에 '스토리'를 만들어 가고 있는 안철수 교수는 원래 확실한 브랜드가 있습니다. 젊은이가 '닮고 싶은' 이미지가 있어요. 앞에서도 얘기했지만 정치인을 포함한 대다수가 '사는 대로 생각하는' 시대에 '생각하는 대로 사는' 그의 존재는 독보적입니다. 그의 큰 자산이에요.

다만 그것이 젊은이를 '이끄는' 멘토의 이미지는 되지만 국가를 '경영하는' 지도자의 이미지에는 이르지 못한 것으로 보입니다. 앞에서 잠깐 지적한 대로 권력 의지도 약해 보이고요. 그건 문재인 씨도 마찬가지입니다. 그들이 나라를 이끌겠다는 의지를 보이지 않는다면 대중은 결코 지도자로 인정하지 않을

지도자가 대중에게 평가받는 조건은 이미지, 업적, 비전 세 가지다. 그중에서 짧은 시간에 대중의 마음을 사로잡는 데 가장 중요한 조건은 바로 이미지다. 그런 이미지는 브랜드, 스토리, 정체성으로 구성된다. 박근혜 의원은 아직 업적을 보여 주지 못했지만 품격, 신뢰, 강단 등으로 지도자 이미지를 쌓았다. 안철수 교수는 '닮고 싶은' 브랜드로서 비교적 빠른 시간에 '스토리'를 만들었다. 정치인을 포함한 대다수가 '사는 대로 생각하는' 시대에 '생각하는 대로 사는' 그의 존재는 독보적이다. 하지만 이미지만으로는 리더가 될 수 없다. 안철수 교수는 젊은이를 '이끄는' 멘토에서 국가를 '경영하는' 지도자의 이미지에는 아직 이르지 못했다.

겁니다.

하지만 이런 이미지만으로는 지도자가 될 수 없어요. 지도자의 권위를 갖기 위해서는 대중의 '존경'을 받아야 합니다. 존경은 자기를 위해 열심히 산 사람에게 주어지는 영예가 아니에요. 대중은 국가를 위해, 민주주의를 위해, 공동체를 위해, 타인을 위해 희생한 사람에게 주어지는 것입니다. 지도자의 또 다른 조건인 '업적'이 중요한 것도 이 때문이에요.

이명박 대통령이 역경을 극복한 인물이고 대통령이 되어서도 쉬지 않고 열심히 일하는 사람이라는 것은 누구나 인정하잖아요. 스스로도 자부심이 대단하고요. "내가 해봐서 아는데……." 이런 말은 성공한 삶에 대한 자부심이 없으면 함부로 못 하는 말입니다. 그런데 대중은 이런 의심을 하는 거예요. 과연 이 대통령은 누구를 위해 열심히 살았나?

박정희 전 대통령을 존경하는 사람들은 그가 자나 깨나 국가와 민족을 위해 헌신했다고 봅니다. 그 시대를 산 사람들 대부분, 심지어 정치적 탄압을 받은 사람들조차 그의 애국심에 대해서는 일정 부분 인정할 정도니까요. 김영삼, 김대중 두 전 대통령은 민주화를 위해 목숨을 건 지도자들이죠. 국민들이 모두 인정하잖아요.

물론 그들이 잘못한 일도 많습니다. 그들의 공과를 써 내려간다면 과의 줄이 공의 줄보다 훨씬 길지도 몰라요. 그렇지만 무게를 달아 보면 공 쪽으로 기울어질 것임을 저는 의심치 않습니다. 수많은 정치인들이 그들을 비판하고 그들의 시대를 끝내고 싶어 했지만 결국 실패한 이유는 모든 면에서 그들에게 미치지 못했기 때문입니다. 지도자는 아무나 될 수 없어요.

박근혜, 안철수, 문재인, 그리고 또 누가 됐든지 간에 자기희생에 기반을 둔 업적으로 국민의 존경을 받지 못한다면 결코 지도자로서 권위를 인정받기가 쉽지 않을 거예요. 그리고 그렇게 존경을 받지 못하는 지도자는 운이 좋아서 대통령에 당선된다 하더라도 리더십을 발휘할 수 없습니다.

강양구 지도자의 조건 중에서 비전도 중요할 것 같아요. 케네디나 오바마 같은 대통령이 바로 그런 비전을 통해 대중의 마음을 사로잡았어요.

이미지만으로는 지도자가 될 수 없다. 지도자의 권위를 갖기 위해서는 대중의 '존경'을 받아야 한다. 지도자의 또 다른 조건인 '업적'이 중요한 것도 이 때문이다. 박정희 대통령을 존경하는 사람들은 그가 자나 깨나 국가와 민족을 위해 헌신했다고 보기 때문이다. 김영삼, 김대중 대통령은 민주화를 위해 목숨을 건 지도자들이다.

정치가는 국민에게 꿈을 주는 존재다. 케네디와 오바마의 공통점 가운데 하나가 '다른 미래'를 감동적으로 호소했다는 점이다. 그들의 연설은 언제나 꿈으로 가득하다. "정략가는 다음 선거를 생각하고, 정치가는 다음 세대를 생각한다." 지도자의 조건 3요소 가운데 '비전'은 국민의 마음을 사로잡기 위한 중요한 조건이다.

박성민 정치가는 국민에게 꿈을 주는 존재입니다. 케네디와 오바마의 공통점이 공화당으로부터 정권을 빼앗아 온 40대 대통령이라는 것과, 국민에게 '다른 미래'를 감동적으로 호소한 지도자라는 거예요. 그들의 연설은 언제나 꿈으로 가득합니다. 미국의 꿈,

서민의 꿈, 이민자의 꿈, 유색인종의 꿈. 그 근원에는 '아메리칸 드림'에 대한 한없는 믿음이 있고요.

19세기 미국의 정치학자 제임스 클라크가 이런 말을 한 적이 있습니다. "정략가는 다음 선거를 생각하고, 정치가는 다음 세대를 생각한다." 실제로 위대한 지도자의 연설에는 '우리 아이들에게는', '다음 세대에는', '오늘 태어난 아이들은', '먼 훗날 우리의 후손들'이라는 표현이 넘쳐납니다.

버락 오바마가 쓴 책이 『내 아버지로부터의 꿈』과 『담대한 희망』인 것은 그가 어떤 정치를 꿈꾸는지 잘 보여 줍니다. 그를 일거에 스타로 만든 2004년 민주당 전당대회에서의 연설 주제는 "미국은 하나"지만 그날도 그는 "내 할아버지의 아들을 위한 담대한 꿈"이라는 표현을 사용했어요.

원래 꿈은 비주류의 것입니다. 특권을 누리는 자들이 어찌 다음 세대에게 꿈을 주는 위대한 정치가가 될 수 있겠어요? 그런 점에서 꿈을 말하지 않는 정치가는 절대로 위대한 지도자가 될 수 없습니다. 지금 대통령이 되고자 하는 이들은 다음 세대를 위해 어떤 대한민국을 말하고 있나요? 아쉽게도 그런 비전은 보이지 않아요.

한국 정치의 가장 큰 절망은 정치인들이 국민들에게, 특히 아이들에게 꿈을 주지 못한다는 것이죠. 스티브 잡스의 애플이 세계적인 기업이 된 것도 바로 '꿈'을 팔았기 때문이에요. 정치인도 마찬가지입니다. 좋은 정책이나 이미지도 중요하지만 국민에게 '꿈'을 주는 정치인만이 지도자가 될 수 있습니다. 그런 정치인이 안 보이는 게 너무 아쉽습니다.

신념 윤리 vs. 책임 윤리

강양구 우리나라 정치인들은 자기들끼리 사담을 주고받으면서도 "정치인의 꿈이야 한 번 더 하는 거지."라고 말합니다. 꿈을 잃은 정치, 이것이 정치가 대중으로부터 외면받는 또 다른 이유입니다. 마틴 루터 킹 목사의 「나에게는 꿈이 있습니다」 같은 연설을 우리는 언제쯤 들을 수 있을까요?

그런데 킹 목사와 같은 종교인의 자기희생과 정치인의 자기희생은 그 내용이 달라야 합니다. 일찍이 독일의 사회학자 막스 베버는 『소명으로서의 정치』에서 '책임 윤리'와 '신념 윤리'를 구분했습니다. 그는 정치에서 책임 윤리의 부재를 일종의 죄악으로 봅니다.

박성민 내가 자주 인용하는 경제학자 밀턴 프리드먼의 말이 있어요. "선한 의도는 결코 선한 결과를 내지 못한다." 프리드먼이 정부가 주도하는 좌파의 분배 정책을 조롱하고자 썼던 말입니다. 그런데 이 말에는 결코 무시 못할 지혜가 들어 있어요. 베버가 책임 윤리와 신념 윤리를 구분할 때 의도한 것도 바로 이 지점이었을 거예요.

베버는 "자신의 영혼 또는 타인의 영혼을 구제하고자 하는

189

자는, 이를 정치라는 방법으로 달성하려고 해서는 안 된다."라
고 말합니다.

> '선한' 목적을 달성하고자 많은 경우 우리는 도덕적으로 의심스
> 럽거나 위험한 수단을 택하지 않을 수 없으며, 부작용이 수반될
> 가능성 또는 개연성을 감수할 수밖에 없다.
>
> — 막스 베버, 『소명으로서의 정치』
>
> (최장집 엮음, 박상훈 옮김, 후마니타스, 2011년), 212~213쪽

강양구 심지어 베버는 그런 '악마적 힘'과 관계 맺을 자신이 없는 사람
이라면 "차라리 소박하고 순수하게 사람들 사이의 형제애를 도
모하고 그저 자신의 일상에 충실한 게 좋을 것"이라고 강조해
요. 그러니까 종교인 혹은 운동가와 정치인의 차이를 정확하게
구분한 것입니다. 베버는 이렇게 말합니다.

> 사랑의 윤리는 "악에 대해 폭력으로 대항하지 마라."고 말하지
> 만 정치가는 반대로 "너는 악에 대해 폭력으로 저항해야 한다.
> 만약 그렇게 하지 않으면 악의 만연에 대한 책임은 너에게 있
> 다."라는 계율을 따라야 하기 때문이다.
>
> — 막스 베버, 『소명으로서의 정치』, 208쪽

순수한 신념에서 나오는 행위의 결과가 나쁘다 하더라도, 신념
윤리(선한 의도)를 강조하는 이들은 그 책임을 자신에게 돌리는 것

이 아니라 세상의 책임이며 타인들의 어리석음 또는 인간을 어리석도록 창조한 신의 뜻으로 그 책임을 돌린다. 그에 반해 책임 윤리를 따르는 사람은 인간의 바로 이런 평균적 결함을 강조한다. …… 그는 인간의 선의와 완전함을 전제할 어떤 권리도 갖고 있지 않기 때문이다.

— 막스 베버,
『소명으로서의 정치』, 211~212쪽

정치인은 좋은 사람이 아니라 강한 사람이어야 한다. 합리적인 사람보다는 합목적적인 사람이어야 한다. 선한 의도가 늘 선한 결과를 가져오는 것은 아니기 때문이다. 막스 베버는 '신념 윤리'와 '책임 윤리'를 구분하고 정치에서 책임 윤리의 중요성을 강조했다. 밀턴 프리드먼은 "입만 열면 개혁을 외치는 자들은 사적 이익을 챙기려는 자들이라고 보면 틀림없다."라고 말했다. 정치인은 선한 의도뿐만 아니라 선한 결과에 대한 책임을 끊임없이 인식해야 한다. 따라서 '진정성' 있는 정치가만이 지도자가 될 수 있다.

박성민 참으로 정확한 통찰이에요. 종교인은 선한 의도만으로도, 그러니까 열정만으로도 충분합니다. 하지만 정치인은 정반대입니다. 정치인은 항상 선한 의도뿐만 아니라 선한 결과에 대한 책임을 끊임없이 인식해야 합니다. 그리고 때로는 선한 결과를 위해서는 정말로 '악마적 힘'과 관계 맺을 자신도 있어야 해요.

그래서 정치인은 강한 사람이 해야 합니다. 좋은 사람 말고요. 합리적인 사람보다는 합목적적인 사람이 정치를 하는 게 좋지요. 칼 포퍼도 "추상적 선의 실현을 위해 애쓰기보다는 구체적인 악의 제거를 위해 애쓰라."라고 말했어요. 밀턴 프리드먼은 이런 이야기도 했어요. "입만 열면 개혁을 외치는 자들은 사적 이익을 챙기려는 자들이라고 보면 틀림없다.”

오늘날 한국의 정치인이라면 보수, 진보 할 것 없이 새겨들 어야 할 이야기입니다. 보수파는 걸핏하면 대한민국의 정체성, 애국심, 국익을 말하면서 실제로는 기업의 이익 혹은 사적 이익 을 챙기려는 것 아닌가요? 진보파 역시 서민, 개혁, 민주주의를 팔면서 사익을 챙기려는 것은 아닐까요?

그렇기 때문에 대중은 정치인의 ‘진정성’을 끊임없이 의심 하죠. 진정성 있는 정치인만이 지도자가 될 수 있습니다.

지도자의 자질 4가지

강양구 우리가 지도자에게 너무 많은 것을 요구하는 건 아닌가요? 하 지만 그렇게 ‘열정’과 ‘책임’의 딜레마를 의식하지 못하는 정치 인이 지도자가 되었을 때, 어떤 불행한 일이 발생하는지는 한국 의 정치사에서도 여러 차례 증명되었다고 봅니다. 그러니 일단 이렇게 집요하게 지도자란 누구인가를 물을 수밖에요.

박성민 대통령과 같은 지도자가 가져야 할 자질은 크게 네 가지가 있습 니다. 정치가, 사상가, 경영가, 운동가가 그것입니다. 이 네 가지 를 고루 갖추면 더할 나위가 없겠지만 적어도 하나는 확실히 있 어야 대통령이 될 수 있어요. 역대 한국의 대통령을 봐도 이 네 가지 자질 중 한 가지씩은 두드러집니다.

정치가는 '결단력'이 강력한 무기입니다. 역대 한국의 대통령 중에서 이런 자질이 가장 두드러진 이는 김영삼 전 대통령일 거예요. 1983년 5월, 민주화를 요구하면서 23일간 강행한 단식은 그를 김대중 전 대통령과 함께 '민주화의 상징'으로 만들었습니다. 1990년의 3당 합당은 여전히 한국 정치의 발전을 가로막는 장애물이지만, 김영삼 씨는 그 결단으로 대통령이 될 수 있었고요.

사상가는 '통찰력'이 뛰어납니다. 김대중 전 대통령의 힘은 여기에서 나왔어요. 김 전 대통령은 항상 대중의 기대를 뛰어넘는 비전을 제시해 왔어요. 독재에 맞서 '민주'를, 그리고 냉전에 맞서 '평화'를 내세웠습니다. 세계 석학들과 논쟁도 할 정도로 해박했죠. 책도 많이 읽었고, 또 많이 썼지요.

경영가는 '추진력'이 힘입니다. 박정희 전 대통령이야말로 이런 추진력을 가진 지도자였어요. 마치 군대의 장군이나 기업의 CEO가 조직을 일사불란하게 움직이는 것처럼, 그는 18년 동안 대한민국을 '싸우면서 일하고, 일하면서 싸우는' 병영 기업처럼 이끌었습니다. 그리고 그 공과가 빚은 나라가 바로 오늘날의 대한민국입니다.

운동가에게는 '설득력'이 필요합니다. '선동'이 아니라 '설득'이 중요합니다. 단순히 '선동'만으로는 지지자의 마음을 사로잡을 수는 있겠지만, 반대자의 공감까지 얻는 데는 역부족이거든요. 운동가적 자질을 갖춘 노무현 전 대통령이 지지자를 '선동'하는 데는 탁월했지만 반대자를 '설득'하는 데는 미숙했다는 점이 아쉽습니다.

그렇다면, 운동가의 자질이 뛰어난 지도자는 누굴까요? 미국 대통령 버락 오바마가 운동가의 자질이 뛰어난 지도자라고 생각합니다. 아직 성패를 말하기는 성급합니다만, 최초의 흑인 대통령이 된 것도, 또 미국 역사상 처음으로 전 국민의 건강보험 제도를 마련하는 데 성공한 것도 설득력 없이는 불가능했을 거예요.

강양구 한국의 대통령 중에서 이런 네 가지 자질을 두루 갖춘 지도자가 있었나요?

박성민 네 가지 자질을 두루 갖춘 지도자는 김대중 전 대통령입니다. 김대중 전 대통령은 멀티 플레이어였어요. 예를 들자면, 정치에 있어서는 냉혹한 승부사였어요. 또 세계 석학을 만나서는 인류의 미래를 놓고 대화를 나눌 수 있는 사상가였지요. 인권 운동가, 노동 운동가를 만나서는 운동가로서의 면모를 보여 줬고요.

반면에 말 그대로 '정치 9단'이었던 김영삼 전 대통령은 누구를 만나든 정치 이야기만 했다고 합니다. 정치인이나 기업인, 심지어는 석학, 시민운동가와의 만남에서도 정치 얘기만 즐겨 했다고 합니다. 정말로 '뼛속'까지 정치인이었어요. 심지어 김영삼 전 대통령은 김대중 전 대통령을 만나서도 정치 얘기만 했다지요. 김대중 전 대통령은 받아 적었다고……

강양구 이명박 대통령은 어떻습니까?

박성민 이명박 대통령은 아무래도 박정희 전 대통령처럼 기업가로서의 면모가 두드러지는 인물입니다. 이 대통령도 추진력만큼은 뒤지지 않아요. 하지만 바로 거기서 문제가 나옵니다. 지금은 박정희 전 대통령이 호령하던 1960~1970년대가 아닙니다. 대한민국은 더 이상 한 사람의 말에 일사불란하게 움직였던 '군대'나 '기업'이 아닙니다.

강양구 그런데 이명박 대통령은 여전히 대한민국을 기업처럼 여기는 것 같아요. 마치 자신의 한마디에 전 직원이 일사불란하게 움직였던 현대건설처럼. 대한민국 대통령과 현대건설 CEO는 분명 다른 자리인데, 이 대통령은 그 차이를 모르는 것 같아요. 툭하면 "내가 해봐서 아는데……"라는 말만 되뇌는 걸 보니.

지도자가 갖추어야 할 자질에는 크게 네 가지, 즉 정치가, 사상가, 경영가, 운동가로서의 자질이 있는데, 대통령은 적어도 이중 한 가지는 확실히 가져야 한다.

① 정치가는 '결단력'이 강력한 무기다. 김영삼 대통령은 1983년 민주화를 요구하는 23일간의 단식 투쟁을 통해 '민주화의 상징'이 되었다.

② 사상가는 '통찰력'이 뛰어나다. 김대중 대통령은 항상 대중의 기대를 뛰어넘는 비전을 제시했다. 독재에 맞서 '민주'를, 그리고 냉전에 맞서 '평화'를 내세운 것이다.

③ 경영가는 '추진력'이 힘이다. 박정희 대통령은 마치 군대의 장군이나 기업의 CEO처럼 대한민국을 일사불란하게 이끌었다.

④ 운동가에게는 '설득력'이 필요하다. 운동가의 자질을 갖춘 노무현 대통령이 '선동'하는 데는 뛰어났지만 '설득'하는 데는 미숙했다는 점이 아쉽다.

박성민 대통령과 같은 지도자의 가장 중요한 역할은 '정치'입니다. 지 지자를 규합하고 반대자를 설득하는 지난한 작업이지요. 그런 데 이명박 대통령은 대통령의 역할이 정치가 아닌 '경영' 혹은 '행정'이라고 생각하는 듯해요. 이 대통령이 노골적으로 헌법이 규정한 국가 권력의 한 축인 국회를 비롯한 이른바 '여의도 정 치'에 혐오감을 드러내는 것도 이 때문이고요.

강양구 그런 이명박 대통령의 자세를 놓고 윤여준 전 환경부 장관이 《중앙SUNDAY》(2011. 12. 11.)와의 인터뷰에서 이런 말을 한 적 이 있어요. 안철수 교수를 평하면서요.

안철수 교수에겐 CEO의 면모가 있다. 생산성과 효율성을 상당 히 따지는데 나는 이게 이명박 대통령과 비슷해 위험한 면이 있 다고 생각했다. CEO 마인드로는 정치 과정이란 게 시간과 정력 의 낭비로 보인다. 생략하고 싶어 한다. …… 한국 정치란 게 수 학적으로 뜯어볼 수 있는 구조가 아니다. 언제나 오리무중이고 안개 정국 아닌가?

김종인 전 보건사회부 장관도 비슷한 견해를 표시합니다.

나는 CEO 하던 사람이 나라의 지도자가 되는 것에 반대한다. 컨센서스를 이루는 과정이 CEO와 정치 지도자는 다르다. 커뮤 니케이션 방법 및 뒤이은 컨트롤 방법도 다르다. CEO는 자기 마음에 맞지 않으면 잘라 버리면 그만이다. 마음대로 운영할 수 있다. CEO가 정치에 성공하지 못하는 이유다.

……

CEO 성격을 가진 사람에게 국회는 낭비고, 국회의원은 아무것도 하는 게 없다고 한다. 그래서 CEO 대통령은 절대로 성공하기 어렵다. …… 정치를 하려면 기본적으로 열정과 책임감이 있어야 한다. 가만히 숨기고 있다가 갑자기 나와서 뭘 할 수 있다고 한다면 그건 착각이고 국민에 대한 예의도 아니다.

……

그런 식의 지도자가 나오면 꼭 권위주의적인 통치로 갈 수밖에 없다. 의회에 대한 상식이 없으니 자기 뜻대로 안 되면 권위만 부릴 수 있다.

박성민 한때 안철수 교수의 멘토라고 알려졌었는데 작정을 하고 쓴소리를 했네요. 윤여준, 김종인 전 장관이 지적한 것처럼 안철수 교수가 '정치'는 비효율적인 것이고 '행정'은 해볼 만한 가치가 있는 것으로 여기는 한 이명박 대통령의 전철을 밟을 가능성이 큽니다. 아니나 다를까, 벌써부터 안 교수를 '착한 이명박'이 되지는 않을지 걱정하는 목소리가 나오잖아요.

안철수 교수의 서울시장 출마 가능성 이야기가 나왔을 때, 안 교수가 "서울시장 자리는 정치하는 자리가 아니고 행정 하는 자리여서 해볼 만하다."라고 말했다는 보도가 있더군요. 그런 인식으로는 지도자로서 성공할 수 없어요. 안 교수가 지도자

로서 자리매김을 하려면 전임 대통령의 뛰어난 자질들을 배워
야 해요.

우선 통찰력(사상가)이 있어야 대한민국이 어디에 서 있는지,
미래가 어떻게 오고 있는지, 우리는 무엇을 준비해야 하는지를
알 수 있습니다. 결단력(정치가)이 있어야 국가의 전략 목표와 추
진 과제를 놓치지 않고 결정할 수 있고요. 또 설득력(운동가)이
있어야 왜 우리가 그렇게 해야 하는지를 설명할 수 있고 국민을
하나의 힘으로 묶을 수 있습니다. 물론 추진력(기업가)은 5년의
짧은 임기 안에 성과를 낼 수 있는 중요한 동력이고요.

선대 정치인의 공과(功過)

강양구 방금 지도자의 네 가지 자질을 짚었습니다. 그런데 한 정치인
이 이런 자질을 갖췄다고 곧바로 그것이 성공으로 이어지진 않
아요.

박성민 네 가지 자질은 필요 조건일 뿐이죠. 그런 자질을 토대로 어떤
실천을 하는지가 성공하는 지도자와 실패하는 지도자를 가릅
니다. 정치인이 성공하는 지도자로 거듭나려면 꼭 기억해야 할
게 있어요. 정치인은 선대 정치인의 공(功)보다는 과(過)를 봐야
합니다. 혹시 중국의 덩샤오핑이 마오쩌둥을 어떻게 평가했는
지 아세요?

강양구 덩샤오핑은 마오쩌둥의 노선에 비판적이었습니다만, 그의 공을 낮추거나 폄훼하는 일은 없었던 걸로 알고 있습니다만.

박성민 덩샤오핑은 문화혁명을 비판했다가 '하방' 당하지 않았습니까? 마오쩌둥의 노선에 굉장히 비판적이었어요. 1970년대 초에 두 사람이 만났을 때 마오쩌둥이 이렇게 물었어요. "나에 대해 역사가 어떻게 평가할 것 같소?" 덩샤오핑이 대답합니다. "공이 7이고 과가 3입니다." 그러자 마오쩌둥이 웃으면서 "그래? 그 정도면 괜찮군. 우리 두 사람이 전에 스탈린을 평할 때도 그렇게 평가하지 않았나?"

정치인은 선대 정치인의 공(功)보다는 과(過)를 봐야 한다. 고 김근태 의원은 김대중, 김영삼 전 대통령으로부터 많은 상처를 받았겠지만 늘 두 사람의 민주화 운동을 높이 평가했고, 그 공은 어떤 과로도 덮어지지 않는다고 평했다. 반면 고 노무현 대통령은 김대중, 김영삼 전 대통령으로부터 가장 많은 도움을 받은 정치인이지만, 그들의 공을 칭찬하기보다는 과를 더 많이 비판하면서 '양김'과 선을 그었다. 그가 대중에게 자신만의 색깔로 새로운 지도자로서 자리매김할 수 있었던 이유다.

덩샤오핑은 마오쩌둥의 공과를 놓고 항상 이렇게 얘기하곤 했어요. "마오쩌둥은 잘한 것이 7이요 못한 것이 3이다." 이 말은 과가 꽤 많다는 뜻으로 한 것입니다! 사실 덩샤오핑은 마오쩌둥의 공보다는 과를 더 많이 봤기 때문에 그를 넘어설 수 있었던 거지요.

강양구 한국의 정치인은 어떤가요? 한국의 정치인은 일단 김대중, 김영삼 전 대통령을 넘어서는 게 큰일이었잖아요.

박성민 노무현 전 대통령과 김근태 의원을 한 번 비교해 볼게요. 얼마 전에 타계한 김근태 씨는 김대중, 김영삼 전 대통령으로부터 상처를 받은 게 한두 번이 아닐 거예요. 하지만 김근태 의원은 항상 두 사람이 민주화 운동에 큰 역할을 했다는 것을 높이 평가했습니다. 그 공은 어떤 과로도 덮어지지 않는다는 거지요.

반면에 노무현 전 대통령은 어떻습니까? 사실 노 전 대통령은 김대중, 김영삼 전 대통령으로부터 가장 도움을 많이 받은 정치인이잖아요. 변방의 보잘것없는 변호사에게 공천을 줘서 국회의원으로 만들어 준 게 김영삼 전 대통령입니다. 그리고 해양수산부 장관 등으로 중앙 정치인으로서 이른바 '경력 관리'를 해 준 건 김대중 전 대통령이고요.

하지만 노무현 전 대통령은 항상 '양 김'의 공보다는 과를 더 많이 봤어요. 1987년의 분열과 1990년의 3당 합당에 아주 비판적이었습니다. 또 3김 시대를 끝내려고 얼마나 몸부림 쳤습니까? '지역주의 타파'가 정치하는 목표였잖아요. '양 김'은 지역주의의 가장 큰 수혜자였고요. 대립할 수밖에 없었습니다.

노무현 대통령은 취임하자마자 대북 송금을 조사할 특별 검사를 임명해서 김대중 전 대통령의 가장 큰 업적 중 하나인 남북 정상회담에 결과적으로 흠집을 내기도 했고요.

하지만 그가 이렇게 '양 김'과 선을 긋고 자신만의 색깔을 내세운 것이야말로 그가 새로운 지도자로 대중에게 자리매김하고, 더 나아가 2002년 모두의 예상을 깨고 대통령이 될 수 있었던 조건이었습니다. 반면에 김근태 의원은 '양 김'의 그늘을 벗어날 수 없었고요. 역시 노무현은 강한 사람이고, 김근태는 좋은 사람일까요?

강양구 정치인은 선대 정치인의 공보다 과를 봐야 한다! 얘기를 듣고 보니, 박근혜 의원이 박정희 전 대통령을 어떻게 생각할지 궁금합니다.

박성민 대한민국이 경제 강국이 되기까지 공이 큰 인물을 조사하면 삼성그룹의 이건희 회장이 아버지 이병철 초대 회장보다 더 높게 나옵니다. 아마도 그 이유는 아들인 이건희 회장이 1993년에 "마누라와 자식 빼고는 전부 바꿔라."고 선언하면서 아버지 이병철 초대 회장의 '양 중심의 경영'을 '질 중심의 경영'으로 바꾸는 데 성공했기 때문일 겁니다.

　　이건희 회장은 아버지를 비판한 것이 아닙니다. 아버지를 넘어선 거죠. 박근혜 의원도 마찬가지입니다. 박 의원이 아버지를 넘어선 뭔가를 보여 줄 수 있을 때 비로소 '박근혜 시대'를 열수 있어요. 아버지의 공보다는 과를 더 많이 봐야 그게 가능하겠지요.

　　사실 박근혜 의원만이 아닙니다. 대한민국의 보수는 '안보'와 '성장'을 양 축으로 하는 박정희 패러다임을 넘어서야 합니다. 진보는 박정희 패러다임의 거울로만 존재하는 김대중 패러다임을 넘어서야 합니다. 국가주의, 민족주의를 넘어서는 새로운 패러다임을 만드는 것이 이 시대의 지도자에게 주어진 과제입니다.

지도자 크기가 나라 크기다

강양구 이 책 전체를 통해서 '공화의 시대'에 걸맞는 새로운 주체, 새로운 정치가 필요하다고 강조했습니다. 그런 새로운 시대, 새로운 주체, 새로운 정치가 등장할 수 있는 촉매 역할을 하는 사람이 바로 지도자입니다. 한국 사회에서 보수든 진보든 모두가 놓치고 있는 부분이 이것이 아닌가 싶어요. 결국은 모든 게 사람이 하는 일인데 지도자, 즉 리더를 키우는 일에 소홀합니다.

박성민 한 나라의 이미지는 여러 가지 요소에 의해 결정됩니다. 역사, 문화, 경제, 영토, 기업, 종교, 언론 등이 다 중요한 영향을 미쳐요. 그러나 가장 중요한 요소는 뭐니 뭐니 해도 역시 '사람'입니다. 사람들은 한 나라를 사람으로 기억해요.

요즘 경제 위기로 연일 세계 언론에 오르내리는 그리스 하면 누가 떠오릅니까? 그리스는 『그리스인 조르바』를 쓴 니코스 카잔차키스와 겹칩니다. 인도는 또 어떻습니까? 마하트마 간디와 그의 '아힘사(비폭력)' 원칙에 입각한 '사티아그라하'('진리 추구'라는 뜻으로 비폭력에 입각한 반식민주의 운동)를 언급하지 않고서는 오늘

202

의 인도를 설명하기 어렵습니다.

우리 세대에 미국은 케네디 대통령과 겹쳤어요. 아마도 앞으로 오랫동안 전 세계 젊은이들에게 미국은 애플의 스티브 잡스와 겹칠 거예요. 지금 '세계의 공장'이라고 불리는 중국을 만든 것은 누구입니까? 덩샤오핑의 '흑묘백묘(黑猫白猫)'(검은 고양이든 흰 고양이든 쥐만 잘 잡으면 된다.)가 없었다면 지금의 중국은 없어요.

대한민국 역시 마찬가지입니다. 대한민국의 정치인, 기업인, 종교인, 언론인, 예술인, 지식인들이 어떤 수준의 말을 하고 글을 쓰고 행동을 하는가에 따라 대한민국의 수준이 결정됩니다. 그중에서도 가장 중요한 것은 여전히 지도자의 수준이에요. 생각해 보세요. 위대한 지도자 없이 위대한 나라가 된 사례가 있습니까?

지도자의 크기가 나라 크기입니다. 처칠의 크기가 영국의 크기입니다. 덩샤오핑의 크기가 중국의 크기입니다. 드골의 크기가 프랑스의 크기입니다. 대한민국의 크기는 대한민국 정치 지도자의 크기에 따라 결정됩니다. 큰 지도자가 나오지 않고서는

앞으로 오랫동안 전 세계 젊은 세대에게 미국은 애플의 스티브 잡스와 겹칠 것이다. 지금 '세계의 공장'이라고 불리는 중국은 덩샤오핑의 '흑묘백묘(黑猫白猫)'가 만들었다. 정치인, 기업인, 종교인, 언론인, 예술인, 지식인들이 어떤 수준의 말을 하고 글을 쓰고 행동을 하는가에 따라 그 나라의 수준이 결정된다. 그중에서도 가장 중요한 것은 여전히 지도자의 수준이다. "지도자 크기가 나라 크기다." 처칠의 크기가 영국의 크기이며, 드골의 크기가 프랑스의 크기이다. 대한민국의 크기는 대한민국 정치 지도자의 크기에 따라 결정될 것이다. 따라서 우리는 위대한 지도자의 등장을 기다리는 것이다.

결코 그 나라가 클 수 없어요.

강양구 지도자를 놓고 얘기를 하자면 답답하고 슬픕니다. 지금 정치인을 자처하는 이들 중에 과연 나라의 수준을 염두에 두고 행동하는 사람이 있을까요? 사실상 '정치 신인'이라고 할 수 있는 문재인 씨나 '정치 문외한'인 안철수 교수와 같은 장외 인사가 주목을 받는 데는 이런 사정도 한몫했어요.

박성민 그래도 희망은 있습니다. 지난 백년간 한반도의 역사를 돌이켜보면 한 시대를 이끈 지도자의 퇴장은 곧 새로운 시대를 예고하곤 했어요. 한 번 되돌아봅시다. 1919년 1월 21일 고종이 죽었을 때 대중은 비로소 조선 왕조가 끝났음을 실감했어요. 나라는 오래전에 망했고, 그는 더 이상 왕이 아니었으나 그가 죽고서야 마음속 '조선'은 사라졌습니다.

그리고 같은 해 2월 8일 일본 유학생의 독립선언이 있었고, 이어서 3월 1일에는 전국에서 독립운동이 일어났습니다. 그 이후로 왕정복고를 말하는 이들은 극소수가 되었어요. 그 대신에 국내외에서 민족주의, 사회주의 등의 세례를 입은 여러 사람이 나라의 독립을 위해 나서게 되었어요.

그로부터 30년 후인 1949년 6월 26일 백범 김구가 죽었을 때, 대중은 비로소 '독립운동'이 끝났음을 실감했습니다. 일제로부터 해방된 지 수년이 흘렀고, 이미 한반도 남북에 각각의 정부가 수립되었지만 그가 죽고서야 마음속 '통일 조국'이 미련이었음을 알게 되었습니다. 아니나 다를까, 이듬해 한반도는 한 민족이 총부리를 겨누는 전쟁의 포화 속으로 들어갑니다.

또 30년 후인 1979년 10월 26일 박정희 대통령이 죽었을 때, 대중은 비로소 '독재 시대'가 끝났음을 실감했어요. 이미 그해 8월 9일부터 11일까지 YH무역에서 해고당한 여성 노동자들이 이에 항의해 제1야당이던 신민당 당사에서 농성을 벌였고, 또 10월에는 부산/마산 지역을 중심으로 독재에 반대하는 시위가 있었습니다.

한 시대를 이끈 지도자의 퇴장은 곧 새로운 시대의 예고이기도 하다. 1919년 고종의 죽음으로 대중은 비로소 조선 왕조가 끝났음을 실감했다. 30년 후인 1949년 백범 김구가 타계했을 때 대중은 비로소 독립운동이 끝났음을 실감했다. 30년 후인 1979년 박정희 대통령이 죽었을 때 대중은 비로소 독재가 끝났음을 실감했다. 또 30년 후인 2009년 김대중 대통령이 죽었을 때 비로소 대중은 '민주화'가 끝났음을 실감했다. 지금으로부터 30년 후인 2039년에 또 한 명의 지도자를 눈물로 보내려면, 지금 공화의 시대에 걸맞는 새로운 지도자가 나타나야 한다.

이처럼 독재자의 철권 통치에 금이 가고 있었으나 박정희 대통령이 죽고서야 마음속 '두려움'이 사라졌습니다. 그해 12월 12일 '신군부'로 불린 일군의 군인들이 쿠데타를 일으키고 이듬해 5월에 비상계엄을 전국으로 확대하면서 권력을 장악하자, 박정희 정권에 맞서 싸우며 성장한 민주화 세력은 망설임 없이 투쟁에 나섰습니다.

30년 후인 2009년 김대중 대통령이 죽었을 때, 대중은 비로소 '민주화'가 끝났음을 실감했어요. 민주화 운동의 상징이었던 김영삼, 김대중, 노무현이 연속으로 대통령이 되고, 선거를 통한 평화적 정권 교체가 당연한 듯 자리를 잡았지만, 그가 죽고서야 마음속 '민주화'는 막을 내렸습니다.

이제 또 30년 후인 2039년에 우리는 또 한 명의 위대한 지도자를 잃겠지요. 지금 여전히 민주주의의 후퇴를 염려하지만, 우리는 이미 알고 있어요. 지금 우리가 추구해야 할 민주주의는 김영삼, 김대중, 노무현 대통령이 추구했던 것과는 달라야 한다는 것을. 그리고 지금 우리는 바로 그 다음 세대의 위대한 지도자를 기다리고 있는 중입니다.

2039년에 대한민국이 눈물로 보낼 지도자는 누구일까요? 그런 지도자를 위해 우리는 어떤 준비를 해야 할까요? 이제 그 얘기로 넘어갑시다.

6

인턴들이
지배하는 나라

한국은 정치인을 훈련하는 충원 시스템이 부재하다. 이것은 정치의 위기뿐 아니라 국가 전체의 위기다. 위대한 지도자가 등장하려면 어떤 장치가 마련되어야 할까?

첫째, 공천 방식의 제도화를 통해 자의적인 판단이 아니라 안정적인 시스템에 의해 후보를 뽑는 선진적인 충원 방식을 마련해야 한다. 둘째, SNS 등을 포함해서 정치적 표현의 자유와 선거 운동을 전면 허용해야 한다. 셋째, 비현실적인 정치자금을 개혁해서 비선출 권력이 선출 권력을 사법 처리하게 되는 악순환의 고리를 끊어야 한다.

새로운 권력 구성, 어떻게 해야 위대한 지도자가 배출될 수 있을까?

인턴 헌법 기관

강양구 앞에서 지도자의 조건을 살펴봤는데요, 여기서 한 가지 짚고 넘어갈 게 있습니다. 그런 지도자는 이육사의 시 「광야」에 나오는 "백마 타고 오는 초인"처럼 등장하지 않습니다. 그런데 많은 이들은 마치 '메시아'를 기다리듯 그런 지도자가 등장하기를 갈망하는 것 같아요. 문재인, 안철수 등으로 이어진 '쏠림' 현상도 그것과 무관하지 않습니다.

박성민 또 일부 지식인들이 자기가 권력을 잡기를 원하는 이들을 메시아처럼 포장해서 대중 앞에 내놓습니다. 그렇게 만들어진 메시아를 대중은 또 '소비'하고요. 한 가지 명심해야 할 게 있어요. 새로운 시대가 준비된 지도자를 낳습니다. 그리고 그 지도자는 시대정신을 구현하는 역할을 맡고요.

그러니까, 대중이 새로운 시대를 갈망하고 준비해야 비로소 그에 부합하는 지도자가 나올 수 있어요. 앞에서 '75퍼센트 민주주의'가 가능한 시스템을 시급히 만드는 것이 필요하다고 수차례 강조한 것도 바로 이 때문입니다. 이런 시스템이 마련되지 않고서는 어떤 지도자가 등장하더라도 실패할 가능성이 크니까요.

강양구 이제 앞에서 살펴본 조건을 갖춘 지도자가 등장하려면 어떤 장치가 마련되어야 하는지를 따져 보면 좋겠습니다. 평소 국회를

'인턴 헌법 기관'이라고 불렀어요.

박성민 인턴 헌법 기관! 답답한 심정에서 제가 그렇게 이름을 붙였어요. 세계 지도를 펴 놓고 한반도를 들여다보세요. 세계 1, 2, 3위의 군사 강국(미국, 중국, 러시아)과 세계 1, 2, 3위의 경제 강국(미국, 중국, 일본)에 둘러싸인 섬나라(?) 대한민국이 거기 있습니다. 게다가 그 한반도는 둘로 쪼개져 있고요.

　이웃이 무섭고 싫으면 이사를 가면 됩니다. 하지만 나라는 이사를 갈 수가 없잖아요. 여기서 버티고 살아남아야 합니다. 아마도 세계에서 가장 뛰어난 정치가, 외교관, 군인이 가장 많이 필요한 나라가 바로 대한민국일 거예요. 그런데 정작 이 나라가 지도자를 충원하는 시스템을 보노라면 도무지 불안감을 떨쳐낼 수가 없습니다.

　북한의 김정일 국방위원장이 2011년 12월 17일 사망하고 나서 '김정은 체제'가 과연 유지될 수 있을지를 놓고 설왕설래가 많았어요. 20대 후반의 지도자가 북한을 제대로 통치할 수 있겠는가? 저는 한국이 과연 그렇게 북한 걱정을 할 처지인가 하는 생각이 들었습니다. 김정은은 어렸을 때부터 체계적으로 지도자 훈련을 받아 왔습니다.

강양구 앞으로 더 두고 봐야겠지만, 원로들이 나이 어린 통치자를 보좌하는 시스템도 비교적 안정적으로 굴러가는 것 같고요. 브루스 커밍스 시카고 대학 석좌교수도 "원로들이 '김정일 체제'가 '김정은 체제'로 전환되는 과정을 이끌 것"이라고 전망했습니다. 그 원로들 역시 산전수전 다 겪은 전략가들이고요.

박성민   중국은 어떨까요? 중국도 10대 때부터 국가가 정치 지도자를 키워요. 2012년에 중국의 최고 지도자가 될 게 확실한 시진핑을 보세요. 혁명 원로인 아버지 시중쉰의 후광에도 불구하고 무려 25년간 지방 일선에서 행정 경험을 쌓았습니다. 중국의 농촌과 도시를 두루 살피면서 지도자로서 훈련을 받은 거예요.

그런데 우리는 어떤가요? 군인은 20세쯤에 뽑아서 사관학교에서 교육을 시킵니다. 그나마 지도자로서 교육을 시키는 체계적인 훈련 과정이 있는 셈이에요. 그런데 다른 영역으로 눈을 돌려 보면 한숨이 저절로 나옵니다. 외교관은 시험을 통해 뽑아요. 이 방식이 공정하기는 하지만 문제는 공정하기만 하다는 것입니다.

정부가 '외교 아카데미'(국립외교원)를 고민하는 것도 바로 그런 문제의식에서 출발했을 거예요. '뽑는 외교관'이 아니라 '길러지는 외교관'을 만들겠다는 발상이요. 그러나 통상 외교, 자원 외교 등 외교관이 해야 할 일이 산더미 같은 현실을 염두에 두면, 외교관의 수와 예산은 여전히 쩨쩨한 수준입니다.

세계 지도를 다시 한 번 머릿속에 그려 보세요. 나라의 크기나 지정학적인 위치로나 대한민국은 '외교 공화국'이 되지 않으면 통일은커녕 생존도 위태로울 수 있는 나라입니다. 모든 외교관이 전략가가 되지 않으면 안 되는 나라입니다. 저는 아직도 대한민국의 외교를 책임지는 부서의 이름이 왜 '외교통상부'인지 도무지 이해를 못하겠습니다.

아무리 대한민국이 무역 대국이고 통상이 외교의 중요 업무라고 해도 저는 대한민국은 '외무부'를 두고 외교에만 전념해야한다고 봅니다. 미국, 중국, 러시아, 일본, 북한 다 그렇게 하지않습니까? 우리가 저들보다 그렇게 한가한 나라입니까? 전쟁도막아야 하고 통일도 해야 하는 나라가 대한민국인데 말이죠.

할 수만 있다면 어린 학생들을 국가가 뽑아서 4대 강국에 유학을 보내야 하는 것 아닌가요? 가서 그 나라의 지도자가 될 학생들과 어릴 때부터 친분을 쌓도록 '10만 양병'을 키워야 하는것 아닌가요? 한반도의 운명을 언제까지 미국, 중국, 러시아, 일본에만 맡겨 놓을 건가요? 대한민국은 '통상'이 아니라 '외교'가 더 필요한 나라입니다.

제2, 제3의 반기문이 많이 나와야 합니다. 기업인 출신의 대통령보다는 외교관 출신의 대통령이 훨씬 더 절실한 나라가 대한민국입니다.

전략을 아는 군인, 외교관이 정말 많이 나왔으면 좋겠습니다. 똑똑한 아이들이 군인과 외교관을 꿈꿨으면 좋겠어요. 나라가 그런 분위기를 만들어 줘야 합니다. 군인과 외교관을 영웅으로 대접해 줄 필요가 있습니다. 그런데 죄다 "뭐니 뭐니 해도 머니가 최고"라고 가르치고 있으니. 그런 천박한 사고방식에서 벗어나지 못하면 대한민국은 영원히 '변방'에 머물 것입니다.

그래도 군인이나 외교관은 부족한 대로 젊을 때부터 키우고는 있어요. 문제는 정치입니다. 가장 중요한 정치가의 충원 시스템은 고장 난 것이 아니라 아예 없습니다. 군인, 경찰, 의사, 연예인을 키우는 학교나 기관은 있어도 정치가를 키우는 곳은 없습니다. 국가, 정당, 대학, 연구소 어느 곳에서도 정치 지도자는 프로로서 '길러지지' 않아요.

정치인을 정당에서조차 기르지 않으니 말해 뭐하겠습니까? 김문수 경기도지사가 미국 공화당의 교육 기관인 '리더십 인스티튜트'를 방문하고 강한 인상을 받았던 모양이에요. 그곳을 다녀오고 나서 그는 "한나라당에는 바이블도 없고, 신학교도 없고, 목사도 없고, 설교도 없고, 전도도 없다."고 한탄했습니다.

정치인이 되기 전에는 정치를 배울 기회가 없는 셈입니다. 그 옛날 아무것도 모르는 채 첫날밤을 맞이한 새색시처럼 정치인은 국회의원에 당선되고 나서야 비로소 정치를 배우기 시작합니다. 바로 '인턴 헌법 기관'은 그렇게 탄생합니다. 나이나 적으면 모르겠는데 나이도 많은 인턴 말입니다.

강양구 3선쯤 돼서 이제 뭘 좀 알 때쯤 되면 60세가 넘습니다. 그러면 원로 취급을 받으면서 은퇴 압력을 받잖아요?

박성민 맞아요. 사실 1990년대까지만 하더라도 정치가의 충원 시스템이 이 정도로 심하게 망가지진 않았어요. 그때까지만 하더라도 비교적 양질의 정치가를 충원하는 메커니즘이 있었어요. 1970~1980년대에는 육군사관학교가 정치가를 충원하는 역할을 했어요. 당시 육군사관학교 출신들은 체계적으로 리더십 교육을 받은 당대 최고의 엘리트들이었습니다.

1990년대에는 이른바 학생 운동을 했던 이들이 있었습니다. 비교적 일찌감치 정치에 눈을 떴던 이들은 육군사관학교 출신과는 또 다른 방식으로 훈련된 엘리트들이었습니다. 그런데 2000년대가 되면서 이렇게 엘리트를 충원하는 메커니즘이 망가진 거예요. 지금은 20대에 정치 훈련을 받을 시대 상황도 아니고 그럴 기관도 없어요.

그러다 보니 교수, 변호사, 의사와 같은 돈 있는, 이른바 전문직들이 주로 정치권으로 들어옵니다. 이건 정치의 위기를 넘어 국가의 위기예요.

정치는 누구나 할 수 있습니다. 하지만 아무나 해서는 안 됩니다. 고도로 전문적인 훈련을 받은 사람들이 해야 합니다. 그래야 국가 리더십이 위기를 맞지 않아요. 이제라도 국회나 정당 혹은 대학에 정치 지도자를 양성하는 교육 기관이 만들어져야 합니다. 정치 지도자를 키우는 준비에 실패하는 것은 나라의 실패를 준비하는 것이에요.

강양구 선거 때만 되면 우리는 여야는 물론이고 시민단체도 나서서 '물갈이'를 합니다. 그런데 그런 모습을 볼 때마다 항상 궁금했어요. '물갈이'는 물을 가는 것인데 우리는 아예 '물고기(?)'를 모조리 버리고 있어요. 그리고 젊은 피 '수혈' 같은 표현은 또 얼마나 모멸적이고 천박합니까?

박성민 미국의 경우 국회의원이 자주 바뀐다는 건 상상할 수 없는 일이에요. 다선 의원이 부지기수입니다. 이들은 20~30년 동안 특정 분야에 대한 노하우를 갖고 있어요. 그것이 다 좋은 것은 아닙니다만 국민의 대표인 의회가 행정부를 견제할 수 있는 힘이 이런 노하우에서 나오는 것도 사실입니다.

한국은 정반대죠. 우리는 3선만 되면 '퇴출' 대상이잖아요. 외국에서는 3선, 4선은 다선도 아닌데 말이죠. '권위와 경륜'의 상징인 원로들을 65세 넘었다고 모두 쫓아내잖아요. 그래 놓고 국회의장, 부의장 시킬 사람이 없으니까 공천 탈락시킨 사람을 다시 보궐선거에 내보내서 겨우겨우 당선시켜 '국회의장'을 시키니 무슨 권위가 있겠습니까?

코미디도 이런 코미디가 없습니다. 경험 있는 정치인은 다 자르고 정치 안 하겠다는 사람을 '벼락 전업'시켜 억지로 시키잖아요. 그렇게 얼떨결에 들어온 명망가는 지도자로 성장할 가능성이 거의 없어요. 훈련 받지도 않았고 의지도 없기 때문입니다. 그러니 20~30년 동안 자기 분야에 전문성이 있는 관료에게

위대한 지도자가 등장하려면 정치인을 전문적으로 훈련하는 제도적 장치가 마련되어야 한다. 그런데 한국에는 2000년대 이후 가장 중요한 정치인 충원 시스템이 사라졌다. 그러다 보니 교수, 변호사, 의사와 같은 돈 있는 전문직 출신의 신인들이 대거 정치권으로 들어오는데, 이것은 정치의 위기를 넘어 국가의 위기다. 정치는 누구나 할 수 있지만 아무나 해서는 안 된다. 정치인은 고도로 전문적인 훈련을 받은 사람이어야 한다. 그래야 국가의 리더십이 위기를 맞지 않는다. 이제라도 국회나 정당 혹은 대학에 정치 지도자를 양성하는 교육 기관이 만들어져야 한다.

의존할 수밖에 없습니다. 한마디로 관료들 손에 농락당하는 거지요.

그렇게 인턴 국회의원을 하다 보면 4년이 훌쩍 갑니다. 그러면 또 물갈이 대상이 되어서 공천에 탈락하거나, 선거에서 패배하면 또 다른 인턴 국회의원한테 바통이 넘어가는 거예요. 형편이 이러니 국회의원이 정치가가 아니라 정치평론가, 기자, 심지어 연예인들처럼 행동하는 겁니다. 「나는 가수다」는 가수의 정체성은 '노래를 잘 부르는 것'이라는 선언이잖아요. 그런데 정치인이 '나는 정치가다.'라고 외치는 소리는 들리지 않아요. 오늘날 정치의 위기는 정당의 위기이기도 하지만 본질은 정치인의 위기입니다.

강양구 초선 의원 중에서도 의정 활동을 잘한다고 칭송 받는 경우도 있긴 합니다만……

박성민 똑똑한 보좌관, 비서관 덕에 상임위원회 활동을 하는 과정에서 언론의 스포트라이트를 받는 일이 한두 번은 있습니다. 그런데 감히 단언하건대, 부처의 '과' 정도를 견제하는 수준일 뿐이에요. 그걸 가지고 초선 의원으로도 충분하다는 식의 결론을 내리면 곤란합니다.

능력 있는 40대 대통령은 어떻게 만들어지는가?

강양구 정당이 자체 내에서 차세대 정치인을 키우는 노력을 하지 않으면 그런 악순환은 계속될 게 뻔합니다. 2011년 7월, 노르웨이에서 테러 사건이 있었어요. 총기 난사가 일어난 우퇴위야 섬에서 무슨 행사가 있었나요? 바로 집권당 노동당이 청년 당원을 상대로 여름 캠프를 열었어요. 바로 그런 과정을 통해 정치인이 발굴되어야 합니다.

박성민 미국, 유럽에서는 정당이 바로 그렇게 차세대 정치인을 발굴하고, 교육하고, 훈련하는 일을 합니다.

　미국 대통령 버락 오바마나 영국 총리 데이비드 캐머런이 40대에 대통령, 총리가 될 수 있는 것도 그들이 이미 10대 때부터 다양한 방식으로 정치에 입문했기 때문입니다. 그들은 나이는 40대지만 한국 정치인의 '정치 연령'과 비교해 보면 한 60대 이상이 된 이들입니다. 한국에서는 다른 일을 하다가 40~50대에나 정치에 입문하니까요.

　이건 심각한 문제입니다. 이러니 어렸을 때부터 체계적으로 리더로서의 교육을 받은 미국, 중국, 더 나아가 북한의 정치인을 어찌 상대하겠어요. 당장 한국의 40대 후반의 초선 국회의원이 시진핑과 한반도를 둘러싼 국제 정세를 놓고 토론을 벌인다고 생각해 보세요? 상대가 될까요? 아니, 우리가 20대 후반의 지도자라고 비웃는 김정은의 상대는 될까요?

강양구 이렇게 인턴들이 지배하는 현실을 극복하려면 어디서 시작해야 할까요?

박성민 우선 정치를 일찍 시작할 수 있도록 해야 해요. 오바마나 클린턴이나 모두 이른 나이에 주의원과 주지사에 당선됐기 때문에 40대에 대통령이 될 수 있었어요. 김태호 의원이 40대에 총리로 지명된 것도 일찍 정치에 뛰어들었기 때문입니다. 도지사를 두 번 거치고도 그는 40대였으니까요. 다른 분야처럼 이젠 선출직에도 20대가 도전해야 합니다.

　디지털 시대가 되었는데 여전히 아날로그 세대가 디지털 세대를 지배하고 있습니다. 그 이유가 뭔가요? 간단합니다. 디지털 세대가 정치적 파워를 보여 주지 못했기 때문이에요. 20대가 경제적 힘으로 기성세대를 누를 수는 없어요. 그렇다면 남은 것은 바로 정치적 힘입니다. 이렇게 20대부터 정치적 훈련을 받아야 40~50대에 국가를 책임 지는 지도자로 성장할 수 있습니다.

강양구 20대가 정치의 문을 열기 쉽지 않은 중요한 이유가 바로 공천 방식 아닌가요?

박성민 맞아요. 선거에 나갈 후보를 고를 때는 당연히 당에서 훈련받고 성장한 보좌관, 비서관이나 지방 의원 출신을 우선적으로 고려해야 합니다. 20대, 30대가 정당의 당직자, 보좌관, 비서관으로 활동하다가 지방 의원이나 지방자치단체장이 되고, 더 나아가 이들이 국회의원이 될 수 있는 시스템이 마련되어야 합니다.

20대와 30대가 정치에 적극적으로 참여시키기 위해 당분간은 '할당제'를 운영하는 것도 좋은 방법입니다. 아직도 부족하기는 하지만 요즘은 여성 정치인이 꽤 되지 않습니까? 여성 정치인이 대통령, 서울시장, 당 대표에 도전하는 것도 이제는 아주 자연스럽게 받아들여집니다.

그게 '여성 할당제' 덕입니다. 비례대표의 절반은 여성에게 주고, 지역구에도 여성에게는 유리하게 가산점을 주고요. 조만간 대한민국은 여성 지도자들이 이끄는 나라가 될 가능성이 아주 커요. 역시 '제도'가 중요합니다. 진보 정치인이 국회에 진출한 것도, 여성이 국회에 진출한 것도 모두 제도의 힘입니다.

이제는 젊은이들이 정치에 대거 진출할 수 있도록 길을 터 주어야 합니다. 젊을 때부터 정치 경험을 쌓아야 40~50대에 나라를 경영하는 지도자로 성장할 수 있습니다. 대한민국의 미래를 위해 젊은이들에게 과감하게 문을 열어 주어야 합니다. 그래

정당은 차세대 지도자를 발굴하고 교육하고 훈련해야 한다. 무엇보다 정치를 일찍 시작할 수 있도록 해 주어야 하며, 그러기 위해 20대가 선출직에도 도전하도록 자극해야 한다. 디지털 시대에 여전히 아날로그 세대가 지배하고 있는 이유는 경제적 기반이 약한 디지털 세대가 아직 정치적 파워도 보여 주지 못하기 때문이다. 당에서 훈련받고 성장한 20대, 30대가 정당의 당직자, 보좌관, 비서관으로 활동하다가 지방 의원이나 지방자치단체장이 되고, 더 나아가 국회의원이 될 수 있는 시스템이 마련되어야 한다. 이런 제도와 공천 방식이 정착하기까지는 당분간 '할당제'를 운영하는 방법 등을 모색할 필요가 있다.

야 한국에서도 40대 대통령이 나올 수 있어요.

강양구 한국 정치와 정당의 후진성을 가장 적나라하게 보여 주는 게 공천 같아요. 한국은 매년 입시 제도가 바뀌는 것으로 유명하지만 그것과 비교할 수 없을 정도로 한심한 것이 정당의 공천 방식입니다. 이건 완전히 '엿장수 맘대로'인데요…… 더 황당한 것은 '정치 개혁'을 하겠다면서 이런 한심한 공천 방식을 선택했다는 거예요.

박성민 기업, 공무원, 학교, 연예인 어디든 간에 사람을 뽑는 데 있어서 정당보다 후진적인 곳은 단 한 군데도 없습니다. 선거 때만 되면 정당마다 누가 더 화끈하게 자르나 경쟁합니다. 그것도 자기들 손으로 하기가 민망한지 바깥에서 '살인 청부업자(?)'를 고용합니다. '개혁 공천'을 한답시고, 외부에서 공천 심사 위원장을 영입하지요.

물론 그런 '살인 청부업자'들은 그럴듯한 공천 기준도 발표하고 후보들이 제출한 서류도 꼼꼼히(?) 심사하고 면접도 실시합니다. 그리고 '살생부' 명단을 내놓습니다. 이 과정에서 탈락자들은 자기들이 왜 탈락했는지 납득하지 못하기 때문에 쉽게 승복하지 않아요. 또 공천 심사 위원회는 자기들 마음대로 '전략 지역'이라는 것을 정해서 일방적으로 후보를 내려 보내기도 해요.

대부분의 후보들은 자신들이 경선을 할지, 여론 조사로 정해

질지, 아니면 해당 지역구가 전략 지역인지 전혀 알지 못한 채 기다려요. 당연히 정보를 얻어 듣기 위해 동분서주하게 되고 조금이라도 영향력이 있는 사람들은 죄다 찾아가서 읍소하게 됩니다. 이런 과정을 거치다 보면 나름대로 사회에서 일가를 이뤘다는 자존심은 여지없이 무너지고 힘 있는 실세에게 충성을 맹세하는 무기력한 신세로 전락합니다.

그렇게 공천을 해 놓고서 공천 심사 위원장은 그런 공천이 켕기는지 "다소 억울한 탈락자들이 있을 수 있지만 대체로 공정한 공천이었다."라고 발표해요. 과연 본인은 그 말을 믿을까요?

이런 엉터리 방식이 한국의 공천 방식입니다. '제도'나 '시스템'이 아예 없어요. 안철수 바람이 부니까 김문수 경기도지사가 한 잡지와 인터뷰를 하면서 "안철수 교수한테 30석 정도 떼어 주고 데려와라."라고 했는데 이런 인식이 한국 정치의 수준입니다. '대기 번호표'를 뽑는 시스템을 만들 생각은 하지 않고 제발 새치기 좀 하지 맙시다, 한 줄로 섭시다, 이렇게 핏대 올리는 격이죠.

제도적으로 안정적인 공천 방식을 마련해야 한다. 선진과 후진의 차이는 '사람'에 의존하느냐 '제도'에 의존하느냐에 달린 것이다. 한국 정치는 4년마다 당대 최고의 '개혁' 인사로 '수혈'을 하지만, 4년만 지나면 그들이 다시 '개혁' 대상이 된다. 이것은 시스템에 심각한 문제가 있다는 방증이다. 도덕군자가 아니라 파렴치한이 국회의원, 대통령이 되더라도 시스템대로만 움직이면 평균 이상은 할 수 있도록 만드는 장치가 마련돼야 한다. 그게 바로 제도의 힘이다. 그런데 한국은 그런 제도가 없기 때문에 평균 이상 되는 사람을 모아 놓아도 낙제점을 면치 못하는 것이다.

게다가 외부에서 들어온 무슨 '비상대책위원회' 위원들은 개혁입네 하면서 1980년대 국보위(국가보위비상대책위원회)가 기업인들 불러다가 "회사 내놔!" 하고 윽박지르듯이 하니 얼마나 후진적입니까? 제도를 통해 대안적인 '시스템'을 만들려고 노력을 해야, 그 과정에서 일부 문제 있는 인사들이 살아남더라도 지속 가능한 개혁이 되는데, 그런 노력은 하지 않고서요.

제가 오죽하면 공천을 '가위바위보'로 정해도 좋으니 방식만 미리 정해달라고 그랬겠습니까? 그러면 가위바위보 연습이라도 시킬 수 있잖아요? '오픈 프라이머리'든 다른 방식이든 일단 제도를 도입하면 시간이 지나면서 자리를 잡습니다. 정치인과 정당이 공천 제도 하나 못 만들면서, 아니 안 만들면서 사회의 다른 영역에 대해 이러쿵저러쿵 하는 것은 웃기는 일입니다. 선진과 후진의 차이는 '사람'에 의존하느냐 '제도'에 의존하느냐에 달린 것입니다.

강양구 한국 정치는 4년마다 당대 최고의 '개혁' 인사로 '수혈'을 하잖아요. 그런데 4년만 지나면 그들이 다시 '개혁' 대상이 되고요. 그건 시스템에 심각한 문제가 있다는 방증입니다.

박성민 도덕군자가 아니라 파렴치한이 국회의원, 대통령이 되더라도 시스템대로만 움직이면 평균 이상은 할 수 있도록 만들어 줘야 합니다. 그게 바로 제도의 힘이에요. 그런데 한국은 그런 제도가 마련돼 있지 않으니, 평균 이상 되는 사람을 모아 놓아도 항상 낙제점을 면치 못하잖아요.

하기야 한국의 정치인에게 이런 요구는 '소 귀에 경 읽기' 같네요. 여론 조사를 여론 투표로 전환시켜 표로 계산하는 황당한 코미디를 태연하게 하고 있는 사람들이니까요. 2002년 노무현/정몽준 후보 단일화는 오차 범위 내에 있는 결과도 그대로 표로 환산하는 만행(?)을 저질렀잖아요?

정치의 위기는 정당의 위기, 정치인의 위기, 제도의 위기를 넘어서 '철학의 위기'입니다. 대의민주주의의 원칙을 훼손하면서 어떻게 그렇게들 당당한지…… "무식하면 용감하다." 이런 말이 괜히 나온 게 아니라는 생각이 듭니다.

고전, 포르노, 정치자금

강양구 방금 정당의 공천 방식에 일침을 놓았습니다. 그러고 보면, 이렇게 차세대 지도자를 기르지 못하는 구조를 만드는 일은 정당 스스로 자초했어요. 《한겨레》와 같은 진보 언론도 도왔고요. 예를 들어, 노무현 정부 때 열린우리당이 했던 이른바 '정치 개혁'이 대표적인 헛발질입니다.

정치자금법 개정, 지구당 폐지, 국민 참여 경선제, 아까도 잠깐 언급했던 당 외부인이 주도하는 공천 심사 위원회 같은 것들이요.

박성민 아까 공천 제도의 문제점을 지적하면서 말했듯이, 정당이 자신의 손발을 자르는 어리석은 짓을 했어요. 여기서는 일단 정치 자금 얘기 먼저 해봅시다. 혹시 고전과 포르노의 관계를 아시나요?

강양구 고전과 포르노? 고전이야 모든 사람이 다 아는 척하지만 사실은 대부분 읽지 않은 책이잖아요.

박성민 이탈리아 작가 이탈로 칼비노가 내린 멋진 정의가 있어요. 그는 『왜 고전을 읽는가』에서 고전이란 사람들이 보통 "나는 ─를 다시 읽고 있어."라고 말하지, "나는 지금 ─를 읽고 있어."라고는 결코 이야기하지 않는 책이라고 정의했어요. '다시'라는 말은 그렇게 유명한 책을 읽지 않았음을 부끄러워하는 사람들의 위선을 드러내지요.

　포르노는 고전과는 정반대에요. 모든 사람이 다 모르는 척하지만 사실은 거의가 알고 있는 것이 바로 포르노에요. 실제로 성인들 중에 포르노를 한 번도 못 본 사람이 몇이나 되는지는 모르겠으나 만일 있다면 "나는 축구를 한 번도 본 적이 없어요."라고 말하는 비율과 별 차이 없을 거예요.

　그러니까, 고전과 포르노는 '부끄럽다'는 공통점이 있습니다. 고전은 한 권도 제대로 읽지 않아서 그렇게 느끼고, 포르노는 많이 봐서 부끄러운 거죠. 그런데 세상에서 어떤 사람들은 고전처럼 대하고 어떤 사람들은 포르노처럼 대하는 것이 바로 지금부터 얘기할 '정치자금'입니다.

대중에게 정치자금은 '고전' 같은 것이고, 정치인에게는 '포르노' 같은 것이에요. 대중은 정치자금을 거의 모르면서도 잘 아는 듯 엄밀한 도덕적 잣대로 비판합니다. 정치인은 정치자금을 너무나 잘 알지만 누구도 대놓고 말하지 않아요. 겉으로 대하는 태도도 판이하게 달라요. 대중은 정치자금을 포르노처럼 역겹게 생각하고, 정치인은 고전처럼 귀하게 생각합니다.

강양구 한 정치인은 자신을 교도소 담벼락을 걷는 사람이라고 자조적으로 표현하더군요. 정치인이 정치자금으로부터 자유로울 수 없는 현실을 적나라하게 표현한 말입니다.

박성민 세상 사람 모두가 돈으로부터 자유롭기가 쉽지 않지만 정치인은 특히 더합니다. 웬만한 정치인치고 돈 때문에 검찰에 불려가지 않고 정치를 하기란 정말 어려워요. 전직 대통령, 국회의원, 지방자치단체장, 교육감 등 우리가 직접 뽑은 사람들이 우리가 직접 뽑지 않은 검찰에 쉴 새 없이 불려 나갑니다.

강양구 그리고 그런 모습을 보면서 대중은 정치인을 조롱하지요.

박성민 누구나 돈 문제로 비판하기는 쉬우니까요. 그러나 법이란 현실적이어야 해요. 이상과 현실의 거리가 너무 멀면 사람들은 대부분 이상을 일찌감치 포기하고 현실과 타협하기 마련입니다. 그런데 지금의 정치자금법은 지나치게 비현실적입니다.

교육감 선거를 한 번 보세요. 30~40억 원의 비용이 필요하지만 단 한 푼의 후원도 받을 수가 없었어요. 결국 자기 돈으로 하거나, 아니면 누군가에게 빌려 와야 했습니다. 이것은 부자만 정치를 하거나, 아니면 처음부터 누군가에게 신세를 질 수밖에 없는 구조예요. 서울시 교육감을 둘러싼 돈 문제가 계속 불거지는 것도 따지고 보면 이런 제도적인 구조 때문입니다.

그나마 계속 그런 문제가 불거지자 선거 비용의 절반을 선거 기간 중에 후원금으로 걷을 수 있게 만들었지요. 앞으로 좀 더 과감하게 후원금을 걷을 수 있게 해 주어야 합니다.

대통령을 꿈꾸는 사람이나 국회의원이 되려는 사람도 공식적으로 후원회 구성이 허용되는 시기가 되기 전에는 어떤 후원도 받을 수 없어요. 그나마 후원회 구성이 허용되는 기간도 너무 짧고 후원금도 지나치게 비현실적입니다. 그러면 역시 누군가에게 빌리거나 불법으로 받아야 하는데, 둘 다 나중에 검찰이 개입할 빌미를 줍니다.

강양구 정치자금 때문에 비(非)선출 권력(검찰, 법원, 선거관리위원회, 국세청)이 선출 권력(대통령, 국회의원)을 마음만 먹으면 사법 처리할 수 있는 사정이 만들어지는군요.

박성민 맞습니다. 현실적이고 합법적인 정치자금 제도를 만들지 않으면 모든 정치인은 정치에 입문하는 순간 잠재적 범죄자가 됩니다. 이미 입문한 정치인은 '—게이트'가 터질 때마다 리스트에 이름이 나올까 봐 벌벌 떨 수밖에 없고요. 지금의 제도에서는 사실상 모든 정치인이 교도소 담장 위를 걷고 있는 거예요.

아까도 얘기했듯이 정치는 도덕군자가 하는 것이 아니에요. 비현실적인 법과 제도를 고치지 않고 정치인의 '도덕성'에 모든 책임을 떠넘기는 것은 민주주의가 아닙니다. 정치가 '예술'의 경지에 이르지는 못하더라도 포르노 수준의 '외설' 취급을 받아서야 되겠습니까? 지금이야말로 정치자금 제도를 개선할 때에요.

한국은 비현실적인 정치자금 제도 때문에 비선출 권력이 선출 권력을 사법 처리할 수 있는 악순환의 구조가 생겼다. 미국의 경우 불법 정치자금이 큰 문제가 되자 정치자금을 누구나 합법적인 틀 내에서 투명하게 걷어서 투명하게 쓰기만 한다면 사실상 무한대로 쓸 수 있도록 허용했다. 미국은 정치자금을 '민주주의를 위한 비용'이라고 인정한 것이다. 정치자금에 족쇄를 채워 두면 돈 있는 사람만 정치를 하는 최악의 구조가 나오기 때문이다.

강양구 정치자금법을 지금처럼 바꾸면서 내세웠던 논리가 '고비용' 정치를 '저비용' 정치로 만들겠다는 거였어요.

박성민 한심한 발상입니다. 미국의 예를 들어 볼게요. 미국도 불법 정치자금이 큰 문제가 된 적이 있었어요. 워터게이트 사건 수사 중에 발견된 불법 현금 다발을 계기로 정치자금을 불법으로 현금으로 받아 실컷 쓰던 관행이 만천하에 드러난 거예요. 그럼,

미국이 어떻게 대응했을까요?

우리나라와는 정반대로 대응했습니다. 정치자금을 누구나 합법적인 틀 내에서 투명하게 걷어서 투명하게 쓰기만 한다면 사실상 무한대로 쓸 수 있도록 허용한 거예요. 미국은 정치자금을 '민주주의를 위한 비용'이라고 인정한 거죠. 왜냐하면, 정치자금에 족쇄를 채워 두면 돈 있는 사람만 정치를 하는 최악의 구조가 나올 수 있으니까요.

언젠가부터 '고비용' 정치라는 말이 유행이에요. 그런데 민주주의를 위한 비용이 왜 문제예요? 시민을 대표하는 정치인이 양질이 되면, 관료들이 세금으로 장난 치는 일을 막을 수 있으니 결과적으로는 시민에게 이익입니다. 정당 외부의 스타에 열광하며 현실 정치인을 조롱할 때, 정작 뒤에서 웃고 있는 건 관료, 판검사 같은 비선출 권력이라는 진실을 알아야죠.

강양구 한국 정치가 '선진화'하려면 시급히 고쳐야 한다고 늘 강조하던 세 가지가 있었잖아요?

박성민 첫째, 공천 방식을 사람의 손에서 시스템으로 넘겨 제도화해야 합니다.

둘째는 SNS를 포함해 지지나 반대를 마음대로 할 수 있도록 선거 운동을 전면적으로 허용해야 합니다. 허위 사실이나 명예 훼손은 물론 처벌해야죠. 하지만 연예인이든 누구든 정책이나 정치인에 대해 지지나 반대 의사를 밝히는 게 왜 처벌을 받아야 하는지는 모르겠습니다. 다 풀어야 한다고 봅니다.

셋째, 정치자금을 과감하게 풀어야 합니다. 물론 지난 수십 년간 한국 정치가 저지른 죄가 있어요. 지금 정치자금을 아주 엄격하게 묶어 놓았던 것도 그 부작용을 최소화하자는 발상이었고요. 그런데 지금은 너무 비현실적으로 해 놓았어요. 거기

한국 정치의 선진화를 위해 시급히 개선해야 할 것은 ① 공천 방식을 사람의 손에서 시스템으로 넘겨 제도화해야 한다. ② SNS를 포함해 지지 혹은 반대 의사를 마음대로 표현할 수 있도록 선거 운동을 전면적으로 허용해야 한다. ③ '도덕 정치'에 대한 강박증에서 벗어나 정치자금을 과감하게 풀어서 비현실적인 정치자금 제도의 부작용을 최소화해야 한다.

에는 한국 정치의 큰 병 중 하나인 '도덕 정치'에 대한 강박증이 한몫했고요.

그중에서도 돈에 대한 '결벽증'은 좀 심한 수준입니다. 정치에 들어가는 비용을 무조건 비판하는 것이 무슨 개혁인 양 여기는 아주 잘못된 풍토가 있습니다. 미국처럼 지나치게 돈을 쓰는 정치도 문제지만 우리는 너무 비현실적으로 묶어 놓았습니다. 산업, 스포츠, 예술 어느 분야든 돈을 투자해야 좋은 결과를 얻을 수 있다고 하면서 정치는 왜 그렇게 생각하지 않는지…….

언론, 관료, 사법부, 시민단체 등이야 경쟁자(?)들이니까 정치가 돈 쓰는 걸 시샘해서 그렇다 치더라도 왜 정치인이 그런 '프레임'에 갇혀 있는지 이해가 되지 않습니다.

강양구 그렇게 정치에 돈이 풀리면…… 우선적으로 어디에 투자해야

할까요?

박성민 행정부를 견제하기 위해서는 (지금의 일곱 명에 더해서) 국회의원 보좌진을 최소 여섯 명은 더 늘려야 한다고 봅니다. 그러면 변호사 두 명, 회계사 두 명, 정보 보안 전문가 두 명을 더 고용할 수 있습니다. 국회의원을 줄이자는 판에 오히려 보좌관, 비서관을 늘리라는 얘기에 대중은 반감을 가지겠지요.

강양구 변호사, 회계사에 보안 정보 전문가까지…… 국회의원이 천하무적이 되겠는데요?

박성민 그 정도는 되어야 한 국회의원이 부처의 국 정도라도 제대로 감시할 수 있어요. 변호사, 회계사가 없으니 국민의 세금이 도대체 어떻게 쓰이는지 국회의원이 꼼꼼히 검토할 도리가 없어요. 그냥 관료, 공무원이 얘기하는 대로 고개만 끄덕일 뿐입니다. 슬쩍 '0' 하나가 더 붙었는데도 모르고 넘어갑니다.

　지금 한국의 정당은 한나라당, 민주통합당, 통합진보당 어디나 자유주의의 가치를 대변한다고 얘기해요. 그런데 국민 대부분의 주민등록번호를 비롯한 개인 정보가 유출되었는데도 국회의원 중에 누구도 앞장서서 진상 규명에 나서려는 사람이 없어요. 디지털화된 개인 정보가 얼마나 소중한지 감이 없기 때문입니다. 그 주변에 있는 보좌관, 비서관도 마찬가지고요.

강양구 참으로 어이없는 일입니다. 미국, 유럽에서 그런 일이 일어났다면 집단 소송 때문에 그 회사가 문을 닫아야 했을 거예요. 그런데 한국에서는 그냥 유야무야 되는 분위기입니다.

박성민 앞으로는 이렇게 아날로그 시대와는 질적으로 다른 디지털 시대의 고유한 사회 문제들이 계속 제기될 거예요. 그런 흐름을 계속 주시하면서 국회의원이 그런 식으로 새롭게 등장하는 문제들에 주목할 수 있도록 조언하는 사람들이 필요합니다. 디도스 공격이나 해킹 등의 사이버 공격에 대해 정보 보안 참모의 신속한 도움을 받을 수 있도록 해 주어야 합니다.

이렇게 국회의원의 보좌관, 비서관의 역량을 강화하는 과정에서 추가 비용이 들 거예요. 하지만 그들이 국민의 세금이 엉뚱한 곳에 쓰이지 않도록 감시를 하는 것만으로도 새롭게 충원한 보좌관, 비서관의 인건비를 충당하고도 남을 거예요. 이렇게 국회의원의 권한이 강화되는 것이야말로 결과적으로 시민의 권력이 강화되는 것입니다.

차세대 지도자를 배출할 정당

강양구 기왕 말이 나온 김에 한 가지만 더 짚고 넘어갔으면 좋겠어요. 한국의 정당은 항상 "인물이 없다."고 푸념을 하면서도, 정작 새로운 지도자를 키우기는커녕 기존의 지도자도 헌신짝처럼 던

231

져 버리는 것 같아요. 예를 하나 들어 볼게요. 지금 통합진보당, 진보신당 등의 진보 정당이 위기에 처했습니다. 왜 이 지경이 되었을까요?

정혜신 씨가 2004년 11월 29일에 쓴 칼럼을 볼게요.

아직 눈에 확연히 드러나지는 않았지만 그들이(초선 의원들이) 이룬 개혁의 성과도 적지 않다. 나는 그런 초선 의원의 이름을 한 서른 명쯤은 숨도 쉬지 않고 거론할 수 있다. 나의 경우 그 이름의 맨 꼭대기에 민주노동당 최순영 의원이 있다. …… 국회의원으로서의 '각성'을 늘 되뇌는 그의 의정 활동은 발군이다. …… "17대 국회의원 중 가장 진보적인 의원" 1위는 최순영 의원이었다. 장애인 교육권 확보, 결식아동 문제 해결, 분만 휴가, 이주 노동자 단체 문제, 비정규직 문제 등 그동안 최 의원이 집요하다 할 만큼 매달려 온, 인간의 기본적인 권리를 찾는 그 당연한 일들이 진보를 뜻하는 것이었다면 나는 진작에 진보주의자가 되지 못한 사실이 부끄러울 따름이다.

—《한겨레》(2004. 11. 29.)

2004년에 어렵게 원내에 진출한 민주노동당이 짧은 시간에 이룬 성과를 최순영 전 의원을 중심에 놓고 평가한 칼럼입니다. 그런데 민주노동당은 그 뒤에 어떻게 했나요? 노회찬, 심상정, 최순영 등 한국 진보 운동의 빛나는 별들이 더욱더 빛나도록 두기는커녕 손발을 묶어 두기 십상이었어요. 그것도 '민주주의'라는 이름으로요.

　그런 리더십이 부재한 공간에서 목소리 큰 특정 정파가 활개를 치고, 그것이 결국 분당 사태로 이어졌습니다. 일부는 다시 통합을 하기는 했지만 4년이라는 아까운 시간만 허비하고 말았어요. 또 진보신당은 독자적인 길을 걷고 있고요. 노회찬, 심상정 전 의원은 '떨거지' 취급을 당하는 신세로 전락했고, 최순영 전 의원은 그 존재감이 아예 사라졌습니다.

박성민　진보 정당들의 당원들이 이른바 '정당 민주주의'에 관해 큰 착각을 한 거예요. 흔히 '보스 정치의 폐해'를 습관적으로 되뇌면서 정당 민주주의를 얘기합니다. 그런데 과연 보스 정치가 나빴던 건가요? 김대중 전 대통령이 이끌던 야당과 지금의 야당을 비교해 보세요.

　정당 민주주의의 측면에서 보자면, 지금의 야당은 그야말로 민주주의가 만개했지요. 모든 의원들이 저마다 목소리를 내고 개별 행동들을 하잖아요. 당 대표의 권위를 아무도 인정하지 않습니다. 그런데 김대중 전 대통령의 말 한마디에 일사불란하게 움직였던 야당과, 지금의 민주주의가 만개한 야당 중에서 어느 쪽이 제 역할을 하고 있습니까?

　어느 쪽이 대통령과 여당을 견제하면서, 자기 지지자의 이해관계를 대변하고, 궁극적으로 권력을 잡을 준비를 하고 있나요? 전자인가요, 후자인가요? 막스 베버는 이렇게 말합니다.

달리 선택은 없다. …… 지도자 있는 민주주의 아니면 지도자 없는 민주주의가 있을 뿐이다. 후자는…… 지도자의 필수 요건인 내적 카리스마적 자질이 없는 직업 정치가들의 지배를 뜻한다. 그리고 이들의 지배는 당내 반대파들이 보통 '도당'의 지배라고 부르는 것이다.

　　　　　　　　　　　— 막스 베버, 『소명으로서의 정치』

　　　　　　　　(최장집 엮음, 박상훈 옮김, 폴리테이아, 2011), 192쪽

강양구 '도당'의 지배! 정말 정확한 표현이군요. 박상훈 박사도 같은 맥락에서 이런 얘기를 한 적이 있습니다.

모든 정당이 당내 민주화를 말해 왔고 지금도 계속 그 패러다임 안에 있다. 문제는 당내 민주주의를 과도하게 강조하면서 좋은 정당이 되기 위해 당연히 발전시켜야 할 리더십과 권위의 체계를 심각하게 약화시켜 왔다는 사실이다. 정당은 반드시 민주적이어야 하는가? 답은 '아니다'이다. 반드시 민주적이어야 하는 것은 정당 체제이지 정당이 아니다. 민주 정치의 핵심은 개별 단위(unit)로서 하나의 정당에 있는 것이 아니라 정당들, 즉 단위들 사이의 관계 양식을 말하는 정당들의 체계(system)에 있기 때문이다. …… 어떤 정당은 자신들이 대표하고자 하는 집단의 이익을 위해 위계적인 조직 구도를 가질 수도 있고, 이념을 중시하며 상층 엘리트 사이의 집단 지도 체제를 발전시킬 수도 있다. 가능한 한 민주적 가치와 원리가 당내에서 발전해야겠지만 그것이 조직

으로서의 정당 내지 리더십의 발전을 억압하는 결과를 가져온다면 그것이야말로 민주주의를 물신화하는 일이 된다.

— 박상훈, 『정치의 발견』
(폴리테이아, 2011), 127~128쪽

전적으로 동감하는 얘기라서 길게 인용했습니다. 물론 가능하면 정당 내에서 자유롭고 민주적인 의사소통이 보장되면 좋겠지요. 그러나 정당도 조직인 한, 더구나 자신을 지지하는 이들의 이해관계를 대변해 권력을 획득할 목적을 가지고 있는 한, 가장 중요한 것은 그 시점에서 최선의 결정을 내리고 그것을 뚝심 있게 밀고 나가는 것입니다.

한국의 진보 정당은 아직도 반독재 혹은 반자본 운동의 관성에 사로잡혀 있다. 반대 운동은 기존의 단단한 권력을 '해체'하는 게 가장 큰 목표였다. 그런데 기존의 권력을 해체하는 것보다 더 중요한 것은 새로운 권력을 '구성'하는 것이다. "정당은 당내 민주주의를 과도하게 강조한 나머지 좋은 정당이 되기 위해 발전시켜야 할 리더십과 권위 체계를 심각하게 약화시켜 왔다. 가능한 한 민주적 가치와 원리가 당내에서 발전해야겠지만 그것이 조직으로서의 정당 내지 리더십의 발전을 억압하는 결과를 가져온다면 그것이야말로 민주주의를 물신화하는 일이다." 브라질 노동자당의 룰라 대통령처럼 진보 정당을 상징하는 지도자를 키워 내지 못하면 진보 정당의 미래는 없다.

물론 그 결정에 대한 책임이 따라야 하고요. 여기서 가장 필요한 것이 강력한 리더십이에요. 지금 진보 정당이 저렇게 지리멸렬하게 된 가장 큰 이유는 이른바 진보 정당을 상징하는 지도자를 키워 내지 못한 탓이라고 생각합니다. 브라질 노동자당의 룰라 대통령과 같은 인물을 키워 내지 못하면 진보 정당의 미래는 없습니다.

박성민 한국의 진보 정당은 여전히 반독재 혹은 반자본 운동의 관성에 사로잡혀 있는 것 같아요. 반대 운동은 기존의 단단한 권력을 (자크 데리다의 용어를 사용하자면) '해체(deconstruction)'하는 게 가장 큰 목표였습니다. 그런데 기존의 권력을 해체하는 것보다 더 중요한 것은 새로운 권력을 '구성(construction)'하는 거예요.

그리고 새로운 권력에는 당연히 새로운 리더십이 필요합니다. 한국의 진보 정당이 새로운 리더십을 만들지 못하는 한, 당분간 한국 사회에서 유의미한 역할을 하기는 쉽지 않을 거라는 전망에 공감합니다. 진보 정당에 몸담고 있는 이들이 세계 진보 정당의 역사 속에서 빛나는 수많은 지도자의 흔적을 깊이 숙고할 필요가 있습니다.

하나만 더 첨언할게요. 한국의 진보 정당도 여전히 '도덕 정치'의 틀에서 벗어나지 못하고 있어요. 예를 들자면, 처음에 민주노동당은 보좌관, 비서관의 월급을 노동자 평균치에 맞춘다며 150만 원을 줬어요. 길 가는 시민에게 물어보세요. 150만 원 받고 제 일 못하는 국회의원 보좌관과 제 임금 받고 할 일 잘하는 보좌관 중에서 누구를 선택할까요?

이런 행동은 '남들이 뭐라 해도 나는 도덕적이야!' 식의 지극히 자족적인 행동입니다. 시대가 변했어요. '쿨'한 대중은 그런 행동에 더 이상 감동받지 않아요. '꼰대' 같고 '촌스러운' 행동이라고 오히려 수군거릴 뿐이에요. 단언하건대, 빠른 속도로 변하는 시대에 맞추지 못하는 진보 정당은 희망이 없습니다.

선출 권력 vs. 비선출 권력

강양구 앞에서 대통령, 국회의원 같은 선출 권력과 검찰, 법원, 관료 같은 비선출 권력의 긴장 관계를 여러 차례 언급했어요. 민주공화국에서는 당연히 시민이 직접 뽑은 선출 권력이 비선출 권력을 통제해야 합니다. 그런데 과연 대한민국이 그런 모습인가요? 비선출 권력이 선출 권력을 통제하는 게 현실 아닌가요?

박성민 여의도에서 오가는 얘기로 '권력 총량의 법칙'이라는 게 있습니다. 국회의원 같은 선출 권력이 제 힘을 못 쓰면 자연스럽게 다른 곳의 힘이 세지기 마련입니다. 바로 검찰, 법원, 그리고 관료 같은 비선출 권력으로 힘이 이전된 거예요. 그리고 안타깝게도 그런 상황을 자초한 게 바로 정치인들이에요. 걸핏하면 정치적 문제를 법원으로 가져가잖아요.

　　예를 들자면, 국민이 뽑은 대통령을 국회의원이 탄핵을 합니다. 그리고 그런 탄핵이 정당한지를 헌법재판소에 가서 물어요. 헌법에 그렇게 되어 있어서 그런 것이지만…… 어쨌든 재판관들이 대통령의 운명을 결정하는 상황이 벌어진 것입니다. 게다가 수도 이전과 같은 지극히 정치적인 문제도 헌법재판소에서 결정해요.

이런 과정이 반복되면서 국회는 생떼만 쓰는 집단으로 전락하고, 법원은 권위 있는 기관이라는 이미지를 얻었습니다. 국민이 뽑은 국회에서 결정을 하면 대다수 국민이 코웃음을 칩니다. 그런데 시험을 치러서 그 자리에 앉은 판사가 결정을 내리면 대부분은 고개를 끄덕이면서 포기합니다.

강양구 시민단체도 툭하면 법원에다 결정을 의뢰해요. 답답한 마음은 이해가 갑니다. 국회는 귀를 기울이지 않고, 정부는 밀어붙이니 법복 입은 판사에게 호소할 수밖에요. 그런데 그렇게 법원으로 가져가서 시민단체에 유리한 판단이 이뤄진 적이 있나요? 없습니다. 그런데 또 신기한 것은 이렇게 법원에서 결정을 내리면 시민단체도 기가 한 풀 꺾여요.

언론도 마찬가지입니다. 국회의원의 말을 인용할 때는 진의가 어긋나지 않는 선에서 독자가 읽기 쉽게 문법에 맞게 조정하는 게 용인됩니다. 그런데 판사의 판결문이나 검사의 기소장을 인용할 때는 무조건 있는 그대로 인용하는 풍토가 있어요. 판사, 검사들 글이 얼마나 한심합니까? 언론도 판사, 검사한테는 이렇게 한 수 접고 들어갑니다.

박성민 그런데 판사, 검사들이 그렇게 무조건 신뢰할 만한 이들입니까? 한미FTA 국회 비준 이후에 일부 판사들이 '페이스북' 같은 곳에 비판 의견을 올리면서 문제가 되었어요. 판사가 그렇게 개인 의견을 표명하는 게 과연 타당한지를 놓고 논란이 있었습니다만, 사실 거기서 강조되어야 할 것은 다른 거예요.

법복 뒤에 숨은 판사도 사실은 보통 사람과 다르지 않다는 거죠. 그들은 법, 그중에서도 극히 제한된 분야에만 전문성을 가지고 있습니다. 물론 수십 년 동안 쌓인 판례가 있기는 합니다만, 새롭게 등장하는 여러 문제를 놓고 판단할 때 그런 판례는 대부분 무용지물입니다. 그들이 한미FTA가 초래할 새로운 상황에 당혹감을 느낀 것도 이런 이유 때문이고요.

검사는 어떻습니까? 검사가 변호사로부터 고급 자동차, 고급 가방을 선물 받으면서 사실상 온갖 청탁을 받은 사실이 밝혀졌어요. '스폰서' 검사가 한둘이 아니라는 건 모두가 압니다. 이런 판사, 검사와 같은 비선출 권력이 계속 우리가 직접 뽑은 선출 권력을 좌지우지하는 상황을 언제까지 보아야 합니까?

강양구 관료들은 또 어떻고요? 노무현 정부에서 이명박 정부로 선출 권력은 바뀌었지만, 한미FTA는 여전히 통상 관료인 김종훈 외교통상부 통상교섭본부장이 좌지우지하잖아요? 김 본부장이 자신을 중용한 노무현 정부를 조롱하지만, 사실은 노무현 정부를, 또 이명박 정부를 선출한 시민을 조롱하고 있다는 사실을 왜 깨닫지 못하는 걸까요?

박성민 이명박 정부를 놓고 '독재' 운운합니다만, 사실 그런 수사는 관료들한테 어울립니다. 대통령, 국회의원 같은 선출 권력이 제 구실을 못 하면서 사실상 대한민국은 관료들이 지배해요. 미국에서 로비스트는 의회를 상대로 로비를 합니다. 그런데 한국에서는 관료를 상대로 로비를 해요. 대형 로펌들이 거액의 연봉을 주고 전직 국회의원을 데려갈까요, 전직 관료를 데려갈까요? 바로 전직 관료에요.

대형 로펌은 바로 관료들이 대한민국을 움직이고 있다는 사실을 정확히 간파하고 있는 거예요. 그럴 법합니다. 노무현 정부가 종합부동산세를 마련할 때 찬반 논란이 심했어요. 그때 종합부동산세 찬성안과 반대안을 마련한 이들이 누구였나요? 모두 다 재정경제부 공무원들이었어요. 행정 수도 이전은 어떻고요? 원안, 대안 운운하며 공방이 있었지만 사실은 모두 국토해양부 공무원들이 만든 것입니다.

강양구 미국의 정치학자 필립 슈미터가 민주주의가 제도로 정착되는 과정에는 크게 두 가지가 있다고 얘기했어요. 하나는 정치를 바로세우는 '민주화' 경로이고, 다른 하나는 헌법을 바로세우는 '헌법화'의 길입니다. 일부 시민단체에서 좀 더 '좋은' 헌법을 만들자는 운동을 하는 것은 후자의 흐름일 테지요.

한국 사회도 지금 기로에 서 있는 것 같아요. 사회에서 벌어지는 다양한 갈등이 국회 같은 곳으로 수렴되어서 조정되는 길(민주화)을 선택할지, 아니면 소수의 엘리트들이 만든 헌법이 시민들의 갈등을 조정하는 기준이 되는 길(헌법화)을 선택할지요. 후자를 선택한다면 지금보다 더욱더 판사, 관료와 같은 비선출 권력의 힘이 세지겠지요.

240

박성민 대한민국이 후자의 길을 선택한다면 더 이상 민주공화국이라고 할 수 없지요. '제왕적 사법부'가 판단하고 관료들이 집행하는 나라일 테니까요. 그런 점에서 더욱더 정치는 자신이 여전히 가지고 있는 힘을 잊지 말아야 합니다. 앞에서 정치의 초라한 모습을 안타깝게 얘기했습니다만, 그럼에도 정치는 힘이 세요.

강양구 일단 '선거'로 뽑힌 선출 권력이잖아요. 동어반복 같긴 하지만 뭐니 뭐니 해도 정치의 힘은 국민으로부터 선거를 통해 위임받은 권력이라는 데 있어요. 정통성이 있는 거죠. 대법원장, 헌법재판소장, 검찰총장, 대기업 회장이 아무리 힘이 세다 한들, 권력의 정통성은 선거를 통해 확보된 정치인에 비할 바가 못 됩니다.

박성민 그리고 또 '법'이 있어요. 선거가 선출 권력의 권위를 담보해 준다면, 법은 권력을 담보해 주는 실체적 힘입니다. 법은 대한민국을 지배하는 강제력입니다. 사람의 목숨을 뺏을 수도 있어요. 그런데 바로 이 법을 만드는 곳이 어디입니까? 바로 국회에요. 누가 만듭니까? 바로 국회의원입니다.

　정치인이 입법권을 제대로 쓴다면 사실 사법부와 행정부의 권력은 별거 아닙니다. 사법 기관이 아무리 힘이 세졌다고 해봐야 '법' 갖고 해석하는 정도에요. 관료들이 아무리 힘이 있다고 해봐야 '법' 갖고 집행할 뿐입니다. 단지 법을 통해 비선출 권력을 제어하려는 의지가 없는 정치인의 나태와 약함이 문제일 뿐입니다.

국정감사를 지켜보면 코미디 같은 장면이 연출됩니다. 국회의원이 행정부에 따져 물어요. "이 엉터리 법을 왜 그대로 둡니까?" 그러면 행정 기관은 사법부가 그렇게 판결하고 있기 때문에 어쩔 수 없이 계속 그렇게 집행할 수밖에 없다고 합니다. 당연히 사법부는 국회가 법을 그렇게 만들었기 때문에 그렇게 판결할 수밖에 없다고 하겠지요.

여야 간에 이견이 있는 법안이 아닌데도 국회의원 스스로 저런 장면을 연출하는 것을 보면 쓴웃음이 나옵니다. 국회의원들이 법을 제대로 만들면 되는데……

강양구 선거, 법, 그 외에 또 정치의 힘이 뭐가 있을까요?

박성민 곳간에서 인심 난다는 말이 있어요. 정치인은 300조 원이 넘는 엄청난 돈을 자기 돈처럼 나눠줄 힘이 있어요. 정부가 예산을 만들어 와도 국회가 삭감해 버리면 그만이에요. 아예 예산을 없애 버리면 사업 자체가 없어지기도 합니다. 돈 앞에서는 장사 없습니다. 아무리 힘 있는 권력 기관도 엄마에게 용돈 받는 아이 처지가 되고 맙니다.

그뿐만이 아니에요. 지역구의 수많은 민원을 해결하기 위해 예산을 서로 나눠줍니다. 정기 국회가 끝나면 국회의원들은 저마다 지역을 위해 얼마나 많은 예산을 빼(?) 왔는지 빽빽하게 적어서 집집마다 보고합니다. 집안에 돈 벌어 오는 가장이 아이 장난감 사주듯 지역구에 체육관을 지어 줍니다. 대단한 힘 아닙니까?

강양구 선거, 법, 돈, 여기에 굳이 하나를 추가하자면 '정보'도 있을 것 같아요. 사실 언론의 1면을 장식하는 의미 있는 특종의 상당수는 대개 국회의원과의 합작품인 경우가 많아요. 저도 몇몇 국회의원과 공동 작업을 통해 몇 번 재미를 봤고요. 모든 정보가 집적되는 청와대만은 못하지만 국회의원의 정보력도 무시할 수준이 아닙니다.

박성민 마오쩌둥은 "권력은 총구에서 나온다."고 했지만, 그건 혁명의 시대에나 통하는 얘기입니다. 민주주의 시대에 권력은 '정보'에서 나옵니다. 대통령의 힘이 센 것은 정보가 제일 많기 때문이에요. 돈도 정보에서 나옵니다. 아무리 디지털 시대가 되어서 대중의 정보력이 놀랍다 할지라도 아직 정치인에게 견줄 정도는 아니에요.

선거, 법, 돈, 정보, 이렇게 정치는 여전히 힘이 셉니다. 이런

정치의 힘은 ① 무엇보다도 국민으로부터 '선거'를 통해 위임받은 권력이라는 데 있다. 선출 권력은 정통성을 확보해 준다. 대법원장, 헌법재판소장, 검찰총장, 대기업 회장이 아무리 힘이 세다 한들, 권력의 정통성은 선거를 통해 확보된 정치인에 비할 바가 못 된다.

② 선거가 선출 권력의 권위를 담보해 준다면, '법'은 권력을 담보해 주는 실체적 힘, 즉 대한민국을 지배하는 강제력이 된다. 이 법을 만드는 사람이 바로 국회의원이다.

③ 정치인은 300조가 넘는 엄청난 '돈'으로 예산을 집행할 힘을 갖는다.

④ 민주주의 시대에 권력은 또한 '정보'에서 나온다. 아무리 정보화 시대라 할지라도 정치인의 정보력을 따라갈 사람은 아직 없다.

힘을 효과적으로 사용하지 못하니 갈수록 정치가 초라해지는 겁니다. 제도로 훈련을 받은 적이 없는 인턴 정치인은 이런 상황을 더욱더 심하게 만들었고요. 이제 이런 상황을 초래한 결정적인 원인이 되는 '정당의 위기'를 본격적으로 얘기합시다.

7
정당은
끝났다?

안철수 현상과 박원순 바람은 정치인과 정당의 연결
고리를 깼다. 오늘날 한국 정당은 책임 정치를 포기
하고 이익집단처럼 행동하고 있기 때문에 국민들로
부터 외면받고 있는 것이다. 무당파, 정치 혐오 등이
과연 '정당의 몰락'으로 이어지는 것인가?

　미래학자들은 가장 먼저 없어질 것 중의 하나로
정당을 꼽는다. 과연 정당은 사라질 것인가? 사라진
다면 무엇으로 대체될 것이며, 살아남는다면 과거와
무엇이 달라질 것인가? 앞으로도 정치 지도자가 정
당에서 나올 수 있을까? 당장 2012년 총선, 대선에
서 정당은 어떤 경쟁력을 보일 수 있을까?

무당파 & 정치 혐오

강양구 안철수 교수, 더 나아가 박원순 서울시장을 향한 대중의 열광을
놓고 "새로운 정치 세력의 출현에 대한 대중의 열망의 반영"이
라는 해석이 많습니다. 그 와중에 무당파가 50퍼센트를 넘는다
는 진단도 나왔고요. 심지어는 75퍼센트나 된다는 주장도 있습
니다. 과연 그런가요?

박성민 저는 그런 주장에 동의하지 않습니다. 최근 몇 년간 한나라당의
정당 지지율은 30퍼센트 대를 꾸준히 유지했어요. 2007년에는
한나라당 정당 지지율이 50퍼센트까지 치솟은 적도 있어요. 민
주당도 몇 년간 20퍼센트 후반 대를 꾸준히 유지했습니다. 30퍼
센트를 넘기도 했고요.

이처럼 제1당인 한나라당, 제2당인 민주당 지지율의 합은 몇
년간 55~65퍼센트 사이에서 움직였습니다. 여기에 (통합하기 전
의) 국민참여당, 민주노동당, 자유선진당, 그리고 진보신당 등의
지지율까지 합하면 65~75퍼센트 정도가 됩니다. 75퍼센트! 이
런 수치가 명백한데 어떻게 '무당파 50퍼센트' 같은 얘기가 나
올까요?

만약 일부 선진국처럼 제1당에 대한 지지율이 15퍼센트 정
도고, 제2당에 대한 지지율이 10퍼센트, 그리고 나머지 정당까
지 모두 합한 지지율이 겨우 30퍼센트 대에 머문다면 심각한 상
황이라 할 수 있겠어요. 하지만 한국의 상황은 다릅니다. 세계

어떤 나라와 비교해도 정당 지지율이 상당히 높은 수준이에요.

무당파가 제1당이라는 주장은 "세상이 말세야."와 같은 소리예요. 이는 지난 20년간 뿌리 내리려고 노력해 온 제3세력이 받아들이기 힘든 '불편한 진실'이죠. 우리가 앞에서 말한 대로 75퍼센트 민주주의를 위한 제도적 변경 없이는 제3정당의 성공은 어렵습니다. 실제로 무당파가 굉장히 많은 줄로 착각하고 정당 만들었다가 망한 사람이 한둘이 아닙니다.

강양구 박원순 서울시장의 당선을 보도하면서 일부 언론은 박 시장에게 '시민 후보'라는 수사를 붙여 줬어요. 고개를 갸우뚱했습니다. 박 시장이 무소속으로 출마하긴 했습니다만, 민주당 후보와의 경선을 치른 야권의 후보였고, 민주당의 전폭적인 지원을 받았잖아요. 실제로 전통적인 민주당 지지층의 지지가 없었다면 절대로 당선될 수 없었을 거예요.

박성민 또 하나 주목할 수치는 대선 후보 지지율입니다. 박근혜 의원을 비롯하여 정당에 속한 대선 후보들 지지율의 합이 꾸준히 50퍼센트 정도는 유지하고 있거든요. 국민이 한나라당, 민주통합당 등 기성 정당에 대해 실망과 불신을 갖고 있긴 하지만 '혐오' 단계까지 이르지는 않았어요.

선거 때가 되면 "미워도 다시 한 번"을 외치며 기성 정당을 중심으로 빠르게 뭉칩니다. 배우자가 바람피운다고 다 이혼하는 건 아니잖아요?

강양구 '정당 혐오'가 아닌 것은 확실하군요. 더군다나 앞에서도 언급했지만, 최근의 높은 투표율을 보면 대중에게 '정치 혐오'라는 딱지를 붙이기는 더 민망하게 되었어요. 서울시장 보궐선거의 투표율 48.6퍼센트와 지난 4·27 분당(을) 보궐선거의 투표율 49.1퍼센트는 과거의 보궐선거 투표율과 비교해 보면 대단히 높은 것이니까요.

박성민 보궐선거뿐만이 아닙니다. 2010년 지방선거의 투표율이 54.4퍼센트였어요. 2008년 총선의 투표율 46.1퍼센트보다 무려 8.3퍼센트나 높은 것입니다. 특히 눈여겨봐야 할 것은 그동안 투표에 소극적이었던 20~30대가 투표율을 끌어올렸다는 거예요. 처음에도 강조했듯이 25년 만에 20~30대는 또다시 '정치에 몰입'되어 있습니다.

'촛불'보다는 투표가 힘이 세다는 것을 드디어 알게 된 거예

---

① 제1당인 한나라당과 제2당인 민주당 지지율의 합은 몇 년간 55~65퍼센트 사이였다. 여기에 소수 정당 지지율까지 합하면 65~75퍼센트에 이른다. 박원순 서울시장이 무소속으로 출마하긴 했지만 민주당 후보와의 경선을 치른 야권 후보로 민주당의 전폭적인 지원을 받았다. 일부 선진국과 달리 한국은 정당 지지율이 상당히 높은 나라다.

② 박근혜 의원을 비롯하여 정당에 속한 대선 후보들의 지지율의 합 역시 50퍼센트 대를 유지하고 있다. 한국은 아직 '정당의 몰락'을 얘기할 때가 아니다.

③ 투표율 또한 상당히 높다. 서울시장 보궐선거는 48.6퍼센트, 분당 보궐선거는 49.1퍼센트, 2010년 지방선거는 54.4퍼센트였다. 특히 그동안 투표에 소극적이었던 20~30대의 투표율이 높아졌다는 것을 보면, '정치 혐오'는 한국 정치에 적용되지 않는다.

요. 한나라당이 스물여섯 살의 청년을 '비상대책위원'으로 '모셔' 온 것도 높은 투표율 덕이죠. 과거 같으면 상상이나 했습니까? 그것도 한나라당에서 말이죠. 젊은 층의 투표율이 더 올라간다면 영국에서 데이비드 캐머런의 등장(서른다섯 살에 국회의원이 되고, 2005년 서른아홉 살에 보수당 당수, 2010년 마흔네 살에 영국 총리가 되었다.)처럼 30대 당 대표가 나올 수도 있습니다.

조직의 위기

강양구 여기서 한 번 따져 봐야 할 것이 있습니다. 안철수 교수, 박원순 서울시장 등은 기성 정당 밖에 있었던 인물일 뿐만 아니라, 통상적인 의미에서는 정치인도 아닙니다. 하지만 그들은 지금 한국 정치의 '핵'이라고 할 수 있어요. 이런 모습을 보면서 정당의 몰락을 얘기하는 사람이 많습니다.

박성민 '정당의 몰락'이라는 논쟁에 불을 지핀 인물은 미국의 데이비드 브로더입니다. 그는 1972년에 쓴 『정당은 끝났다(The Party's Over: The Failure of Politics in America)』에서 유권자의 정당에 대한 소속감 약화, 정치인의 정당에 대한 의존도 약화를 들어 정당의 역할에 의문을 던졌습니다.

그 뒤에 브로더의 주장을 반박하는 책이 나오면서 논쟁은 계속되고 있지만, 공화당과 민주당 양당이 아직까지 전통적인(?)

방식으로 존재하고 있는 것을 보면 정당의 생명력은 꽤 질깁니다. 물론 그런데도 미래학자들은 가장 먼저 없어질 것 중의 하나로 정당을 꼽는 데 주저함이 없더군요.

이제 우리도 이런 논쟁을 할 때가 된 것 같습니다. 정당은 사라질 것인가? 사라진다면 무엇으로 대체될 것인가? 살아남는다면 과거와 무엇이 달라질 것인가? 정치 지도자가 정당에서 나올 것인가? 당장 2012년 총선, 대선에서 정당은 경쟁력을 보일 것인가? 이런 질문들에 대해 논쟁이 붙겠죠.

강양구 정당의 몰락 내지 정당의 위기를 보여 주는 징표는 어떤 것이 있을까요?

박성민 우선 조직이 확장되고 있는가, 이것이 제일 중요한 징표입니다. 종교는 신도 수가 줄면 위기라고 하잖아요? 기업은 시장 점유율이 주는 것을 위기로 봅니다.

그렇다면 정당도 당원이 증가하느냐, 아니면 줄어드느냐, 이것이 중요합니다. 어느 조직이든 가입자가 늘어난다는 것은 두 가지 중 하나에요. 그럴 만한 '가치'가 있어서 자발적으로 찾아오거나, 아니면 전도(?)에 열심인 '열성' 조직원이 있다는 뜻인데, 어느 쪽이든 조직의 생존에는 긍정적인 신호입니다.

그런데 요즘 당원의 수가 늘어나고 있나요? 모르긴 해도 줄면 줄었지 늘진 않았을 거예요. 특히 청년 당원은 더 그렇고요. 당이 '돈'을 내고 가입할 만큼의 가치가 있는 것처럼 보이지 않으니까요. 심지어 돈을 내기는커녕 당원으로 가입하지 않아도 지지자로서 당과 정치인에 대한 영향력을 행사하는 데 아무런 장애가 없습니다.

2000년대 들어서 정당은 당의 대통령 후보나 서울시장 후보처럼 선거에 나가는 후보를 뽑는 경선을 당원이 아닌 누구에게나 참여할 기회를 주기 시작했어요. 최근에는 당의 지도부를 뽑는 경선까지 그렇게 합니다. 민주통합당은 집에서 TV 보면서도 투표를 할 수 있도록 모바일 투표까지 도입했어요.

한나라당도 마찬가지입니다. 당 지도부를 뽑는 데 여론 조사를 포함시켰어요. 한나라당 전당대회 때마다 여론 조사 반영 비율 때문에 당원 표의 가치가 떨어진다고 비판을 하지만 결국 당원들만의 선거를 하지 못합니다. 민주통합당도 처음에 대통령 후보를 비롯해 선출직에 도전하는 후보를 뽑는 경선이면 몰라도 당의 지도자를 뽑는데 왜 당원도 아닌 사람에게 권한을 주느냐는 비판이 나왔지만, 결국은 당원 대 비당원의 비율을 50 : 50도 아니고 30 : 70으로 결정해 당원의 권리를 약화시켰습니다.

게다가 헌법재판소가 SNS 규제를 놓고 '한정 위헌' 판결을 내렸잖아요. 이제는 인터넷이나 SNS를 통해서 언제라도 지지나 반대를 할 수 있습니다. '조직원'이 아니라도 물건(정치인)을 팔 수 있는 거죠. 오히려 기동력은 기존 '대리점'보다 훨씬 나아요. 정당이 트위터와 경쟁할 수는 없습니다.

인터넷이 없던 과거에는 '조직'과 '신문'이 절대적 힘을 갖고 있었어요. 아날로그 시대에 정치 신인이 자신의 이름을 알릴 수 있는 유일한 길이 뭐였나요? 김영삼, 김대중 전 대통령이 1954년 처음 선거에 나왔을 때는 인터넷은커녕 휴대폰, 집전화도 없었어요. 그들이 자신의 이름과 비전을 알릴 수 있는 유일한 방법은 입소문이었습니다.

입소문의 시작은 거리 유세, 대중 강연 같은 것이었겠죠. 그리고 그것을 전할 매체는 고작 신문이 전부였어요. 그런데 혼자서 수많은 사람을 상대하기에는 한계가 있을 수밖에요. 당연히 정치인은 조직이 필요했습니다. 바로 그 조직을 정당이 줄 수 있었어요. 정당은 공무원 조직, 군 조직과 같은 국가 권력 다음으로 강력한 조직을 가지고 있었으니까요.

유력한 정치인 중 일부는 정당으로도 모자라서 사조직을 만듭니다. 지금은 이름도 생경한 사조직이 얼마나 많았습니까? 김영삼 전 대통령의 나라사랑운동본부(나사본), 김대중 전 대통령의 새시대민주연합청년동지회(연청) 등이죠. 노무현 전 대통령도 비슷한 게 있었죠. 노무현을 사랑하는 사람들의 모임(노사모)도 이런 사조직의 계보 속에 놓인 것입니다.

강양구 정치인과 언론, 정치인과 기업의 유착도 그런 맥락에서 파악해야 할 것 같군요. 김영삼, 김대중 전 대통령이 친소호오에 따라 기자들을 '촌지'로 관리해 온 사실은 비밀도 아닙니다. 오죽하면 일부 기자는 'YS 장학생' 소리를 들었겠어요. 이따금 원로, 중견 언론인과 술자리에서 그런 '좋았던 시절'을 회고하는 소리를 들으면 서글플 때가 많아요.

기업 역시 마찬가지입니다. 정당, 사조직, 언론을 관리하려는 정치인은 이른바 '실탄' 즉 돈이 필요하고, 기업은 기업대로 정치인의 미래에 투자를 합니다. 일종의 보험을 드는 거지요. 정계의 실력자, 그러니까 대통령이 될 가능성이 있는 정치인, 야당 총재가 될 가능성이 있는 정치인, 장관이 될 가능성이 있는 정치인 등에게 기업으로부터 돈이 흘러갑니다.

박성민 그런 상황에서 정치와 조직은 떼려야 뗄 수 없는 관계였어요. 다시 말하면 정치인과 정당을 따로 떼서 생각할 수 없었던 것이죠. 하지만 디지털 혁명 이후에는 그런 조직이 필요 없게 되었어요. 박원순 서울시장은 선거에서 이기고도 민주당에 가지 않겠다는 거예요. 왜 그런 걸까요? 굳이 민주당에 갈 이유가 없으니까요.

민주당이 자랑하는 것은 조직입니다. 그런데 그 조직의 실체가 어떻습니까? 한 가지 예를 들어 볼게요. 지난 6월에 한나라당 전당대회가 있었어요. 한나라당이 야심 차게 당원들로 선거인단을 구성하고 버스로 실어 날랐는데 투표율이 고작 27퍼센트 정도로 30퍼센트에도 미치지 못했어요. 당이 온 힘을 기울였는데도 그랬어요. 그러니까 당원들의 열정도 식은 거죠.

그런데 지난 2011년 10월에 민주당이 서울시장 후보 경선을 하면서 국민 선거인단을 구성했어요. 무려 약 60퍼센트의 투표율을 보였습니다. 민주당 당원이 아니라 일반 시민이 대거 참여한 거예요. 일반 시민은 트위터, 페이스북 같은 SNS에 이른바

'인증샷'을 올리면서 민주당의 조직을 조롱했습니다.

이제 정치인 입장에서 조직은 있으면 좋지만 없어도 되는 그런 계륵 같은 게 된 거예요. 아니, 있어 봤자 인적, 물적 자원만 들어가는 불필요한 존재가 된 것입니다. 이런 인식 하에서 그런 계륵 같은, 아니 쓸모없는 조직을 제공하는 정당에 대한 회의가 만연한 것은 당연하지요.

앞에서도 우리가 이야기했지만 1987년 노태우 전 대통령은 '다수당의 다수파'로 당선됩니다. 1992년 김영삼 전 대통령은 '다수당의 소수파'로 당선되었고요. 1997년 김대중 전 대통령은 '소수당의 다수파'로, 2002년 노무현 전 대통령은 '소수당의 소수파'로 대통령이 됩니다.

놀라운 것은, 지금 안철수 교수는 정당의 도움 없이 그냥 '개인'인데 유력한 대선 후보로 거론되고 있습니다. 이제는 정당에서만 정치 지도자가 나오는 시대가 아닙니다. 오죽하면 "정치하려면 정치하지 마라."는 말이 있겠습니까? 정당에 안 들어가고 국회의원 안 한 사람일수록 인기가 더 많으니까요.

디지털 혁명 이후 SNS 시대에 조직의 역량이 떨어지자 정당에 대한 회의가 생겼다. 1987년 노태우 전 대통령은 '다수당의 다수파'로 당선되었고, 1992년 김영삼 전 대통령은 '다수당의 소수파'로 당선되었다. 1997년 김대중 전 대통령은 '소수당의 다수파'로, 2002년 노무현 전 대통령은 '소수당의 소수파'로 대통령이 되었다. 지금 안철수 교수는 정당의 도움 없이 '개인'으로서 유력한 대선 후보로 거론되고 있다. 이제 정당에서만 정치 지도자가 나오는 시대는 끝났다.

강양구 정당의 하층 조직인 당원뿐만이 아니라 상층 조직인 정당의 지도자도 무력감을 느끼겠군요.

박성민 자기들이 지은 죄(?)가 있어서 참고 있는 거지, 정치인이 갖는 모멸감도 엄청날 겁니다. 한나라당의 '비상대책위원회'를 보면서 「개그 콘서트」의 '비상대책위원회'가 생각난 것은 저뿐이 아닐 거예요. "안 돼, 사람 불러야 돼!" 프랑스의 철학자 장 보드리야르 아시죠?

강양구 『시뮬라시옹』의 저자 말이죠? 영화 「매트릭스」에 영감을 준 것으로도 유명한 철학자죠.

박성민 보드리야르가 바로 그 책에서 이렇게 말했어요. "디즈니랜드는 현실의 나라 미국의 모든 것이 실은 디즈니랜드라는 사실을 은폐한다." 이 말을 우리 식으로 변주하면 이렇게 되지 않을까요? "「개그 콘서트」가 있는 것은 대한민국 전체가 실은 「개그 콘서트」 중이라는 것을 은폐한다."

강양구 보드리야르는 디즈니랜드의 유치하고 어리석고 유아적인 일들이 사실은 디즈니랜드 밖 미국의 현실에서도 똑같이 벌어지고 있다고 봤어요. 미국인이 현실에서 그런 불합리함의 실체를 간파하지 못하는 것은 디즈니랜드가 있기 때문입니다. 디즈니랜드 밖에서는 불합리한 환상이 아닌 합리적인 현실이 존재한다는 믿음을 준다는 거예요.

그러니까, 보드리야르 식으로 해석하자면 「개그 콘서트」는 「개그 콘서트」보다 더한 개그 같은 현실을 대중이 인식하지 못하게 하는 효과를 준다는 거군요?

박성민 유재석 씨가 예능 프로그램에서 끊임없이 "개그는 개그일 뿐 오해하지 말자."고 강조하는 것도 무의식적으로(혹은 의식적으로?) 그런 효과를 노리는 것 아닐까요? 사실 현실은 예능 프로그램의 우스갯소리보다 더 웃기는데, 대중이 그걸 간파하는 순간 예능 프로그램이나 개그 프로그램은 더 이상 웃기지 않게 되잖아요?

한 번 보세요. 걸핏하면 누가 시킨 것도 아닌데 정당이 먼저 당을 해체하자거나 당명을 바꾸자고 합니다. 정당을 '정식 대리점'이 아니라 재고를 '땡' 처리하는 '창고 바겐세일'로 전락시키는 행동입니다. 툭하면 정당한 절차를 거쳐 뽑힌 지도부를 해체하고 비상 상황을 만들어요.

앞에서도 말했듯이 정치의 본령은 '비상'을 '정상'으로 돌려 놓는 것이잖아요? 그런데 정당이 나서서 '정상' 상황을 '비상' 상황으로 만들어 놓습니다. 이런 모습을 본 당원들은 얼마나 자괴감이 크겠어요? 정당과 정치인이 의연하지 못하고 가벼우니, 정작 당원들의 고생이 많습니다. 그러니 당원이 떠나는 게 어찌보면 당연한 일이에요.

동지▶ 동업▶ 동거

강양구 '정당의 위기'를 초래한 원인들 가운데 다른 차원도 따져 봐야 겠어요. 정당의 정의는 학자마다 다릅니다. 하지만 거칠게 말하면, 비슷한 생각을 가진 이들이 모인 당파성을 가진 조직이에 요. 이들은 정당을 통해 지지 기반을 확대해서 정부, 의회와 같은 권력을 접수하는 것을 목적으로 합니다. 여기서 열쇳말은 비슷한 생각, 즉 '당파성'입니다.

전통적인 정당은 이념 조직입니다. 어느 정당이나 강령으로 대표되는 정체성이 중요한 것도 이 때문이에요. 그런데 오늘날 한국의 정당이 과연 비슷한 생각을 가진 이들의 결사체인가, 이런 의문이 듭니다. 지금 한나라당, 민주통합당 의원들은 서로 동지라고 생각할까요? 더 나아가, 그들은 한나라당 당원 및 지지자나 민주통합당 당원 및 지지자를 동지라고 생각할까요?

박성민 아닙니다. 이명박 대통령이 좋은 예입니다. 이명박 대통령과 정치적 운명을 끝까지 함께할 사람이 몇 명이나 될까요?

언론에서 '순장'이라는 표현을 쓸 정도니 오죽 없으면 그런 표현이 나왔겠어요. 동지들이라면 진퇴를 함께해야 하는데 말입니다. 지금 한나라당에 '친이'가 있나요? 2010년 지방선거가 끝나고 나서는 '친박', '반박', '비박'만 남았습니다. 이명박 대통령은 역사상 동지(?)들로부터 가장 빨리 배신당한 대통령일 겁니다. 물론 대통령이 먼저 배신했을 수도 있고요.

사실 이명박 대통령이 한나라당 후보로서 대통령에 당선되기는 했습니다만, 그가 지난 4년의 임기 동안 추진해 왔던 정책이 과연 한나라당이 정체성으로 내세우는 보수의 이념에 부합하는지 회의적입니다. 그가 추진해 온 정책은 한 나라의 대통령이 아닌 한 기업의 CEO의 정책과도 같아요. 비용 대비 이윤을 어떻게 남길 것인가에만 관심을 쏟는…… 그래서 한국의 보수주의자라고 할 수 있는 이들조차도 이명박 대통령과 이명박 정부에 등을 돌리고 있는 겁니다.

정당은 '당파성'을 같이하는 이념 조직이다. 그러나 오늘날 대통령 후보의 자격을 논할 때 당의 비전에 부합하는 인물인지, 지지자의 이해관계를 떠안을 자격이 있는지는 뒷전이다. 오로지 당선 가능성만을 고려한다. 대통령에만 당선되면 당에 소속된 국회의원, 관료, 직원들은 정부 부처, 산하 기관 등의 장관, 차관, 기관장, 감사 등 수만 곳의 자리를 꿰찰 수 있기 때문이다. 이처럼 한국의 정당에는 '동지'는 없고 이권을 나누는 '동업'만 있다는 사실이야말로 시민이 정당을 외면하게 된 중요한 이유다.

지금 한국의 정당에 '동지'는 없습니다. 단지 이권을 나누는 '동업'만 있을 뿐입니다. 한나라당, 민주통합당에 모여서 사적 이익을 추구하는 동업 말이에요. 그러니 대통령 후보의 이념이 당의 이념 혹은 비전과 부합하는지, 당원 및 지지자의 이해관계를 떠안을 자격이 있는 인물인지는 중요한 고려 사항이 아닙니다.

오로지 당선 가능성만 있으면 충분해요. 대통령에만 당선되면 당에 소속된 국회의원, 관료, 직원들은 정부 부처, 산하 기관 등의 장관, 차관, 기관장, 감사 등 수만 곳의 자리를 꿰찰 수 있으니까요. 이렇게 한국의 정당에는 동지는 없고 동업만 있다는 사실을 시민들이 간파한 것입니다. 시민이 정당을 외면하게 된 중요한 이유입니다.

강양구 사실상 정당이 이익집단으로 변질되었다는 지적이군요. 이익집단이 득세하면 생기는 문제를 미국의 정치학자 엘머 에릭 샤츠슈나이더는 이렇게 간명하게 표명했습니다.

> 사적인 갈등에서 경쟁자(이익집단) 간에 힘의 관계는 언제나 불평등하기 마련이므로, 당연히 가장 강력한 특수 이익(집단)은 사적인 해결을 원한다. 외부의 개입 없이 갈등이 사적인 채로 남아 있는 한, 강자가 갈등의 결과를 결정할 수 있기 때문이다. ……
> 갈등을 사회화하고자 하는 사람들, 즉 힘의 균형이 변할 때까지 더욱더 많은 사람을 갈등에 끌어들이고자 하는 사람은 약자다.
> — 엘머 에릭 샤츠슈나이더, 『절반의 인민 주권』
> (현재호, 박수형 옮김, 후마니타스, 2008), 89쪽

바로 이렇게 강자가 약자를 유린하지 못하도록 갈등을 사회화하는 역할을 바로 정당이 떠맡아야 합니다. 그런데 지금 한국의 정당은 자신이 이익집단처럼 행동하면서 지지자를 대변하는 역할을 포기하고 말았어요. 그러니 시민들이 정당을 '차라리 없어져도 좋을 것'으로 인식하는 게 전혀 이상한 일이 아니지요.

박성민 사실 지금의 한나라당이나 민주통합당의 상황은 동업 수준도 아니에요. 왜냐하면 동업은 뭔가 이익을 기대하고 모여 있는 거잖아요. 그런데 지금은 생각도 다르고, 비전도 다르고, 심지어 이해관계도 제각각인 사람들이 그저 이러지도 저러지도 못해서 모여 있는 수준이라고 해도 무리가 아닙니다. 그러니 동업이 아니라 정확히 말하자면 '동거'라고 해야겠지요.

정당은 강자가 약자를 유린하지 못하도록 갈등을 사회화하는 역할을 떠맡아야 한다. 그런데 지금 한국의 정당은 이익집단처럼 행동하면서 지지자를 대변하는 역할을 포기했다. 관료와 같은 행정권력, 검사 및 판사와 같은 사법 권력, 재벌과 같은 기업 권력 등의 비선출 권력이 점점 더 영향력을 확대하면서 정당을 무시하게 되는 이유다.

이렇게 정당이 이익집단 수준도 안 되다 보니, 지지자의 밥그릇은커녕 자기 밥그릇도 못 지키는 겁니다. 더 나아가 관료와 같은 행정 권력, 검사 및 판사와 같은 사법 권력, 재벌과 같은 기업 권력, 이런 비선출 권력이 계속해서 정당을 무시하고 영향력을 확대하는 것도 무리가 아니지요. 이러니 어떻게 시민이 정당에 신뢰를 보내겠어요.

무책임 정치

강양구 이렇게 정당이 동거 수준에 머물러 있다 보니 또 다른 문제가 생깁니다. 오랫동안 엉겨 붙어 있었던 정치인과 정당의 연결 고리가 깨지고 만 거예요. 안철수 현상, 박원순 바람을 보면서 기존 정당에 몸담고 있었던 정치인은 "정치는 혼자 하는 것이 아니다."라며 정당의 필요성을 강조합니다. 하지만 정작 그들의 모습은 그렇지 않아요.

박성민 정당의 위기, 정치의 위기를 거론하면서 모두 책임 정치를 강조하잖아요? 무소속은 책임 정치를 할 수 없고, 정당에 속한 정치인만이 책임 정치를 할 수 있다고요. 과연 그럴까요? 노무현 전 대통령은 책임 정치를 했나요? 이명박 대통령은요? 오세훈 전 서울시장은요?

가장 최근 사례만 볼게요. 오세훈 전 서울시장이 그만두는 과정에서 한나라당이 무슨 역할을 했나요? 아니, 유승민 의원이나 많은 이들이 말하듯 도대체 "주민투표를 누가 하라고 했나요?" 더 본질적으로는 한나라당에 무상 급식 당론이 있기는 했나요? 한나라당 후보로 당선된 오 전 시장이 당과는 무관한 행보를 했기 때문에 결국 10·26 보궐선거로 이어지게 되었어요.

노무현 전 대통령도 민주당을 깨고 열린우리당을 만들 때나 한나라당에 대연정을 제안할 때, 혹은 재신임을 묻겠다고 했을 때 당으로부터 어떤 승인을 받았나요?

강양구 일종의 사기예요. 예를 들어 '─아파트'라고 해서 입주를 했는데 하자가 생겨서 연락을 했더니 이런 답이 돌아와요. "우리는 이름만 빌려줬고, 그 아파트는 실제로는 지역 중소 건설 업체가 지었으니 거기에 문의하라." 지금 상황이 이러니 기존 정당이 안철수 현상, 박원순 바람에 토를 다는 것이 우습지요.

박성민 그래도 기업의 잘못된 제품은 기업 이미지에 타격을 입힙니다. 그래서 기업은 경제적 손실을 감수하더라도 리콜을 하잖아요. 지금의 정당은 리콜은 고사하고 애프터서비스도 안 해 줍니다. 정당이 그 이름으로 당선시킨 대통령, 국회의원, 시장을 당론으로 통제할 수 있나요? 책임 정치는 거기에서부터 출발하죠.

　　지금은 무책임 정치의 극치입니다. 이런 무책임 정치야말로 정당의 위기를 불러온 원인 중 하나입니다.

책임 정치의 조건 1 "우군을 확인하라!"

강양구 사실 이렇게 정당이 시민으로부터 불신을 받는 현실은 현대 민주주의의 심각한 딜레마를 제기해요. 시민은 선거를 통해 대통령, 국회의원 같은 대표에게 권력을 위임합니다. 여기서 그 위임을 받은 대통령, 국회의원이 과연 자신에게 권력을 위임한 그 시민을 위해 일할지 의문이 제기돼요.

　　바로 정치학자들이 '책임성(accountability)의 원리'라고 부르는 것인데요.

박성민 여기서 한 가지 명확히 할 게 있어요. 우리는 흔히 추상적으로

263

시민 전체가 대통령에게 권력을 위임한 것으로 말하곤 합니다만, 현실에서는 그렇지 않지요.

예를 들어 2002년에 이회창 후보를 찍었던 사람이나 2007년에 정동영, 문국현 후보를 찍었던 사람은 노무현 전 대통령이나 이명박 대통령에게 권력을 위임한 것이 아닙니다. 그들은 오히려 권력을 빼앗겼다고 생각할 거예요. 그러나 선거를 통해 누군가 대통령으로 당선되면 그 순간 그는 '정파의 대통령'이 아니라 '대한민국의 대통령'이 됩니다.

언론도 다 그렇게 씁니다. 2008년 미국 대선에서 패배한 존 매케인의 「오바마는 나의 대통령이다」 같은 연설이 멋있게 인용되기도 하고요. 그런데 이게 머리로는 되지만 가슴으로는 잘 안 되죠. 솔직히 쉽지 않죠. 그렇다면 시민이 대통령에게 권력을 위임하면서 어떤 기대를 할까요?

두 가지 정도가 있을 거예요. 일차적으로는 자기가 지지하는 세력이 계속 유지되리라는 기대예요. 1992년 대선 때 대구/경북(TK) 사람이나 충청도 사람이 평민당(평화민주당)의 김대중 후보 대신 민자당(민주자유당)의 김영삼 후보에게 표를 왜 줬겠어요? 김영삼 후보의 어젠다를 지지해서요? 아닙니다. 이런 마음이었을 거예요. "김영삼 당신이 민주화 운동 하고 전두환, 노태우를 싫어한다는 건 알아. 하지만 과거는 다 잊고 세 당이 합해서 민자당이 만들어졌잖아. 눈 딱 감고 찍어 줄 테니, 뒤통수는 치지 마!"

1997년 대선 때 충청도 사람이 민주당의 김대중 전 대통령에게 표를 준 이유도 비슷했을 겁니다. 노무현 전 대통령은 자유롭다고요? 아닙니다. 2002년에 호남 사람들이 왜 노무현 후보를 지지했겠어요? 그의 어젠다를 지지했던 이들도 있었겠지만, 다수의 호남 사람들의 마음은 이랬을 거예요. "노무현 당신이 예전에 지역주의 타파를 내세우면서 호남, 그리고 김대중과 갈등도 있었던 건 알아. 하지만 김대중이 키운 민주당 후보잖아. 적극 지지해 줄 테니, 민주당은 깨지 마!"

정당에 대한 불신은 선거를 통해 권력을 위임한다는 대의민주주의 제도에 딜레마를 야기한다. 국민이 대통령에게 권력을 위임할 때는 자신이 지지하는 세력이 계속 유지하리라는 기대를 건다. 그러나 한국 대통령들은 모두 권력을 잡고 나서 시민이 권력을 위임해 준 '통치 연합'의 틀을 깼다. 노무현 대통령의 경우 당선되자마자 지지자의 뜻과는 다르게 대북 송금 특검을 수용하더니, 결국 민주당을 깨고 열린우리당을 창당했다. 책임 정치의 첫 번째 조건은 "우군을 확인"하는 것이다. 노무현 전 대통령은 본인이 앉은 의자의 다리를 자기 손으로 자른 것이다.

2007년 중도 실용을 내세웠던 이명박 대통령에게 박근혜 의원을 지지했던 보수 진영이 표를 준 것도 "박근혜와 공동 정부로 운영해라."라는 압력이 들어 있는 거죠. 그런데 한국의 모든 대통령은 지지자들에게 위임받은 연합을 결국은 모두 깨 버렸죠. 정치적으로 노회한 김영삼, 김대중은 시간을 갖고 깼고, 그렇지 못한 노무현, 이명박은 성급하게 깼다는 차이만 있는 거죠.

강양구 그러고 보니, 한국 정치는 권력을 위임한 시민에 대한 배신의 연속이었네요. 권력을 잡자마자 시민이 권력을 위임해 준 '통치

연합'의 틀을 계속해서 깼으니까요. 노무현 전 대통령만 해도 지지자의 뜻과는 다르게 당선이 되자마자 대북 송금 특검을 수용하고, 결국에는 민주당을 깨고 열린우리당을 창당했잖아요.

한 원로 언론인이 이런 얘기를 하더군요. 문재인, 김두관, 유시민 씨 등 '노무현의 적자'라는 정체성을 가지고 대선에 나가서 호남의 지지를 얻으려면 광주, 전주, 목포 같은 곳에 가서 무릎이라도 꿇어야 할 거라고요. 그래야 호남 사람이 노무현 전 대통령이 깬 통치 연합의 틀을 다시 복원하는 걸 승인하리라는 거예요. 상당히 수긍이 갔지요.

박성민 노무현 전 대통령의 가장 큰 판단 착오였습니다. 어젠다를 제시하려는 정치인에게 개인적으로 컨설팅을 해 줄 때, 꼭 강조하는 세 가지 원칙이 있어요. 그중 하나가 어젠다를 제시하기 전에 반드시 우군을 확인하라는 것입니다. 그런데 노무현 전 대통령은 집권 초기에 자신의 팔다리를 잘라 버린 겁니다.

강양구 굉장히 정치적이지 못한 판단이었어요. 노무현 대통령은 취임한 지 얼마 되지도 않은 2003년 9월 17일에 이런 말을 해서 호남 사람에게 모욕을 줬어요. "호남 사람들이 나를 좋아해서 찍었나요. 이회창이 보기 싫어 이회창 안 찍으려고 나를 찍은 거지." 속으로 이런 생각을 하는 거야 자유지만, 왜 자기가 앉은 의자의 다리를 자기 손으로 자릅니까?

개인적으로 안타까운 것은, 이런 정치적이지 못한 행동을 놓고 일부 노무현 전 대통령의 지지자들은 김영삼, 김대중 전 대통령 혹은 다른 정치인과 비교했을 때 '순수하다'며 가슴 뭉클해한다는 것입니다. 정치인이 정치적이지 못한 것은 자신뿐만 아니라 그 지지자, 더 나아가 나라 전체에도 굉장히 큰 불행인데요. 실제로도 그렇게 되었잖아요?

책임 정치의 조건 2 "갈등을 두려워하지 말라!"

박성민 시민이 대통령에 권력을 위임할 때 하는 두 번째 기대가 바로 그가 추진하는 정책으로 나타나는 어젠다입니다. 여기서 한 가지 질문을 해볼 수 있어요. 분명히 노무현 전 대통령은 진보 쪽에 묶일 법한 이들의 지지로 당선이 되었어요. 그렇다면, 대통령이 된 다음에 그가 내세우는 어젠다는 어때야 할까요?

강양구 선거가 끝나면 항상 "대통령에게 바란다" 유의 사설, 칼럼이 언론에 등장합니다. 이제 갈등은 접고 통합으로 나서라는 것이지요. 실제로 한국의 지식인은 '통합 강박증'에 걸렸어요. 툭하면 갈등은 부정적인 것, 통합은 긍정적인 것으로 얘기합니다. 언론은 또 이런 걸 확대하고요. 과연 그럴까요?

앞에서 언급한 샤츠슈나이더는 『절반의 인민 주권』에서 이렇게 말합니다.

갈등은 균열선 양쪽에 있는 사람들의 동원을 전제로 한다. ……
갈등은 사람들을 분열시키는 동시에 통합한다. …… 통합 과정
은 분열 과정만큼이나 갈등에 필수적인 요소이다. 갈등이 완연
하게 발전하면 할수록 갈등은 좀 더 격렬해지며, 갈등이 격렬해
지면 격렬해질수록 상호 적대적인 양 진영의 내적 통합은 더욱
강화된다. …… 통합과 분열은 동일한 과정의 일부이다.

— 엘머 에릭 샤츠슈나이더, 『절반의 인민 주권』, 118쪽

최장집 고려대학교 명예교수도 이렇게 얘기를 했어요.

정치의 최종 목표가 사회 통합일 수는 있지만 그것이 시작은 아
니다. 통합이 정치의 시작이 되는 경우 차이, 갈등, 소외, 균열은
억압되고 이들이 표출되거나 대변될 수 있는 사회적 기반은 약
화될 것이다.

— 최장집, 『민주주의의 민주화』(후마니타스, 2006), 86쪽

'통합 강박증'에 걸린 지식인은 갈등이야말로 통합의 전제
가 된다는 이런 지적을 깊이 음미해 봐야 합니다. 선거에서 권
력을 위임받은 대통령은, 자신에게 적극적으로 권력을 위임해
준 지지층의 이해에 부합하는 어젠다를 내세워야 합니다. 물론
그 과정에서 갈등은 불가피하지만 그런 갈등이야말로 그 사회
의 문제를 드러내면서 더 나은 내일을 낳는 산고(産苦)입니다.

박성민 샤츠슈나이더, 최장집 교수의 통찰이 얼마나 합당한지를 한귀영 박사가 『진보 대통령 vs. 보수 대통령』에서 여론 조사 데이터를 통해 보여 줬어요. 실제로 노무현 전 대통령이 타협형 어젠다가 아니라 지지층을 대변하는 갈등형 어젠다를 제기했을 때, 지지율에도 긍정적으로 작용했어요. 특히 대중의 먹고사는 문제와 관련된 경제·사회 분야에서 이 같은 경향이 두드러졌습니다.

그런데 노무현 전 대통령은 지지층을 대변하기보다는 끊임없이 지지층의 반발을 불러오면서 지지 기반을 약화시켰죠. 2003년의 이라크 파병이 대표적입니다. 노 대통령도 나중에 "이라크 파병은 옳지 않은 선택으로 역사에 기록될 것"이라고 고백했어요. 역사의 평가를 그토록 중요하게 생각한 사람이 그렇게 지지층을 배반하는 결정을 내렸습니다.

충분히 이해는 합니다. 한미 동맹의 중요성을 고려할 때, 정파의 수장이 아니라 대한민국 대통령으로서 고뇌가 있었겠지요. 지금 와서 돌이켜 보니 잘못한 선택이었다고 판단하는 거지 당시로서는 미국의 파병 요청을 거절하기가 쉽지 않았겠죠. 미

"정치의 최종 목표가 사회 통합일 수는 있지만 그것이 시작은 아니다." 선거에서 권력을 위임받은 대통령은 자신에게 적극적으로 권력을 위임해 준 지지층의 이해에 부합하는 어젠다를 내세워야 한다. 그 과정에서 불가피하게 일어나는 갈등은 더 나은 사회를 위한 산고(産苦)이다. 노무현 전 대통령은 2003년 이라크 파병처럼 지지층을 대변하기보다는 끊임없이 지지층의 반발을 불러오면서 지지 기반을 약화시켰다. 지지층의 지지를 저버리는 지도자는 절대로 성공할 수 없다. "지지층의 기대에 부응하라. 그리고 반대를 두려워 마라!"

국인들도 시간이 꽤 흐른 뒤인 2006년 중간선거에 가서야 부시에게 등을 돌렸으니까요.

강양구 미국산 쇠고기 수입을 4대 선결 조건 중 하나로 수용하고 추진한 한미FTA와 한나라당에 대한 대연정 제안은 어떻습니까? 한미FTA는 지금도 야당의 발목을 끊임없이 잡잖아요? 그때 노무현 전 대통령이 신임했던 김종훈 통상교섭본부장 같은 사람이 앞장서서 전 정부를 모욕하고 있고요.

박성민 미국의 민주당 대선 예비경선에서 버락 오바마와 힐러리 클린턴이 붙었을 때, 모두의 예상을 깨고 오바마가 이겼어요. 힐러리의 가장 큰 약점은 이라크전쟁에 대한 찬성이었습니다. 초창기에는 부시 정부가 주장한 대량 살상 무기 등이 확인되지 않은 상태였으니, 이라크전쟁에 대한 정당성이 아주 없었다고는 할수 없었죠.

실제로 2004년 선거에서 미국 시민은 부시를 재선시킴으로써 이라크전쟁을 승인했습니다. 그런데 나중에 모든 게 날조였던 거예요. 그 결과 2006년에 공화당이 중간선거에서 패배하고, 결국 그 여파가 대선까지 이어집니다. 이때 오바마가 힐러리를 계속 공격해요. "힐러리는 바로 그 이라크전쟁을 지지했던 당사자다." 결국 이것이 오바마가 대통령이 되는 동력이 되었습니다.

노무현, 힐러리가 보여 주는 중요한 메시지는 이것입니다. "지지층의 지지를 저버리는 지도자는 절대로 성공할 수 없다."

"지지층의 기대에 부응하라. 그리고 반대를 두려워 마라!"

책임 정치의 조건 3 "담대한 제안을 하라!"

강양구 아까 정치인에게 컨설팅을 하거나 어젠다를 제시할 때 강조하는 세 가지 원칙을 얘기하셨죠? "우군을 확인하라!" "반대(갈등)를 두려워 마라!" 기왕 얘기가 나왔으니까 나머지 하나도 확인하고 갑시다. 다른 하나는 무엇입니까?

박성민 "담대한 제안을 하라!" 최근에 스티브 잡스가 죽으면서 그의 '혁신'에 관심이 높아졌어요. 위대한 지도자라면 혁신에 대한 고민과 실천이 필수적입니다. 혁신은 때로는 지지층, 더 나아가 공동체의 기대를 넘어서는 것으로도 나타나지요. 단순 비교를 하는 건 무리가 있지만, 마치 잡스가 시장의 기대를 넘어서는 제안으로 혁신했던 것처럼 말입니다.

어젠다에는 세 가지 모델이 있습니다. 첫째 어젠다는 '김치 냉장고' 모델입니다. 김치가 쉽게 쉬는 걸 막고자 김치 냉장고가 탄생했어요. 이렇게 소비자의 불만을 해소하는 식으로 수많은 제품이 나왔어요. 국자가 국에 빠지지 않도록 고리를 만든다거나, 한 볼펜에 세 가지 색깔을 넣는다거나 하는 것들이요. 바로 이렇게 불만 해소형 어젠다가 있을 수 있어요.

둘째 어젠다는 '여행 가방' 모델입니다. 수천 년간 가방은 인

271

류의 운반 수단이었습니다. 바퀴 역시 대표적인 운반 수단이었어요. 그런데 이 두 개가 만난 것은 얼마 되지 않았습니다. 지금은 웬만하면 다 끌고 다니지 않습니까? 이렇게 기존에 있던 것들을 붙여서 새로운 제품을 만들 수 있습니다. 어젠다 역시 이처럼 기존의 것들을 조합해서 만들 수 있어요.

셋째 어젠다는 '자동차' 모델입니다. 세상에 없던 것을 그냥 창조자가 만들어 낸 것이에요. 성공한 헨리 포드에게 "자동차를 사람들이 살 것이라고 예상했느냐?"고 물었을 때 그의 답이 걸작이었습니다. "그렇게 물어봤다면 세상 사람들은 더 빨리 달리는 말을 원한다고 답했을 것입니다."

포드는 그냥 새로운 것을 만들었습니다. 스티브 잡스가 아이팟, 아이폰, 아이패드를 만들 때도 그랬겠지요. 대중에게 물어보지 않고 만들었습니다. 그래서 창조자로 불리는 것입니다. 정치인으로서 지도자가 되기 위해서는 바로 그렇게 세상을 깜짝 놀라게 할 '담대한 제안'을 내놓아야 합니다. 창조적인 어젠다 말입니다.

예를 들어, 김대중 전 대통령은 그런 성취를 해냈지요. 물론 처음 나온 아이디어는 아니지만 2000년에 남북 정상회담을 성사시켰습니다. 이명박 정부 하에서 삐걱거리기는 합니다만, 이제는 전쟁은 있어서는 안 된다는 합의가 최소한 합리적인 사람들 사이에서는 상식이 되었잖아요. 그런 혁신적인 어젠다는 어떻게 가능할까요?

강양구 글쎄요. 대통령이라고 누구나 혁신을 할 수 있는 건 아닐 거예요. 타고난 능력, 남다른 철학, 시대를 앞서는 비전이 담보가 되어야겠지요.

사실 2008년 8·15 국정 연설에서 '녹색 성장'을 얘기한 이명박 대통령도 제대로만 했다면 나중에 혁신의 한 본보기로 칭송을 받았을지 몰라요. 박정희 전 대통령의 성장 패러다임에 반하는 새로운 패러다임을 연 대통령이라고요. 그런데 '녹색 성장'을 얘기하면서 그 안에 담긴 내용이 고작 토건 사업이나 핵 발전 칭송이니 사람들이 쓴웃음을 짓는 거지요.

박성민 대통령이 어젠다를 추진할 때 잊지 말아야 할 원칙을 로켓 발사에 빗대서 이야기해 보겠습니다. 제일 먼저 지지 기반을 붕괴시키지 말아야 합니다. 이것은 대기권 밖으로 우주선을 날라다 주는 1단 로켓입니다. 둘째는 어젠다의 우선순위를 정하는 것입니다. 하고 싶은 걸 다 할 수는 없으니까요. 인공위성을 정확한 궤도에 올려놓는 2단 로켓의 역할이지요.

그 다음은 어젠다를 추진하는 것이지요. 이때 중요한 것은

어젠다에는 세 가지 모델이 있다. ① 불만을 해소하기 위해 만든 김치 냉장고 모델, ② 기존의 것을 결합하여 효율성을 높인 여행 가방 모델, ③ 기대하지 못했던 전혀 새로운 것을 만들어 내는 자동차 모델이다. 위대한 지도자가 되려면 무엇보다 혁신에 대한 고민과 실천이 필요하다. 정치인은 '자동차 모델'처럼 창조적인 어젠다를 제시해야 한다. "담대한 제안을 하라!" 그런 혁신은 때로는 지지층, 더 나아가 공동체의 기대를 넘어서는 것일 수도 있다.

추진 세력이 충분해야 하고 목표, 방향, 전략, 의지가 확고해야 합니다. 인공위성도 명확한 목표를 갖고 쏴야 올라가니까요. 마지막으로 민심을 예민하게 살펴야 합니다. 인공위성이 보내온 자료도 결국은 해석을 잘해야 하는 것이지요. 그런데 노무현, 이명박 대통령은 모두 1단 로켓에 문제가 생겼습니다.

강양구 용꿈을 꾸는 정치인이라면 꼭 기억해야 할 교훈은 이런 것이겠네요. 지지층의 이해에 부합하는 화끈한 어젠다는 가능하면 집권 초기에 내놓아라! 자기만의 혁신적인 어젠다는 숙성시키고 또 숙성시켜서 통치 기반이 어느 정도 마련되었을 때 내놓아라! 둘 중 하나만 잘해도 역사에 남는다. 이런 식인가요?

박성민 모든 지도자가 혁신적인 어젠다를 제안하고 실천할 수는 없습니다. 하지만 그 조건은 얘기할 수 있을 거예요. 김대중 전 대통령은 처음에는 통치 연합의 틀을 흔들지 않았습니다. 국가보안법, 양심수 석방 문제 등도 아주 소극적이었어요. 대신에 모두가 그 정당성을 부정하지 못할 외환 위기 극복에 주력했지요. 그리고 중반이 되는 시점에 남북 정상회담을 추진했어요.

대조적으로 김영삼 전 대통령은 1993년에 권력을 잡은 여세를 몰아서 당시로서는 혁신적인 금융실명제를 전격적으로 관철시켰죠. 이처럼 초기에는 자신이 당선된 통치 연합의 틀 속에서 지지층의 이해에 부합하는 어젠다에 몰두하고, 그 동력을 기반 삼아서 모두가 놀라는 혁신적인 어젠다를 내놓는 것. 이게 한 가지 경로 아닐까요? 역사적인 대통령이 되려고 조급증을 내기보다는…….

새로운 정당

강양구 그렇다면, 여기서 이런 질문을 던져 봐야 할 것 같아요. 앞에서 살펴본 대로 지금 정당의 문제는 한두 가지가 아닙니다. 그렇다면 정당은 무용한 것일까요? 아니, 한 걸음 더 나아가 없어져야 하나요? 그게 아니라면, 정당은 왜 필요한가요? 그리고 새로운 정당의 모습은 어때야 할까요?

박성민 하나같이 답하기 어려운 질문입니다. 하지만 지금까지 우리의 대화 속에서 확인되었듯이 제대로 못해서 그렇지 정당이 할 수 있는 역할이 분명히 있어요. 예를 들자면, 정당이 하는 역할은 일종의 필터링 기능입니다. 안철수, 박원순, 문재인, 조국…… 이런 이들은 모두 생각이 다를 겁니다.

　이들이 모여서 정당을 결성하고, 그 안에서 지지층의 의견을 염두에 두고 입장을 조정하면 그것이 당론이 됩니다. 그리고 그렇게 모여 있는 이들의 됨됨이와 하나로 모아진 당론 등을 고려하면 비교적 쉽게 정치적 결정을 내릴 수 있어요. 왜냐하면 민

275

주주의는 평범한 사람이 정치적 결정을 쉽게 하도록 고안된 것이니까요. 샤츠슈나이더의 탁월한 비유를 들어 볼까요?

> 시민이 민주주의에 참여하려면 그에 합당한 시험을 치러야 한다고 생각하는 사람은 오로지 가르치려고만 드는 선생밖에 없을 것이다. …… 시민을 위해 민주주의가 만들어졌지, 민주주의를 위해 시민이 만들어진 것은 아니다. 민주주의는 평범한 사람을 위한 것이다. 학자연하는 이들이 시민의 자격을 인정하든 말든 상관없이, 그것은 평범한 사람의 요구에 민감하게 반응하도록 고안된 정치 체제이다.
>
> — 엘머 에릭 샤츠슈나이더, 『절반의 인민 주권』, 215쪽

> 그랜드센트럴 역을 오가는 군중을 지켜본 사람이라면 누구나 정당 조직의 본질에 대해 무언가를 배울 수 있을 것이다. 이 군중은 전혀 조직되지 않은 것처럼 보인다. 그러나 관찰자가 지켜보게 되는 것은 혼란스러운 무질서가 아니다. 왜냐하면 시간표와 개찰구가 그 많은 사람들을 통제하고 있기 때문이다.
>
> 이 체제에서 군중을 이루는 각각의 사람이 자기 자리를 찾아갈 수 있는(즉 이 체제가 이들을 조직할 수 있는) 이유는 이들에게 주어진 대안이 제한되어 있기 때문이다. 정당은 유권자들이 선택할 수 있는 대안을 극단적으로 단순화하는 방식을 통해 이들을 조직한다. 이것은 조직화에 있어 매우 중요한 행동 방식이다.
>
> — 엘머 에릭 샤츠슈나이더, 『절반의 인민 주권』, 110쪽

나중에 안철수, 문재인, 조국 같은 이들이 대통령, 지방자치단체장, 국회의원이 되었을 때도 마찬가지입니다. 정당은 그들이 자의적으로 권력을 행사하지 못하도록 하는 제약으로 작용할 수 있어요. 제약이라고 하니까 부정적으로 들리지만, 꼭 그렇지도 않아요. 그것은 제약이자 동시에 앞에서 강조했듯이 자신이 갈고닦은 어젠다를 적극적으로 추진할 수 있는 핵심 동력으로도 작용하니까요.

강양구 지금의 안철수 현상, 박원순 바람은 탈정당의 신호라기보다는 오히려 제대로 된 정당을 요구하는 흐름으로 봐야겠군요. 신호를 잘못 파악해서 일부에서 주장하듯이 정당의 역할을 제한하고 심지어 그것을 아예 없앨 때의 폐해를 노무현 전 대통령, 이명박 대통령, 그리고 오세훈 전 서울시장이 보여 준 셈이니까요.

그렇다면, 지금 만들어 가야 할 정당의 모습은 어떤 것일까요? 많은 이들은 지금과는 다른 '작은 정당'이나 '모바일 정당' 혹은 '디지털 정당' 얘기를 합니다.

박성민 유시민 통합진보당 공동 대표가 2000년대 초에 개혁당(개혁국민정당)에 참여할 때, 텔레비전 토론 프로그램에서 '진성 당원'을 강조하곤 했었어요. 그러니까 진성 당원이 매월 1만 원씩 내는 당비로 당을 운영하고, 대신 그렇게 당비를 내는 당원에게 당의 대통령 후보 및 국회의원 후보를 정할 권리를 주자는 발상입니다.

유시민 대표가 유학을 다녀온 적이 있는 독일과 같은 유럽형 정당을 염두에 둔 발상이었을 거예요. 이렇게 진성 당원을 강조하는 흐름은 과거의 민주노동당, 진보신당 등 진보 정당에서 공통적으로 나타납니다. 그리고 민주노동당, 진보신당의 경우에는 일부 성공적으로 안착하기도 했어요.

하지만 저는 그렇게 진성 당원을 강조하는 얘기를 들을 때마다 고개를 갸우뚱하곤 했어요. 아니 당원에게 대통령 후보, 국회의원 후보, 지방자치단체장 후보를 정할 권리를 주는 게 뭐 그리 대단한 겁니까? 그리고 지금은 민주통합당, 한나라당은 매월 돈 한 푼 내지 않는 당원에게도 그런 권리를 주잖아요.

저는 예전부터 유럽형 정당이냐 미국형 정당이냐 이렇게 따질 게 아니라 한국형 정당을 만들자고 떠들고 다녔습니다. 유럽의 정당, 미국의 정당도 정치인이나 정치학자의 머릿속에서 만들어진 게 아니에요. 그 정당이 뿌리를 내린 해당 국가의 역사 속에서 지금의 모습이 만들어졌을 뿐입니다. 그렇다면, 당연히 한국에서는 한국형 정당이 만들어져야죠?

진성 당원 얘기가 나올 때마다 "그렇게 월 1만 원씩 내는 당원을 몇 명이나 모아야 되느냐?"고 물었습니다. 그랬더니 한 지구당에서 진성 당원이 3000명만 되어도 월 3000만 원을 모을 수 있다는 거예요. 그 정도면 충분히 지구당이 돌아갈 수 있다는 발상이었습니다. 그런 지구당이 보통 서울시의 한 구에 두 개씩 있습니다.

잠시 화제를 돌려 교회 얘기를 해볼게요. 월 3000만 원 이상 헌금을 모으는 교회는 제가 사는 강서구에서만 적어도 수십 곳은 넘을 거예요. 이런 교회가 골목골목마다 있는 게 한국의 현실입니다. 그중에는 동네 교회인데도 월 수억 원의 헌금을 모으는 곳도 있어요.

그 교회의 신자들은 매주 한 번, 그리고 경우에 따라서는 수요일, 일요일 두 번씩 교회를 나와요. 매일 새벽마다 교회를 나오는 이들도 부지기수고, 신자들끼리 금요일에는 별도로 모이기도 합니다. 그리고 아무도 강요하지 않아도 꼬박꼬박 헌금도 냅니다. 이게 바로 전 세계에서 유례를 찾아볼 수 없는 한국형 교회입니다.

기독교, 정확히 말하면 개신교가 한국에 들어온 지 약 120년 정도 됩니다. 특히 해방 이후 지난 60여 년간 개신교는 비약적으로 발전했어요. 이렇게 짧은 시간에 한국형 교회는 어떻게 성공했을까요? 한국전쟁, 압축 성장 등 현대사의 특수한 상황도 큰 몫을 했습니다. 또 서울, 수도권과 같은 곳에 많은 이들이 모여 사는 것도 교회 성장의 토대가 되었고요.

하지만 교회가 신도들의 욕구를 끊임없이 충족시켜 주지 않았다면 놀랄 만큼 빠른 성장은 불가능했을 거예요. 우선 교회는

정당의 역할은 필터링 기능이다. 당내 서로 다른 생각을 가진 사람들이 지지층의 의견을 고려하여 입장을 조정하고 당론을 만든다. 정당은 대통령, 지방자치단체장, 국회의원들이 자의적으로 권력을 행사하지 못하도록 하는 제약으로 작용할 수 있다. 동시에 정당은 그들이 갈고닦은 어젠다를 적극적으로 추진할 수 있는 핵심 동력이 된다. 따라서 지금의 안철수 현상과 박원순 바람은 탈정당의 신호라기보다는 오히려 제대로 된 정당을 요구하는 흐름으로 봐야 한다.

신도들에게 '영성 공동체'로서 기능합니다. 이것은 모든 종교의 본질입니다. 안타깝게도 한국 교회는 이런 성격이 초기에 비해 많이 약해졌죠. 그래서 비판을 받는 거고요.

그러나 한국 교회의 제일 큰 역할은 바로 '생활 공동체'입니다. 이것이야말로 새로운 정당의 모습을 고민하는 이들이 주목해야 할 한국형 교회의 성공 비결입니다. 저는 결혼식, 장례식 때 교회만큼 완벽한 서비스를 제공하는 곳을 본 적이 없어요. 신도나 그 가족이 아프면 교인들이 와서 간병까지 해 줘요. 친척보다 더 낫습니다.

그리고 교회는 지금은 사라진 한국의 '대가족제'를 유지합니다. 오늘 태어난 아이부터 내일 돌아가실 분까지 하나의 '가족'입니다. 실제로 서로를 '형제' '자매'라고 부릅니다. 정서적 유대감이 큽니다. 제가 다니는 교회는 아예 집을 한 채 구해서 상설 노인정을 운영합니다. 갈 곳 없는 노인의 거처로서 기능할 뿐만 아니라, 일상적으로 노인들이 교류하는 곳이에요. 그렇게 같이 지내면서 서로를 위로하고 여행도 다니시고…… 이러니 어떻게 그들과 그 자녀들이 교회를 떠나겠어요?

최근에는 교회에서 어린이집을 운영하는 곳도 많습니다. 요즘에 툭하면 어린이집에서 사고가 생기잖아요. 그래서 공동 육아를 하는 젊은 부모도 늘었고요. 그런데 교회 어린이집은 애초부터 공동 육아의 성격이 강할 수밖에 없어요. 어린이집 교사, 부모, 아이가 다 교회 울타리 속에서 알고 지내는 사람이니까요.

강양구 또 있어요. 요즘에야 남녀공학이 늘었지만 1990년대까지만 하더라도 중고등학교를 다니는 10대들이 이성 친구를 만나려면 교회에 갈 수밖에 없었어요. 염불에는 관심 없고 잿밥에만 관심이 있었지만, 교회에 10대들이 북적거리는 이유 중 하나였습니다. 얘기를 듣고 보니, 그 역시 일종의 생활 공동체였군요.

박성민 맞습니다. 바로 이 한국형 교회에서 한국형 정당의 모습을 고민해 봐야 해요. 교회는 교인들에게 재미를 줍니다. 10대들이 교회를 찾아갔던 것도 재미있으니까 간 거예요.

교회 다니는 아줌마들도 금요일마다 모여서 구역예배라는 걸 합니다. 예배를 보고 나서 무슨 얘기 하겠어요? 사는 얘기 하겠지 신앙 얘기 하겠어요? 애들 교육 문제, 주거 문제, 투자 문제 등을 이야기합니다. 예전에는 집마다 돌아가면서 모였지만, 요즘에는 꼭 그렇지도 않아요. 동네 카페에서도 하고, 차를 운전해서 교외의 맛집을 찾아다니기도

새로운 한국형 정당을 만들기 위해서는 '생활 공동체'로서의 교회를 벤치마킹해야 한다. 교회는 육아에서부터 장례까지 모든 집안의 대소사에 관여하며 대가족의 역할을 대신하고 있다. 교인이 교회에 헌금을 내는 것은 단지 신앙 때문만이 아니다. 정당이 자신에게 도움이 된다고 생각하면 당비를 안 낼 이유가 없다. 정당도 시민을 상대로 법률 상담에서부터 문화 학교까지 재미, 정보, 네트워크를 제공하는 생활 공동체를 모색해야 한다. 그래야 그 안에서 풀뿌리 구청장, 풀뿌리 국회의원도 나올 수 있다. 엥겔스가 강조했듯이 생활 속으로 파고들어가야 혁명, 즉 비가역적인 변화가 가능하다. 한국 정당이 세계사, 그리고 한국사 속에서 바로 이런 '희망의 불꽃'을 발견하고 새로운 한국형 정당의 모습을 찾아야 한다.

합니다. 얼마나 재미있겠어요?

교회는 노래하는 성가대도 있고, 남을 돕는 봉사단도 있습니다. 지역의 어려운 아이들도 돕고, 다른 나라 아이도 돕습니다. 제가 다니는 교회는 예쁜 북카페도 운영합니다. 지역 주민이 와서 책도 공짜로 보고 차도 마십니다. 공연도 하고요. 재미있고 의미도 있으니까 사람들이 모이고 헌금도 하는 것입니다.

요즘 어느 교인들이 목사가 헌금 강요한다고 냅니까? 다른 교회로 옮기지. 정당은 교회가 왜 자기들과는 비교할 수 없는 경쟁력을 갖고 수천 년의 공동체를 이어 오고 있는지 연구할 필요가 있습니다.

고양에 산다고 했죠? 고양에 네 개의 국회의원 선거구가 있어요. 인구만 놓고 보면 고양에 대한민국 최고인 사람들이 다 있을 거예요. 판사, 변호사, 교수, 교사, 기자, 소설가, 무용가, 운동선수, 영화감독…… 정당은 왜 교회처럼 못 합니까? 무료 법률 상담, 문학 학교, 영화 학교, 댄스 학교 등 마음만 먹으면 못할 게 없을 거예요.

일단 이렇게 재미있게 시작하면 사람들이 모이기 마련이에요. 일단 자신에게 도움이 된다고 느끼면 월 1만 원이 아니라 매번 참석할 때마다 1만 원씩 못 낼 게 뭡니까? 교회에 자기 소득의 10퍼센트를 꼬박꼬박 헌금으로 내는 사람들은 단순히 신앙때문에 그러는 게 아닙니다. 교회가 그만큼 뭔가를 자신에게 해주기 때문이에요. 정당도 마찬가지입니다.

이렇게 하다 보면, 자연스럽게 당을 매개로 시민들끼리 교류를 하겠지요. 그러다 보면 지역사회에서 무시 못할 네트워크도 생겨날 거예요. 왜 강남의 잘난 사람들이 기를 쓰고 소망교회 같은 대형 교회를 가는지 생각해 보세요. 교회 가면 김앤장 로펌 변호사가 교인이니, 예배 끝나고 밥 먹다가 일상적으로 법률 자문도 받을 수 있어요. 정당은 왜 못 합니까?

그럼, 정치는 언제 하냐고요? 시간이 지나면 정치 얘기가 왜 안 나오겠어요? 누가 조직하지 않아도 자연스럽게 정치 토론이 곳곳에서 벌어질 거예요. 그 와중에 풀뿌리 정치인이 등장할 수도 있어요. 풀뿌리, 풀뿌리 하는데 바로 정당이 이런 모습으로 변할 때 진짜 풀뿌리 구청장, 풀뿌리 국회의원이 등장할 수 있습니다.

강양구 사실 미국, 유럽에서는 10대 때부터 정당 활동을 하는 경우가 많잖아요. 정당이 그렇게 운영되면 이런 소문도 날 수 있죠. "어느 당에서 하는 청소년 정치 캠프에 갔더니 이 동네 사는 똑똑한 애들은 다 모인대." 그러면 새로운 정치인 양성 시스템도 만들어질 수 있겠네요.

박성민 그러니 답답한 거지요. 지금 한국의 정당은 재미를 주나요, 정보를 주나요? 아니면 새로운 네트워크에 참여할 기회를 주나요? 아무것도 없어요. 이런 상황에서 월 1만 원씩 내라고 하면 누가 선뜻 내겠어요? 재미, 정보, 네트워크를 준다면 1만 원 아니라 10만 원도 선뜻 낼 사람이 부지기수예요. 바로 한국형 교회가 그 증거입니다.

강양구 그런데 거의 똑같은 얘기를 노년의 프리드리히 엥겔스가 했어요. 1848년 프랑스 2월 혁명 등의 실패를 보고서 카를 마르크스가 『프랑스의 계급 투쟁』을 썼잖아요. 1895년에 엥겔스가 여기에 서문을 붙였는데요, 엥겔스는 이 글에서 로마제국을 상대로 기독교가 승리한 방식이야말로 혁명의 새로운 모델이라고 역설해요.

그 당은 종교와 국가의 모든 기초를 와해시켰다. 그 당은 황제의 의지가 최고의 법이라는 것을 단호히 부정하였으며, 그 당은 조국이 없고 국제적이었으며, 그 당은…… 모든 제국의 속국과 제국의 국경 너머로 확산되었다. 그 당은 오랫동안 지하에서 남의 눈에 띄지 않게 교란 활동을 펴 왔다. 그러나 그 당은 상당히 오래전부터, 공개적으로 모습을 드러내기에 충분할 만큼 강하다고 스스로 느끼고 있었다.

'기독교'라는 이름으로 알려졌던 이 당은 또한 군대에도 신도들이 있었다. 군 전체가 기독교도들이었다. 이교도의 제의에 경의를 표하기 위해 참석하도록 명령을 받았을 때, 당의 병사들은 그에 대한 저항으로 자신들의 투구에 특별한 상징(십자가)을 부착하는 대담성을 보였다. 상관들의 상습적인 막사 내 가혹 행위도 효과가 없었다.

황제는…… 때가 되자 탄압을 시작했다. 당원의 집회는 금지되

었고, 그들의 회당은 폐쇄되거나 철거되었으며…… 기독교의 표
식인 십자가 등이 금지되었다. 기독교도는 국가의 관직에 임명
되기에 부적합하다고 선포되었으며, 군대에서의 진급도 허가되
지 않았다. …… 그들은 법정에서 권리를 내세우는 것도 금지당
했다. …… 이러한 탄압은 효과가 없었다. …… (결국) 콘스탄티
누스는 기독교를 국교로 선포했다.

—『마르크스-엥겔스 저작 선집』6권

(박종철출판사, 1997), 445~446쪽

박성민 사실 엥겔스가 강조했던 초기 교회의 모습이야말로 '영성 공동
체'와 '생활 공동체'가 하나였던 모습이었어요. 앞에서 한국 교
회의 '생활 공동체'의 힘을 강조했잖아요. 한국 교회가 많은 단
점에도 불구하고, 여전히 힘을 잃지 않는 이유 중 하나는 바로
이 '생활 공동체'의 힘입니다.

엥겔스가 강조했듯이 생활 속으로 파고들어가야 혁명, 그러
니까 비가역적인 변화가 가능합니다. 한국 정당이 세계사, 그리
고 한국사 속에서 바로 이런 '희망의 불꽃'을 발견하고 새로운
한국형 정당의 모습을 찾는 첫 걸음을 뗐으면 좋겠어요. 그리고
그것은 골목에서 골목으로 파고들어가는 모습이지 액정에서
액정으로 미끄러지는 모습은 아닙니다!

8
편 가르는 정치 vs.
편 들어주는 정치

이념 전쟁의 아픈 역사를 가진 대한민국은 지금도 '오른쪽 대한민국'과 '왼쪽 대한민국'으로 나뉘어 '보수 타도'와 '진보 박멸'을 외치고 있다. 우리가 생각이 다른 것은 부끄러운 게 아니다. 그러나 생각이 다른 사람과 함께 살아가는 지혜가 모자라는 것은 부끄러운 일이다. 한미FTA를 둘러싸고 우리는 세 가지 폭력을 목격했다. 최루탄으로 대변되는 물리적 폭력, 날치기로 상징되는 제도적 폭력, 그리고 언어의 폭력이다. 그러나 민주주의는 폭력에 저항한 역사를 갖고 있다. 폭력을 부끄러워할 줄 모르는 사람은 민주주의자가 아니다.

'정당의 몰락'과 '정치의 죽음'을 논하는 지금, 한국 정치는 '정치의 힘'과 '정치의 가능성'을 믿고 변화를 모색할 때이다. 그런 변화는 외부에서 인기인을 모셔 오는 이벤트로는 불가능하다. 제도의 틀을 바꾸는 것이 중요하다.

두 개의 대한민국과 세 개의 국립묘지

강양구 최근에 평소 '중용'을 강조하던 한 대학 교수와 정치 얘기를 나눈 적이 있어요. 보수 언론, 진보 언론 구분하지 않고 자기 할 얘기는 하는 지식인이라서 지금의 한국 정치를 한마디로 표현해달라고 부탁했습니다. 그랬더니, 이렇게 표현하더군요. "두 개의 대한민국!"

마치 미국이 민주당을 지지하는 '블루 아메리카(Blue America)'와 공화당을 지지하는 '레드 아메리카(Red America)'로 나뉜 것처럼, 한국도 이명박 정부를 거치면서 '왼쪽 대한민국'과 '오른쪽 대한민국'으로 확실히 나뉘었다는 거예요. 소통, 타협, 상생, 중용을 강조하는 목소리가 갈수록 힘을 받지 못할 거라는 전망도 덧붙였고요. 어떻게 생각하세요?

박성민 미국에서는 대통령 선거 개표 방송에서 민주당 후보가 이긴 지역은 파란색, 공화당 후보가 이긴 지역은 빨간색으로 표시합니다. 그런데 이게 참 역설적이에요. 정작 공화당이 승리하는 '레드 아메리카'에 사는 사람들이 미국에서 소득이 낮은 '블루 아메리칸'들이거든요. 한국도 비슷합니다. 저소득, 저학력 층에서 오히려 한나라당 지지율이 높으니까요.

양극화가 심화하면서 40~50대의 저소득층에서 반한나라당 정서가 강해지고 있기는 합니다만, 오랫동안 계층의 대립을 압도해 온 이념과 지역의 대립은 여전해요. 특히 남북 분단, 한국

전쟁, 군사 독재의 역사 속에서 한국은 이념의 이름으로 자행된 '광기'와 '야만'의 부끄러운 역사를 갖고 있어요. 얼마나 많은 살육, 투옥, 고문이 이념의 이름으로 자행되었습니까?

'광기'는 '야만'을 낳습니다. 얼마 전 타계한 민주화 운동의 지도자 김근태 의원도 얼마나 혹독한 고문을 당했습니까? 1959년 7월 31일에는 조봉암 진보당 당수가 사형을 당했어요. 김 의원은 이제 '민주화 운동의 대부'로 불립니다. 2011년 1월 21일 대한민국 대법원은 52년 만에 조봉암 당수에게 무죄 판결을 내렸어요.

그러나 아무리 김근태 의원이 '민주화 운동의 대부'로 불리고, 또 조봉암 당수가 복권이 되어 유족이 배상을 받는다고 해도 광기와 야만의 기억은 절대로 지워지지 않아요. 한국 사회에 깊숙이 각인되어서 오랫동안 알게 모르게 시민의 의식과 행동에 지금도 영향을 줍니다.

김근태 의원과 조봉암 당수만 그렇게 당한 것이 아닙니다. 셀 수도 없는 사람들이 죽임을 당하고 투옥되고 고문 받고 스스로 목숨을 끊었어요. 그게 바로 우리의 역사입니다. 조봉암 당수는 사형 집행 전에 목사한테 예수가 빌라도의 법정에 섰을 때의 성경 구절을 읽어달라고 했답니다. 그는 이 성경 구절을 들으면서 얼마나 억울했을까요? 또 얼마나 두려웠을까요?

이 사람이 무슨 악한 일을 하였느냐? 나는 그에게서 죽일 만한 죄를 찾지 못하였으니 때려서 풀어 주라 하였으나, 저희가 큰 소

리로 재촉하여 십자가에 못 박
기를 구하니 저희의 소리가 이
긴지라.

— 「누가복음」 23장 22~23절

강양구 특히 해방 직후부터 한국전쟁까
지는 좌우를 가리지 않고 이념의
광기에 사로잡혀 수많은 이들이
목숨을 잃었지요. 말 그대로 '이
념 전쟁'이었습니다. 안타깝게도
그 전쟁은 아직도 끝나지 않았어
요. '보수 타도', '진보 박멸'의 구
호는 오늘도 광화문에서 여전히
외쳐지고 있습니다.

'이념 전쟁'의 아픈 역사를 가진 대한민
국은 지금도 '오른쪽 대한민국'과 '왼쪽
대한민국'으로 나뉘어 '보수 타도'와 '진
보 박멸'을 외치고 있다. 국가의 정체성
을 상징하는 국립묘지는 세 개나 존재하
며, 통합보다는 분열을 상징한다. 현충
원, 4·19민주묘지, 5·18민주묘지는 각
각 보수, 중도, 진보를 대표하며 광기와
야만이 낳은 현대사의 상처를 담고 있기
때문이다. 또한 '국민의례'를 하는 사람
은 애국가를 부르고, '민중의례'를 하는
사람은 「임을 위한 행진곡」을 부른다.

박성민 그렇게 대한민국은 '왼쪽 대한민국'과 '오른쪽 대한민국'을 굳
이 구분하기 전에도 극단적인 대립의 역사가 있었어요. 대한민
국의 국립묘지를 생각해 보세요. 어느 나라나 국립묘지는 국가
의 정체성을 상징하는 성지입니다. 그런데 놀랍게도 대한민국
에는 그런 국립묘지가 세 곳이나 됩니다.

국립 현충원, 국립 4·19민주묘지, 그리고 흔히 '망월동 묘지'
로 불리는 국립 5·18민주묘지가 그것입니다. 이 국립묘지는 분
명히 대한민국의 위대한 시민이 이룩한 위대한 성취인 건국, 산

291

업화, 민주화의 찬란함이 깃든 곳입니다. 그런데 이 세 국립묘지를 볼 때마다 왠지 불편한 것은 저뿐인가요?

안타깝게도 대한민국의 이 세 국립묘지는 통합의 상징이 아니라 분열의 상징으로 존재합니다. 이들 묘지는 각각 보수(현충원), 중도(4·19민주묘지), 진보(5·18민주묘지)를 상징하며 '광기'와 '야만'이 낳은 현대사의 상처를 치유하지 못한 채 여전히 등을 돌리고 서 있습니다.

강양구 그러고 보니, 한국의 정치인은 자신의 정체성을 어떤 국립묘지를 (처음) 방문하느냐로 말합니다. 보수를 상징하는 후보는 서울 동작동 현충원을 방문하고, 진보를 상징하는 후보는 광주시 망월동의 5·18민주묘지를 방문하고요. 이명박 대통령은 대통령 후보 시절, 망월동에서 묘지 상석을 밟았다고 호되게 혼난 적도 있었습니다.

박성민 앞서 수십 년간을 지배해 온 '박정희 패러다임'이 흔들리고 있다고 말했어요. '안보'와 '성장'으로 상징하는 그 '박정희 패러다임'을 상징하는 곳이 바로 동작동 현충원입니다. 끊임없이 '박정희 패러다임'에 저항했던 '김대중 패러다임'을 상징하는 곳은 망월동 5·18민주묘지입니다.

양극화를 상징하는 '두 개의 대한민국' 말고도 이념 대립을 상징하는 '두 개의 국립묘지'가 있는 셈입니다. '국민의례'를 하는 사람들은 '민중의례'를 안 하고, '민중의례'를 하는 사람들은

'국민의례'를 안 한다고 하잖아요. '국민의례' 하는 사람들은 애국가를 부르고, '민중의례' 하는 사람들은 「임을 위한 행진곡」을 부릅니다.

강양구 2011년 12월 11일 통합진보당 창당 선포식 때는 정말 '애매한' 혹은 '절묘한' 절충안을 내놓았지요? 우선 창당 대회 때 태극기를 계양하고 국기에 대한 경례를 한대요. 여기까지는 '국민의례'인데, 그 다음엔 원래 불러야 할 애국가 대신에 「임을 위한 행진곡」을 부르겠다고요. 「임을 위한 행진곡」은 '민중의례'의 상징이에요.

박성민 '국민중의례'가 탄생하겠네요. 이러한 절충(!)을 놓고 보수 언론도 헷갈렸나 봅니다. 2011년 12월 21일자 《조선일보》는 "창당 대회 때 애국가 안 부르는 통합진보당"이라고 비판했는데, 그 다음 날 《동아일보》 칼럼은 "통합진보당에선 태극기를 계양하고 경례도 한다니 그나마 진일보한 면은 있다."고 칭찬(?)했어요.

통합진보당의 한 축인 국민참여당 쪽은 "수권을 목표로 한 정당이라면 공식 행사에서 태극기를 걸고 국민의례를 해야 한다."고 주장했더군요. 그런데 사실 전 국민참여당 대표였던 유시민 씨는 그 전부터 국기에 대한 경례와 애국가에 대해 비판적이었습니다. 유시민 대표(현 통합진보당 공동 대표)는 이렇게 말한 적이 있어요.

나는 애국심을 갖고자 노력하는 사람이지만, 이는 내면적 가치인데 국기 앞에서 충성을 공개 서약케 하는 것은 대한민국의 헌법 정신에 어긋난다. 국기에 대한 맹세는 박정희 정권이 남긴 국가주의 체제의 유물이다. 경기장에서까지 애국가를 부르는 것은 국민의례를 남용하는 것이다. 이것은 군사 파시즘과 일제의 잔재가 청산되지 않았기 때문이다.

평소 자유주의자를 자처한 유시민 대표의 이런 생각에 공감되는 부분이 많아요. 솔직히 국민의례 때 애국가를 부른다고 애국심이 더 생기는 것도 아니잖아요. 시간 관계상 '애국가 제창'은 보통 생략하는 게 다반사고요. 강 기자도 기억하나요? 극장에서 영화 시작하기 전에 애국가를 들어야 했잖아요.

강양구 오후 5시만 되면 전 국민이 부동자세로 가슴에 손을 얹고 애국가를 듣던 시절은 어떻고요? 저도 그랬던 기억이 납니다.

박성민 제가 중학교에 다닐 때는 체력 테스트를 '모의 수류탄'을 던지는 것으로 했던 적도 있어요. 20~30대가 들으면 정말 믿거나 말거나입니다. 통합진보당에 대한 보수의 시선을 의식해서 국민의례를 수용할 수밖에 없었겠지만, 2012년의 대한민국이 국민의례 혹은 애국가 논란을 할 정도의 수준은 넘어서지 않았나요? 아닌가요?

강양구 글쎄요. 그리고 보면, 김대중 전 대통령이 '박정희 패러다임'을 상징하는 현충원에 묻힌 것도 상징적이에요. 김 전 대통령은 평생에 걸쳐서 '박정희 패러다임'에 저항했고 또 대통령이 되고 나서는 '안보' 대신 '평화'를 내세우며 그것을 극복하려고 했지만 결국 실패했어요.

사실 김대중 전 대통령은 말년에 편안히 눈을 감지는 못했잖아요. 자신의 뒤를 이은 노무현 전 대통령이 스스로 목숨을 끊는 것을 봐야 했고, 마지막에는 자신이 해놓은 여러 가지 성과들이 부정당하는 모습을 지켜봐야 했으니까요. 오죽하면 죽기 직전의 한 강연에서 "행동하지 않는 양심은 악의 편"이라는 정치적 유언을 남겼겠어요.

이렇게 대립했던 두 사람이 나란히 누워 있는 것도 시간이 흐르면 증오를 극복하고 화해로 나아가는 상징으로 받아들여질까요? 아직은 때가 아닌 것 같아요.

박성민 맞습니다. 그렇게 '박정희 패러다임'과 '김대중 패러다임'은 아직도 화해하지 못한 채 곳곳에서 충돌하고 있습니다. 여기에 하나가 더 있어요. 한반도 전체로 시야를 확장해 보면 평양 한복판에 주체탑이 있습니다. 이 주체탑으로 상징되는 '김일성 패러다임'까지 한몫 끼어들어 한반도를 갈기갈기 찢고 있어요.

박정희, 김대중, 김일성, 이 셋은 공통의 이념을 공유하고 있습니다. 모두 국가주의자이며 민족주의자라는 면에서는 차이가 없어요. 하지만 이들을 교주처럼 떠받드는 맹목적 지지자들은 종교 전쟁을 치르듯이 아직도 살벌하게 전쟁 중입니다. 조폭의 최고 덕목(?)이 조직을 위해 상대를 죽이는 거라면 사실상 심리적 내전 상태인 한국 사회가 조폭과 다른 게 뭔가요?

이런 이념 '전쟁' 속에서는 모두가 패배자가 될 뿐입니다. 2차 세계대전을 막고자 안간힘을 썼던 영국의 정치인 네빌 체임벌린이 이런 말을 했어요. "전쟁에서 어느 쪽이 승리자로 자처한들 승리자는 하나도 없고 모두가 패배자다." 나쁜 평화가 없듯 좋은 전쟁도 없습니다. 전쟁은 그저 광기의 산물이에요. 모든 전쟁은 범죄입니다.

전쟁에 누구도 거역할 수 없는 명분이 절실한 것은 바로 이런 까닭이에요. 대개 애국, 종교, 인종, 민족, 이념 등이 광기에 기꺼이 이름을 빌려줍니다. 각자의 이념에 따라 사생결단 대립하는 지금 대한민국의 모습이 바로 이런 광기에 기반을 둔 전쟁과 비슷합니다. 이제는 전쟁을 그쳐야 합니다. 더 이상 덧없는 싸움을 부추겨선 안 됩니다.

김근태 전 의원을 고문했던 이근안 씨가 이런 말을 했더군요.

심문(고문)은 일종의 예술이다. 당시의 시대 상황에서는 애국이었다. 다시 그런 상황이 온다 해도 나는 또 그렇게 할 것이다. …… 훈장을 타서 매달 10만 원씩 받을 수 있는 돈도 안 받았다. 내가 그 돈을 받기 위해 '애국'한 것이 아니었기 때문이다. 안중근 의사가 돈 받으려고 그랬나? 마찬가지다.

광기에 사로잡힌 평범한 인간이 어떻게 악행을 하고 또 자기 합리화를 하는지 잘 보여 주는 대목이에요. 한나 아렌트가 얘기했던 아우슈비츠의 '평범한 악인' 아돌프 아이히만은 바로 한국에도 있었죠. 이근안 씨야말로 그 본보기입니다.

그런 점에서 김대중 전 대통령이 현충원에 묻힌 것은 정말로 잘된 결정이라고 봅니다. 이제는 진보 정치인도 현충원을 찾을 명분이 더 커진 것 아니겠어요? 제가 한 신문 칼럼에서도 썼습니다만 노무현 전 대통령도 언젠가는 봉하마을을 떠나 현충원으로 모셨으면 합니다. 대한민국의 16대 대통령이니까요.

이승만, 박정희, 김대중, 노무현 전 대통령들이 모두 국립현충원에 있는 것이 대한민국의 미래를 위해 좋다고 봅니다.

화해의 정치 vs. 선동의 정치

강양구 2009년 8월 김대중 전 대통령이 세상을 떠나기 전에 김영삼 전 대통령이 병원을 방문해서 화제가 되었습니다. 당시 김영삼 전 대통령은 기자들에게 "(김대중 전 대통령과 화해한 것으로) 봐도 좋다. 이제 그럴 때가 됐다." 이렇게 얘기했어요. 언론은 "역사적 화해"라고 보도했습니다.

박성민 사실 김영삼 전 대통령의 화해 선언은 일방적인 것이었어요. 김대중 전 대통령의 답을 듣지 못했으니까요. 그래서 김대중 전 대통령의 지지자 중에는 "김 전 대통령은 '화해'가 아니라 '용서'를 한 것"이라고 얘기하는 이들도 있습니다. 조금만 더 일찍 만나서 민주화 운동 시절의 동지처럼 그렇게 부둥켜안았으면 정말 보기 좋았을 텐데요.

물론 이제 와서 그들이 화해한다고 대한민국의 갈등이 없어지는 것은 아니에요. 그들은 화해하지 않더라도 대한민국의 민주화를 이끈 지도자로 역사에 기록되는 데 조금도 의심할 바 없는 영웅들입니다. 그럼에도 불구하고 우리가 그들의 공개적인 화해를 그토록 원했던 까닭은 오늘날 대한민국의 지역 갈등, 이념 갈등을 풀 지도자가 안 보이기 때문입니다.

두 사람은 여러 면에서 비교되는 분들입니다. 김대중 전 대통령은 상업고등학교를 나온 호남 출신으로서 상상할 수 없는 의지와 집념으로 그토록 바라던 노벨 평화상과 대통령을 모두 얻은 사람이고, 김영삼 전 대통령은 서울대학교를 나온 영남 출신으로서 상상할 수 없는 방법으로 어릴 때부터 꿈이었던 대통령이 된 사람입니다.

이 나라에서 두 사람은 사람들을 가르는 선이 되었습니다. 대한민국에는 네 부류의 사람이 있습니다. 김대중을 좋아하는 사람과 싫어하는 사람, 그리고 김대중을 끔찍이 좋아하는 사람과 지독히 싫어하는 사람. 또 대한민국 사람을 세 부류로 나눌 수 있습니다. 김대중-김영삼 순으로 부르는 사람, 김영삼-김대중 순으로 부르는 사람, 그리고 정치적 성향을 감추기 위해 그냥 양김으로 부르는 사람. 영남과 호남, 보수와 진보를 가르는 세로축과 가로축에는 그 유명한 애칭 DJ와 YS가 있습니다.

안타까운 것은 민주화 운동 시절에는 두 지도자가 경쟁하면서 협력하기도 했는데 대통령이 된 이후에는 국민들을 통합시키지 못했습니다. 대통령 퇴임 후 두 분은 전 국민의 존경을 받는 어른이 되지 못하고 정파의 지도자로 격하되었습니다. 이건 정치인의 책임도 큽니다. 진보파는 김대중 전 대통령을 찾아가고 보수파는 김영삼 전 대통령을 찾아갔으니까요.

맹목적 지지자들의 책임도 큽니다. 최동원과 선동렬을 응원하는 팬도 서로 자기가 응원하는 투수가 최고라면서 상대 투수를 깎아내렸어요. 영화를 통해 두 투수가 모두 '위대한' 투수였다는 것을 인정하게 된 것처럼, 언젠가는 두 지도자도 역사적으로 지금보다 더 평가받는 날이 오겠지요.

사람이 든 자리는 표가 안 나도 난 자리는 표가 난다는 말이 있듯이 사람은 죽은 후에야 비로소 그 사람의 가치를 아는 법입니다. 몇 년간 우리는 큰 장례를 여러 번 치렀어요. 김수환 추기경, 법정 스님, 노무현 전 대통령, 김대중 전 대통령, 박태준 명예회장, 김근태 의원 등의 장례를 보면 그분들이 얼마나 위대한 삶을 살았는지 알 수 있습니다.

강양구 정말 아쉬운 것은 진정한 화해와 통합을 이끌 지도자가 점점 사라져 가는 현실이라는 사실이 새삼 실감됩니다. 화제를 바꿔 볼게요. 이념 전쟁 속에서 언제나 힘없는 서민이 희생을 강요당합니다. 모두 '국민을 위하여' 또는 '시민을 위하여'라고 말하지만, 정작 싸움에 죽어 나가는 건 힘없는 시민이에요.

박성민 "좌파가 득실거려 나라가 망하게 생겼다.""1970년대 독재 시대로 돌아가고 있다."글 좀 쓰고 말깨나 하는 사람들이(대개는 서민은 꿈도 꾸지 못할 재산을 축적한 이들이라는 것도 기억합시다!) 국회와 트위터, 페이스북 같은 인터넷 공간에서 무책임한 선동으로 전쟁을 부추기는 동안 정작 하루하루 살기도 팍팍한 서민들만 피해를 봅니다.

사실 여론 조사를 보면 시민은 정치인, 지식인, 더 나아가 언론보다 훨씬 더 실용적이고 유연합니다. 대북 정책이나 복지 정책에 대해서 정치인, 지식인, 기자와 달리 시민들은 균형 잡힌 시각을 갖고 있어요. 밀턴 프리드먼이 비판했듯이, 오히려 정치인, 지식인이 대중을 선동해서 본인 개인의 사익을 챙기려는 것뿐입니다.

애국심, 대한민국의 정체성, 국익, 개혁, 민주주의, 서민 등을 외치며 정치인, 지식인, 언론인, 심지어 종교인까지 증오와 적대로 온 나라를 분열로 몰아가고 있어요. 이런 선동을 하는 사람들은 정말 스스로를 되돌아보면서 부끄러운 줄 알아야 합니다. 그런데 대다수는 자기에게 향하는 특정 세력의 환호에 취해서 정신을 못 차려요.

이들은 시민 '편드는' 정치를 하는 것이 아니라 시민에게 '편들어 달라'는 정치를 하는 사람입니다. 한국 정치인의 특징이 있어요. 걸핏하면 선거에서 시민에게 나라와 정당과 정치인을 살려 달라고 얘기해요. 이게 제 정신입니까? 아니, 나라와 정당과 정치인이 시민들을 살려 준다고 해야지 어떻게 훨씬 살기 팍팍한 서민에게 손을 내밉니까?

대한민국을 이끄는 사람의 가장 큰 문제는 국민을 위해 무엇을 해 줄 생각은 하지 않고 끊임없이 국민들에게 요구한다는 것입니다. 케네디 전 대통령의 취임 연설("국가가 여러분을 위해 무엇을 해 줄 것인가 묻기 전에 여러분이 국가를 위해 무엇을 할 것인가를 먼저 자문하십시오!")을 인용하면서요.

기업도 마찬가지입니다. 국민이 낸 세금으로 지원해 주고, 애국심으로 '국산품 애용'해 주고, 헌신적인 노동으로 이만큼 성장시켜 줬는데도, 기업은 만족할 줄 모르잖아요. 잘한 것은 다 창업자와 그 일가가 열심히 해서 된 줄로 알잖아요. 물론 그런 면도 있지만 국민들의 희생이 없었다면 지금의 삼성이 가능했겠어요?

나라도 마찬가지입니다. 지금 대한민국 시민들은 자기가 내는 세금보다 국가가 나를 위해 해 주는 것이 별로 없다고 생각해요. 군대만 해도 그래요. 가장 자유롭게 창의적인 사고와 행

YS가 DJ를 찾아가 화해의 제스처를 보인 데 대해 국민이 그토록 환영한 것은 그만큼 지역 갈등과 이념 갈등을 풀 만한 지도자가 보이지 않기 때문이다. 국민 또는 시민의 이름으로 행해지는 이념 갈등에는 언제나 서민만 희생된다. 대북 정책이나 복지 정책에 대해 시민은 사실상 정치인, 지식인, 더 나아가 언론보다 훨씬 더 실용적이고 유연하며 균형 잡힌 시각을 갖고 있다. 밀턴 프리드먼이 비판했듯이, 오히려 정치인과 지식인이 대중을 선동해서 개인의 사익을 챙기고 있는 현실이다.

동을 할 젊은이들을 거의 공짜로 갖다 쓰잖아요. 그러니 애국심이 생기겠어요? 국가에 대한 충성은 강요한다고 되는 게 아닙니다!

1979년의 한 조사를 보면 국민들은 '국가'가 '개인'보다 훨씬 더 중요하다고 생각했습니다. 그때는 모두가 국가를 위해 희생하는 것을 당연하다고 받아들일 때였죠. 지금은 그렇지 않습니다. 2010년에 갤럽의 같은 조사를 보면 이제는 '개인'이 '국가'보다 훨씬 더 중요하다고 대답합니다. 그만큼 생각이 바뀐 거죠.

그런데도 지도자들이 국익을 내세우면서 사실은 자기 개인의 이익이나 기업의 이익만 챙기니 대중이 분노하는 것입니다. 특히 젊은이들이 안철수 교수에게 열광하는 것이 바로 이 때문이고요. 안철수 교수의 말대로, 상식적으로 보면 너무 말이 안 되는 선동이 넘쳐요.

강양구 부끄럽습니다만, 요즘에 기자들도 밑바닥 민심에 귀를 기울이기보다는 트위터, 페이스북의 이른바 '셀러브리티'(유명인)의 코멘트를 전하면서 이런 전쟁을 부추기는 데 한몫해요. 몇몇 기자는 아예 그쪽으로 전업을 하기도 했고요. 150자짜리, 400자짜리 코멘트를 전달하면서 바이라인에 '기자' 이름을 붙이는 모습을 보면 얼굴이 다 화끈거려요.

사실 지금 인터넷 공간의 여론은 실제 민심을 '과소 대표'하고 있어요. 강준만 교수가 노무현 정부의 실패 원인을 따지면서 그 점을 정확히 지적했고요.

"열성 지지자들은 먹고사는 문제에 대한 구속이 비교적 덜한 젊은 층이었는데, 이들의 뜨거운 분노와 그에 따른 열화와 같은 지지는 주로 '이데올로기적 쟁투'에서 비롯되었기 때문이다. 반면에 사회경제적 이슈에 민감한 서민층은 인터넷을 들여다볼 시간조차 없을 정도로 먹고사는 일에만 몰두하느라 자신들의 목소리를 낼 수 없었으니, 그런 대표성 왜곡으로 인한 문제가 노무현 정부의 성찰과 자기 교정을 방해한 것이다."

선동가들은 정치인, 지식인, 언론인, 심지어 종교인까지 애국심, 대한민국의 정체성, 국익, 개혁, 민주주의, 서민 등을 외치며 증오와 적대로 온 나라를 분열로 몰아가고 있다. 이런 선동 정치를 하는 사람들은 스스로를 되돌아보면서 부끄러운 줄 알아야 하는데 대다수는 자기에게 향하는 특정 세력의 환호에 취해 정신을 못 차린다. 기자들도 민심에 귀를 기울이기보다는 SNS에서 셀러브리티의 코멘트를 전하면서 이런 전쟁을 부추기는 데 한몫한다. 하지만 지금 인터넷 공간의 여론은 실제 민심을 '과소 대표'하고 있다. 우리가 생각이 다른 것은 부끄러운 게 아니지만, 생각이 다른 사람과 함께 살아가는 지혜가 모자라는 것은 참으로 부끄러운 일이다.

— 강준만, 『강남 좌파』(인물과사상사, 2011), 122~123쪽

박성민 대한민국은 건국 이래로 수십 년간 끝이 보이지 않는 전쟁 중에 있습니다. 애국, 이념, 역사, 정의, 국가, 민족이라는 그럴듯한 명분으로 싸우고 있지만 정작 희생자들은 국민이고 서민입니다. 서로에 대한 증오와 불신이 지나쳐 정작 가장 중요한 '사람'과 '사랑'을 잃기도 하고 잊기도 해요.

사랑은 결코 상대에게 '무례하게' 행하지 않습니다. 우리는 생각이 다른 사람에게 너무 무례합니다. 정치적, 종교적, 이념적으로 생각이 다른 사람들에게 너무 굴복을 강요합니다.

헌법재판관 임명 동의안을 둘러싼 논란을 보면서 그런 답답함을 느꼈어요. 보수 측에서 봤을 때, 천안함 침몰에 대한 조용환 후보자의 발언이 못마땅할 수 있습니다. 그러나 저는 세 가지 면에서 보수 측이 조용환 후보자의 헌법재판관 임명에 동의해 주는 것이 옳았다고 봅니다.

첫째, 법관은 모든 사람들이 99퍼센트 사실로 받아들일 때도 끝까지 의심을 놓지 말아야 한다고 봅니다. 그 때문에 법관은 쉽게 '확신'하면 안 됩니다. 우리가 황우석 사태를 겪을 때 경험한 것 아닙니까? 둘째, 야당 추천 몫을 둔 것은 '소수 의견'도 들으라는 취지 아니겠어요? 셋째, 같은 이유로 야당이 반대할 때 무슨 논리를 내세우겠습니까?

우리가 생각이 다른 것은 부끄러운 게 아닙니다. 생각이 다른 사람과 함께 살아가는 지혜가 모자라는 것이 부끄러운 것이지요.

민주주의와 그 적들

강양구 지금 한국 정치를 상징하는 또 다른 열쇳말은 '폭력', '막말' 같은 것입니다. 아니, 전쟁 중이니 '막말'을 하고 '폭력'에 의존하는 게 당연한 건가요?

박성민 2011년 11월 22일 김선동 의원은 한미FTA 비준에 항의해 국회 본회의장에서 최루탄을 터뜨렸습니다. 한미FTA에 대한 찬반 문제를 떠나서 김 의원의 행동은 분명히 잘못된 것이에요. 한나라당의 '날치기'만큼이나 김 의원의 행동에 대해서도 국회 차원의 제제가 필요했어요.

하지만 여당의 날치기 '폭력'을 규탄해 온 야당은 김 의원의 최루탄 '폭력'에는 침묵합니다. 프랑크푸르트 학파의 대표적인 철학자 테오도르 아도르노가 이렇게 말했었죠. "아우슈비츠 이후에 서정시를 쓰는 것은 야만이다." 아도르노를 따라서 이렇게 묻고 싶어요. 폭력에 굴한 이후에도 한국의 민주주의는 가능할까요?

강양구 그렇게 국회가 침묵하는 동안 보수 단체의 고발로 또 비선출 권력인 검찰이 나섰어요. 검찰이 김선동 의원의 소환을 수차례 시도하고 있습니다.

박성민 선출 권력인 국회의 권위가 또 한 번 땅으로 떨어지는 일이 생기겠군요. 하긴, 오죽하면 이제 정당(한나라당)이 나서서 국회의원의 '불체포 특권'을 포기할 생각이라잖아요. 행정부, 사법부의 눈치를 보지 말고 소신껏 민의를 대변하라는 '불체포 특권'의 의미를 정치인이 그동안 어떻게 생각해 왔는지 단적으로 보여 주는 대목입니다.

아무튼 폭력에 굴하면 민주주의는 불가능합니다. 솔직히 말하면, 민주주의는 지고지순의 선도 아니고 완벽한 것도 아니에요. 그것은 다른 것에 비해 좋은 것이라기보다는 덜 나쁜 것일 뿐입니다. 플라톤, 제임스 메디슨, 로베르트 미헬스 등이 괜히 민주주의를 비판했던 게 아니에요. 그들에게는 민주주의의 한계가 분명해 보였기 때문입니다.

강양구 로버트 달은 『민주주의와 그 비판자들』에서 '민주주의 비판자'를 이렇게 세 가지로 분류합니다. 방금 예를 든 세 사람이 대표적이네요.

첫째, 플라톤처럼 민주주의가 가능할지 모르지만 본질적으로 바람직하지 않다고 보는 사람. 둘째, 미헬스처럼 민주주의가 바람직하고 또 이루어지면 좋겠지만, 사실상 그것이 실현 불가능하다고 보는 사람. 셋째, 매디슨처럼 민주주의에 공감하고 민주주의가 유지되기를 바라지만 그것의 한계 역시 주목한 사람.

아무튼 이런 비판 속에서 만들어진 게 현재의 (대의)민주주의입니다. 이 민주주의는 지금 이 시점에서도 좌에서 우까지 수많은 비판자가 있습니다.

박성민 하지만 그럼에도 민주주의를 옹호할 수밖에 없는 것은 인도의 자와할랄 네루가 얘기했듯이 "다른 것들이 더 나쁘기" 때문입니다. 속마음은 민주주의보다는 엘리트주의와 가까웠던 영국의 윈스턴 처칠은 이렇게 익살스럽게 민주주의를 옹호합니다. "민주주의는 지금까지 때때로 시행돼 온 다른 모든 형태의 정치 체제를 제외하면 가장 나쁜 체제다."

세상을 '선'과 '악'의 이분법으로 나눠서 보는 세계관이야말로 전체주의로 가는 지름길이라고 비판하면서 '열린사회'를 강조했던 칼 포퍼 역시 마찬가지에요. 그는 『추측과 논박』에서 이

민주주의는 그 자체로 선한 것이 아니며 많은 허점을 갖고 있다. 그럼에도 불구하고 민주주의를 옹호할 수밖에 없는 것은 네루가 얘기했듯이 "다른 것들이 더 나쁘기" 때문이다. '열린사회'를 강조했던 칼 포퍼는 『추측과 논박』에서 이렇게 말했다. "우리는 민주주의자이지만 그것은 다수가 옳다는 이유에서가 아니라 민주적인 전통이 우리가 알고 있는 전통 중에서 가장 악이 적은 전통이기 때문이다."

렇게 얘기합니다. "우리는 민주주의자이지만 그것은 다수가 옳다는 이유에서가 아니라 민주적인 전통이 우리가 알고 있는 전통 중에서 가장 악이 적은 전통이기 때문이다."

우리는 지난 2011년 11월 한미FTA를 둘러싼 난리 속에서 세 가지 폭력을 목격했습니다. 첫째, '최루탄'으로 상징되는 물리적 폭력입니다. 2009년에는 해머, 전기톱, 소화기가 등장했었는데 이제는 최루탄이 나왔어요. 점거와 농성을 시도 때도 없이 당연한 권리인 양 하는 폭력을 목도했습니다.

둘째, '날치기'로 상징되는 제도의 폭력입니다. 한미FTA와 같은 찬반 여론이 반반으로 갈리는 첨예한 갈등 사안을 놓고서 여당 의원만 모여서 날치기 통과를 강행하는 순간, 그것은 민주주의에 사망을 선언한 거예요. 민주주의는 인내심이 필요하니

다. 다수결이 정당성을 가지려면 소수가 납득할 만한 '충분한 토론'을 가져야 합니다.

셋째, 언어의 폭력이에요. 사람이 말을 타락시키지만 말도 사람을 타락시킵니다. 민주주의의 힘은 말에서 나옵니다. 사람의 말이 그 사람의 인격을 보여 주듯이 정치인의 말은 민주주의의 수준을 보여 줍니다. 분노, 증오, 경멸의 말은 민주주의의 적입니다. 그런데 여야를 막론하고 선을 넘은 정치인이 부지기수였어요.

민주주의의 역사는 폭력에 저항한 역사입니다. 민주주의는 폭력을 수단으로 갖지 않아요. 폭력은 민주주의의 친구가 아니라 적입니다. 폭력으로 민주주의를 지킨다는 말을 나는 믿지 않습니다. 그런 말을 하는 사람은 더욱더 믿지 않고요. 폭력을 부끄러워할 줄 모르는 사람은 민주주의자가 아니에요.

강양구 "민주주의라는 나무는 피를 먹고 자란다." 요즘도 툭하면 인용되는 토머스 제퍼슨의 말입니다. 이명박 정부를 비판하면서 이 말을 인용하는 지식인도 많습니다.

박성민 더 많은 자유와 더 많은 평등을 위해 폭력에 저항하면서 피땀 흘린 역사를 우리는 당연히 잊지 말아야 합니다. 하지만 그렇게 피땀 흘려 얻은 민주주의가 폭력으로 점철돼 있다는 게 얼마나 창피한 일입니까? 진보 정당이 국회에서 의석을 가지려고 얼마나 오랫동안 노력했습니까?

1959년 조봉암 당수가 형장의 이슬로 사라진 것부터 시작해서 수십 년간 얼마나 많은 이들이 국회에서 노동자와 서민을 대변해서 목소리를 내고자 피땀을 흘렸습니까? 그렇게 선배들이 피땀 흘려 겨우 진보 정당이 국회에 몇 개 의석을 얻었는데, 그 진보 정당의 국회의원이 고작 최루탄이나 터뜨리는 게 과연 할 일입니까?

한미FTA를 둘러싸고 우리는 세 가지 폭력을 목격했다. 첫째, 최루탄으로 대변되는 물리적 폭력, 둘째, 날치기로 상징되는 제도적 폭력, 그리고 셋째, 언어의 폭력이다. 정치인의 말은 민주주의의 수준을 보여 준다.
민주주의는 폭력에 저항한 역사를 갖고 있다. 폭력을 부끄러워할 줄 모르는 사람은 민주주의자가 아니다.

그것이야말로 민주주의의 보루인 국회를 조롱거리로 만들고, 더 나아가서 국회에 노동자와 서민의 대표자를 국회에 세우려고 그렇게 피땀 흘려 고생했던 진보 정당 운동의 선배를 욕되게 하는 일입니다. 민주노동당이 진보 정당의 전통을 자랑스럽게 생각한다면 앞장서서 국회에서 최루탄을 터뜨린 김선동 의원을 어떤 식으로든 징계했어야 합니다.

폭력은 야만입니다. 폭력을 미화하면 야만과 싸울 수 없습니다. 왕따를 견디지 못하고 자살하는 아이들이 속출하고 있습니다. 앞으로는 더할 겁니다. 왜냐하면 이 나라는 폭력을 부끄러워하지 않기 때문입니다. 정치인, 기업인, 심지어 종교인까지 폭력을 일상적으로 쓰는 나라에서 아이들이 폭력의 부당함을 어떻게 깨닫겠습니까? 민주주의는 폭력과 싸워 온 역사입니다.

지금 이명박 정부를 놓고 "파시스트 집단"이니 "독재 세력"이니 이렇게 책임 지지도 못할 막말을 늘어놓으며 선동하는 지식인 역시 마찬가지에요. 이명박 대통령이 일부 권위주의적인 행태를 보이는 것은 사실입니다. 하지만 그것 역시 우리가 피땀 흘려서 얻은 민주주의, 즉 '87년 체제'의 성과와 한계 속에서 조망해야 합니다.

강양구 그런 성찰이 없으니 '이명박만 없으면' 마치 유토피아가 도래할 것처럼 얘기하는 이들이 '시대의 지사'인 양 행세하고 다닙니다. '반이명박'을 내세운 그들의 막말에 대중은 열광하고요. 나중에 '이명박이 없어졌는데도' 세상이 안 좋아지면 대중의 상실감을 어찌 감당하려고 저러는지 모르겠어요.

박성민 절대로 잊지 말아야 할 게 있어요. '87년 체제'가 성공했던 것은 학생, 시민, 노동자가 들고일어났기 때문만은 아닙니다. 그런 변화의 압력 속에서 보수와 진보가 대타협을 했고, 그 결과물로 새로운 헌법을 만들었기 때문이에요. 그 새로운 헌법과 거기서 비롯된 제도의 틀 속에서 민주주의를 향한 확고한 이행이 가능했습니다.

민주주의는 폭력을 적으로 두고도 두려워하지 않아요. 왜냐하면, 민주주의에는 훨씬 더 힘이 센 친구, 바로 '제도'가 있기 때문입니다. 앞에서 '75퍼센트 민주주의'를 달성하기 위해 시급히 필요한 여러 가지 제도를 열거한 것도 바로 이 때문입니다. 그런 제도야말로 새로운 정치의 가능성을 열어 줄 거예요.

지금처럼 김대중, 노무현, 이명박 정부를 거치면서 한계가 명백해 보이는 제도의 틀은 그대로 둔 채, '반이명박' 구호로 힘을 모아 권력만 잡으면 새 세상이 도래할 것처럼 접근하는 태도는 정말로 위험합니다. 왜냐하면, 단언하건대 그런 식으로는 권력을 잡기도 쉽지 않을 테니까요.

'87년 체제'가 성공했던 것은 학생, 시민, 노동자가 들고일어났기 때문만은 아니다. 그런 변화의 압력 속에서 보수와 진보가 대타협을 했고, 그 결과물로 새로운 헌법을 만들었기 때문이다. 민주주의의 무기는 폭력보다 훨씬 더 힘이 센 '제도'이다. '75퍼센트 민주주의'를 달성하기 위해 여러 가지 제도의 변화가 선행되어야 하는 이유가 바로 여기에 있다. 그런 제도야말로 새로운 정치의 가능성을 열어 줄 것이다.

강양구 설사 그렇게 권력을 잡더라도 그 이후는 또 다른 대립의 연속일 가능성이 크지요.

평면 싸움에서 3D 진보로

박성민 지금 한국 사회가 해결해야 할 심각한 과제가 얼마나 많습니까? 우선 한반도의 평화 관리가 필요합니다. 지금의 정전 협정 체제에서 사실상 한반도는 계속 전쟁 중이에요. 하루빨리 평화 협정 체제로 바꿔야 하는데, 이를 위해서는 남쪽의 입장 정리가 되어야 합니다. 좌/우, 동/서, 수도권/비수도권으로 나뉘면 그런 입장 정리가 가능하겠습니까?

지금 한국에 체류하는 외국인 수는 2010년 기준으로 120만 명을 넘어섰습니다. 전체 인구의 2.5퍼센트를 초과해요. 앞으로 이주 노동자를 비롯한 외국인의 이주가 더욱 늘어날 것을 고려하면 2050년에는 전체 인구의 약 10퍼센트에 가까운 450만 명의 외국인이 국내에 체류하게 될 전망이에요.

강양구 말 그대로 '다문화 사회'가 얼마 남지 않았군요. 실제 사정은 더 급한 것 같아요. 2011년 1월 기준으로 부모 모두 외국인이거나 한쪽이 외국인인 만 6세 이하 아동이 약 9만 3000명이나 됩니다. 이런 '다문화 가정'의 비중은 도시보다 시골일수록 더 크고요. 하루빨리 다문화 사회가 낳는 새로운 상황에 대비해야 합니다.

박성민 그런데 수천 년간 '한민족' 국가였다는 한국의 자화상은 어떻습니까? 이런 상황에서 넓은 포용력과 깊은 이해력이 있어도 해결하기 쉽지 않을 다문화 사회가 낳는 여러 문제에 제대로 대응할 수 있겠어요? 앞에서도 수차례 강조한 디지털 혁명과 같은 과학기술 시대가 낳는 여러 가지 새로운 문제는 또 어떻고요?

경제적 불평등도 앞으로 더욱더 심각한 갈등을 낳을 거예요. 이와 관련해 2008년 노벨 경제학상을 받은 폴 크루그먼의 통찰이 돋보입니다. 크루그먼은 『미래를 말하다(The Conscience of a Liberal)』에서 "경제적 불평등이 정치적 극단을 낳은 것이 아니라, 오히려 정치적 양극화가 경제적 불평등을 심화시켰다."고 지적합니다. 즉 미국의 공화당과 민주당이 정치적 제휴를 했을 때는 경제적 불평등이 완화됐고, 극단적 대립을 했을 때는 불평등이 심화되었다는 거예요.

이렇게 해결해야 할 과제가 산적한데 언제까지 전쟁 같은 대립에 머무르고 있어야 합니까? 사람 나고 이념 났지 이념 나고 사람 난 것이 아니잖아요. 예수는 어땠습니까? 안식일에 일상생활을 고수하고 더 나아가 병자도 고치는 예수와 제자를 비판하는 율법주의자들에게 예수는 이렇게 말했어요.

현대 사회는 다문화 사회, 다층적 사회이다. 더 이상 이념 전쟁에 머물러서는 안 된다. 안철수 교수처럼 "안보는 보수고 경제는 진보"일 수도 있고, "경제는 보수인데 사회·문화적으로는 진보"일 수도 있다. 보수도 진보도 우도 좌도 절대적이지 않다. 그런 좌우의 근본주의적인 정치 행태에 대한 국민의 불신이 결국 '안철수 현상'을 낳은 한 원인이다.

> "안식일이 사람을 위하여 있는 것이지, 사람이 안식일을 위하여 있는 것이 아니다."
>
> —「마가복음」2장 27절

보수가 사람을 위해 있는 것이지 사람이 보수를 위해 있는 것이 아닙니다. 진보가 사람을 위해 있는 것이지 사람이 진보를 위해 있는 것이 아닙니다.

1980년대 한 선배가 "만일 산에 가서 길을 잃으면 당황하지 말고 길이 나올 때 무조건 왼쪽으로만 가면 돼. 그러면 길을 찾을 수 있어."라고 말했는데, 한 10년 뒤쯤 만나니까 "내가 그때 잘못 말했는데 그게 왼쪽이 아니고 오른쪽이야."라고 하더군요. 물론 농담이었지만 세상이 어떻게 우파, 좌파 일색으로만 해결책이 있겠어요?

우리가 길을 물어보면 대개 사람들이 이러잖아요. "조금 직진하다가 좌회전해서 한 500미터쯤 가다가 다시 좌회전 하세요. 그리고 계속 직진하다 사거리 나오면 우회전 하고 쭉 가시다가 삼거리에서 좌회전 하면 바로 보입니다." 세상도 마찬가지입니다. 그때그때 상황에 맞춰 다양한 대응을 해야 합니다.

보수도 진보도 우도 좌도 절대적인 것이 아닙니다. 그런 좌와 우의 근본주의적인 정치 행태가 결국 '안철수 현상'을 낳은 한 원인이에요.

안철수 교수가 말한 대로 "안보는 보수고 경제는 진보"일 수도 있고 "경제는 보수인데 사회·문화적으로는 진보"일 수도 있는 것입니다. 예전에는 사람의 정체성을 규정하는 요소가 단순했습니다. 예컨대 남자인가, 여자인가? 한국인인가, 일본인인가? 호남 사람인가, 영남 사람인가? 기독교인가, 불교인가? 열 가지를 넘지 않았어요.

그런데 지금은 한 사람의 정체성을 규정하는 요소가 수십 가지도 넘습니다. 예컨대 동성애자일 수도 있고, 이슬람교를 믿을 수도 있습니다. 구글과 같은 초국적 기업에 다닐 수도 있고, 비정규직일 수도 있어요. 베트남 여자와 결혼할 수도 있고 독일 남자와 결혼할 수도 있습니다.

세상은 'HDTV'를 넘어 '3DTV' 시대로 가고 있는데 한국 정치는 아직도 '흑백TV'에 머물고 있습니다. 나이 드신 분들에게는 옛날에 봤던 흑백TV 시대의 드라마가 한 번쯤 다시 보고 싶은 추억일 수 있어요. 하지만 젊은이들에게는 유치하고 촌스러울 뿐입니다. 변해야 합니다!

강양구 2012년에 처음 투표권을 행사하는 만 열아홉 살의 친구가 한 인터뷰에서 이런 얘기를 하더군요. 자기는 "진보를 싫어하는 진보"래요. 그렇게 말하는 이유가 걸작입니다.

"현재 한국 사회의 이념 지형을 그려 보면 평면에서 좌우 양쪽 끝에서 계속 서로 싸우고 있는 것 같아요. 그러면 앞으로 못 나갑니다. 저는 평면(2D)이 아니라 입체(3D)로 바뀌어야 한다고 생각해요. 좌우뿐만이 아니라 앞으로도, 또 위로도 진보해야 하는 거 아닌가요? 저는 '3D 진보'가 나왔으면 좋겠어요."
—「평면에 갇힌 진보, 3D로 진화 좀 하라」,《프레시안》(2012. 1. 1.)

박성민 '3D 진보', 그게 바로 정답입니다. 이래서 대한민국은 희망이 있다니까요!

정치, 죽기로 결심하다?

강양구 이제 긴 대화를 끝낼 시간입니다. 대화를 준비하면서 읽은 책 중에서 프랑스의 석학 자크 아탈리의 『미래의 물결』이 있어요. 21세기 이후의 세계가 어떻게 될 것인지를 전망해 본 책입니다. 그런데 아탈리의 전망이 그다지 밝지 않아서 걱정입니다.

박성민 그 책을 저도 읽었어요. 아탈리가 이런 얘기를 했던 게 기억이 납니다.

> 아프리카가 제대로 된 국가를 건설하기 위해 고군분투하는 동안 세계의 다른 지역에서는 세계화의 영향으로 국가의 해체가 진행될 것이다. 그러므로 미래의 아프리카가 현재의 서유럽 사회와 닮은꼴이 된다기보다는 미래의 서유럽 사회가 현재의 아프리카를 닮게 될 것이다.
> ― 자크 아탈리, 『미래의 물결』(양영란 옮김, 위즈덤하우스, 2007), 256쪽

대단한 통찰이에요. 유럽과 같은 제1세계가 종족 간 집단 살육이 횡행하는 아프리카처럼 "만인에 대한 만인의 투쟁"을 하는 내전 상태로 갈 것을 우려하는 것입니다. 실제로 지금 전 세계를 보면 그의 통찰이 놀랍지 않습니까? 세계 곳곳에서 증오의 기운과 충돌의 조짐과 몰락의 징후가 감지되잖아요.

자크 아탈리도 지적하듯이 남북이 대치하는 한반도 역시 그

런 "만인에 대한 만인의 투쟁"의 불씨를 당길 가능성이 큰 지역 중 하나입니다. 지금 우리가 발 딛고 선 한반도가 얼마나 불확실한 곳인지 정신 똑바로 차리고 직시할 필요가 있어요. 우리가 이런 대화를 준비한 것도 따지고 보면 이런 상황을 극복할 지혜를 모으는 단초 역할을 해보자는 것이었잖아요.

'정당의 몰락'과 '정치의 죽음'을 논하는 지금, 한국 정치는 지금이야말로 '정치의 힘'과 '정치의 가능성'을 믿고 변화를 모색할 때이다. 그런 변화는 외부에서 인기인을 모셔 오는 이벤트로는 불가능하다. 제도의 틀을 바꾸는 것이 중요하다. '87년 체제'를 넘어서는 '2012년 체제'를 만들어야 한다. 대타협을 통해 누구나 따라야 하는 새로운 '게임의 룰'을 만들어야 한다. 결선투표, 중대선거구제 혹은 비례대표제 같은 제도 개혁을 통해 75퍼센트 이상의 민의가 반영되는 '75퍼센트 민주주의'를 만들어야 한다.

강양구 그런데 대화가 진행되는 동안 내내 긍정적인 전망보다는 부정적인 비판에 치중한 건 아닌가 하는 걱정이 됩니다. 우리는 누구보다도 '정치의 힘'과 또 '정치의 가능성'을 믿는 편에 속하잖아요. 그렇지 않았다면 오랜 시간에 걸쳐 이런 대화를 나누지도 않았겠지요.

박성민 파울로 코엘료의 소설 중에서 『베로니카 죽기로 결심하다』가 있잖아요? 베로니카는 죽기로 결심하고 심지어 실행에 옮기지만, 그 일을 계기로 새로운 삶에 대한 의지가 충만해집니다. 한국 정치야말로 지금 '죽기로' 결심하고 무엇인가 변화를 모색할 때입니다.

317

그런데 그 변화가 외부에서 '훌륭해' 보이는 인기인을 '모셔오는' 선에서 그쳐서는 곤란해요. 그런 식의 이벤트는 매번 선거 때마다 해 왔었지만, 한 번도 성공한 적이 없었습니다. 우리가 앞에서 강조했듯이 제도의 틀을 바꾸려는 노력이 필요합니다. 여러 차례 반복했듯이, '87년 체제'를 극복하는 '2012년 체제'를 만드는 게 필요해요.

그리고 그런 '2012년 체제'는 '메시아' 같은 누군가가 나타난다고 가능한 게 아닙니다. 1987년에 우리가 경험했던 것처럼, 시민의 변화에 대한 열망을 토대로 보수와 진보가 대타협을 함으로써 가능합니다. 대타협을 통해 누구나 따라야 하는 새로운 '게임의 룰'을 만들어야 합니다.

바로 그 게임의 룰은 결선투표, 중대선거구제 혹은 비례대표제 등과 같은 제도를 통해 75퍼센트의 민의가 반영될 수 있는 '75퍼센트 민주주의'를 만드는 거예요. 이렇게 제도의 틀을 바꾸지 않고서는, 어떤 당이 다수당이 되고 누가 대통령이 되더라도 김대중, 노무현, 이명박 정부의 실패를 반복할 수밖에 없습니다.

강양구 그런 '75퍼센트 민주주의'가 가능한 새로운 '게임의 룰'은 바로 정치를 통해 가능합니다. 그 점도 한 번 더 강조하고 싶어요. 2008년 광우병 감염 가능성이 큰 미국산 쇠고기 수입을 걱정하면서 많은 20~30대가 거리에서 촛불을 들었어요. 특히 이른바 '배운 여자'들이라고 불리던 30대 여성의 활약도 인상적이었고요.

그들이 바로 지난 2010년 6·2 지방선거 때부터 지난 2011년 10·26 서울시장 선거 때까지 일관되게 반이명박, 반한나라당 성향의 투표를 한 중심이었을 거예요. 반가운 일입니다. 그들이 비로소 깨닫게 된 것이죠. '촛불'은 힘이 셉니다. 하지만 '투표'는 그보다 훨씬 더 힘이 셉니다. 곧 정치는 힘이 세다, 이런 걸 온몸으로 확인한 것이에요.

그런데 그 정치의 힘이 '불꽃'처럼 꺼지지 않고 계속해서 타올라서 어둠을 밝힐 '횃불'이 되려면 '제도의 힘'이 필요합니다. 정치인, 지식인에게 열광하는 것만으로는 부족해요. 시민 다수의 의견을 안정적으로 대의할 수 있는 시스템(체제)을 어떻게 만들 것인가, 이런 데에 더 많은 열정을 쏟아야 합니다.

물론 당장은 대통령을 조롱하고 국회를 무시하는 소수의 정치인, 지식인, 인기인의 화끈한 목소리가 귀에 더 들어올 거예요. 어쩌면 그들 중 일부를 대통령, 국회의원으로 만들 수 있을지도 모릅니다. 하지만 단언하건대, 그런 식으로는 결국에는 쓰디쓴 배신감만 맛보게 될 가능성이 커요.

2008년 광우병 논란으로 많은 젊은이들이 촛불을 들고 거리로 나왔다. 그들이 바로 지난 2010년 지방선거부터 2011년 서울시장 보궐선거까지 일관되게 반이명박, 반한나라당 성향의 투표를 한 중심이다. 그들은 '촛불'보다 '투표'가 힘이 세다는 걸 보여 준 것이다. 곧 '정치는 힘이 세다.'라는 걸 깨달은 것이다. 그런데 그 정치의 힘이 꺼지지 않고 계속해서 타오르려면 '제도의 힘'이 필요하다. 시민 다수의 의견을 안정적으로 대의할 수 있는 시스템, 즉 '75퍼센트 민주주의'가 가능한 제도가 뒷받침되어야 한다.

박성민 그렇게 배신을 당하지 않으려면, 함석헌 선생님이 얘기했던 '생각하는 백성'이 되어야 합니다. 참, 대화를 마치기 전에 한 가지만 더 강조합시다. 방금 강 기자가 얘기했던 20~30대가 단순히 팬클럽 회원에 머물러서는 곤란해요. 이제 20~30대의 욕망을 그들의 언어로 말하는 정치인이 나와야 합니다.

강양구 이번 대화를 하면서 마음을 먹었습니다. 이제 선배랑 대화를 하지 않고, 또래, 후배랑 대화를 해야겠다는……. 언제까지 20~30대가 투표장에서 '인증샷'만 찍어야 하나요? 이제 정치가 힘이 세다는 걸 실감한 20~30대가 더 이상 거수기 역할에 머무르는 것이 아니라 '새로운 정치'의 주체로 서야 한다고 생각해요.

박성민 그렇게 20~30대가 주도하는 새로운 흐름이 나온다면 기꺼이 박수 치며 격려하겠습니다. 저를 포함한 우리 세대도 앞으로 정신 더욱더 바짝 차려야겠군요. 2012년, 새로운 정치가 어떻게 자신의 힘을 보여 주는지 즐거운 마음으로 지켜봅시다. 벌써부터 기대됩니다.

강양구 얘기를 시작하면서 지금이 더 어두운 밤이 이어지는 시대의 마지막 밤인지, 아니면 새로운 시대를 준비하는 전야인지 자문했습니다. 여전히 미지수이지만 저는 전야라고 생각하고 싶습니다. 대화를 마무리하면서, 한참 전에 읽었던 1960년대 영국의 신좌파 운동을 이끌었던 지식인 레이먼드 윌리엄스의 얘기가 생각났어요.

> 새로운 가능성은…… 운이 좋다고 일어나지 않는다. 그것은 적극적으로 원해야 이뤄진다. …… 그것은, 우리 자신이 책임을 지고, 현실 세계에서 우리가 입증해야만 하는 것이다.”
> — 「Beyond Actuality Existing Socialism」, 『Problems in Materialism and Culture』(London, New york: Verso, 1980), 252~253쪽

박성민 멋진 말입니다. 그러고 보니, 레이먼드 윌리엄스보다 앞선 중국의 지식인 루쉰도 비슷한 얘기를 했잖아요. “한 사람이 먼저 가고 걸어가는 사람이 많아지면 그것이 곧 길이 된다.” 저 역시 지금의 혼란과 불안을 전야의 징조라고 생각하고 싶습니다. 정말로 즐겁게 새로운 내일을 기대해 봅시다!

닫는 글

나를 아는 사람이든 모르는 사람이든 이 책을 펼치고 놀랄지 모르겠다. 나는 지난 10년간 주로 과학 및 환경 분야의 기사를 써 온 터라, 국회의원과 호형호제하기 십상인 '정치부' 언저리에는 가 본 적도 없다. 정치 감각(?)도 무뎌서 지난 15년간 단 한 번도 빠짐없이 투표를 했지만, 안타깝게도 내가 표를 던진 후보는 단 한 번도 당선되지 못했다.

더구나 그동안 나는 이 책이 초점을 맞추는 대의민주주의보다는 직접민주주의의 가치를 옹호하는 데 주력해 왔다. 또 그런 직접민주주의가 일상생활 곳곳에 뿌리를 내리는 데 힘을 보태고자 책도 몇 권 펴냈다. 그러니 이 책을 펴내는 이유를 조금은 자세하게 설명할 필요가 있을 것이다.

2008년에 세계 금융 위기를 계기로 책 한 권을 급하게 기획하게 되었다. 박성민 '정치 컨설팅 민' 대표가 그 책의 필자로 참여하면서, 그와는 한 달에 두세 번씩 만나서 수다를 떠는 사이가 되었다. 오해는 마시라. 정치 컨설턴트와 기자의 정기적인 만남에서 권력의 이면을 둘러싼 은밀한 대화를 상상한다면, 번지수를 잘못 짚었다.

박성민 대표가 일주일에 다섯 권 이상씩 책을 독파하는 책벌레인지라, 대화의 소재는 대개 최근에 서로가 읽은 책 이야기였다. 시간 가는 줄 모르고 최근에 읽은 인상 깊은 책을 추천하고 또 예전에 읽었던 책을 놓고 토론을 하던 그 만남은 지난 수년간의 생활에서 하나의 활력소였다.

그렇게 책 얘기를 하다가 가끔은 곁가지로 정치 이야기가 나왔다. 박성민 대표가 '정치 공학' 유의 얘기만 늘어놓았다면, 그다지 흥미가 동하지 않았을 것이다. 그러나 박 대표는 정치를 통해 문명의 변화를 읽고, 그런 거대한 변화의 결과로서 정치를 읽고자 노력했다. 나만 듣기에는 아까울 정도로 신선했다.

그래서 박성민 대표의 얘기를 두세 가지 주제로 압축해서 책을 내 볼 것을 권했는데, 그런 오지랖 넓은 행동이 결국 내 발등을 찍었다. 바쁜 일정으로 시간에 쫓기는 데다 책을 보는 눈높이까지 높은 박 대표가 계속해서 책을 내지 못한 탓에, 결국 처음 말을 꺼낸 죄(?)로 내가 이렇게 공동 작업에 나서게 된 것이다.

그렇다고, 이 책에 힘을 보태게 된 것이 단순히 박성민 대표와의 정리(情理) 때문만은 아니다. 나 역시 한 사람의 시민으로서 한국 정치에 적지 않은 답답증을 느껴 왔으니까. 특히 다른 분야에서는 남다른 식견을 자랑하는 이들조차 유독 정치 얘기만 나오면 균형 감각을 잃는 태도를 보면서, 한 번쯤 생각을 정리할 시간을 가지고 싶었다.

특히 누구보다도 정치를 통해 세상을 바꾸는 일에 관심이 많지만, 번번이 배신만 당했던 이웃들이 이 책을 읽고서 힘을 냈으면 좋겠다. 내가 아는 K선생님 같은 이들 말이다.

(심적으로 민주노동당을 지지했지만) 2002년 '노무현'에게 표를 주었다. 노무현 전 대통령이 이라크 파병을 추진하고, 새만금 간척 사업을 밀어붙이는 데 절망했지만, 2004년 그가 탄핵을 당하자 거리로 뛰어나가 "탄핵 반대!"를 외쳤다. 그러다 노무현 전 대통령이 한미FTA를 추진하자 배신감을 느꼈다.

반쯤 포기하는 심정으로 2007년을 맞았다. 이명박 대통령이 당선되었고, 2008년 여름 내내 촛불을 들었다. 한나라당과 노무현 전 대통령이 임명한 통상 관료들이 "한미FTA나 미국산 쇠고기 개방은 노무현 정부가 추진한 것"이라고 핏대를 세울 때마다, (찔끔하면서도) "그때는 기준이 엄격했다."고 (스스로 생각해도 구차한) 반론을 폈다.

그러다 노무현 전 대통령이 스스로 목숨을 끊자 하염없이 나오는 눈물에 엉엉 울었다. 봉화 마을도 몇 차례 찾아갔다. 이명박 대통령과 한나라당이 너무나 밉지만, 딱히 지지할 대안이 없다. 그러다 문재인, 안철수가 나타나고, 「나는 꼼수다」가 대통령을 조롱하니 너무나 즐겁다. 세상이 바뀔 것 같다.

그러나 마음 한구석에는 이런 불안감이 여전하다. '과연 세상이 바뀔까?'

이 책은 바로 그 불안감의 정체가 무엇인지 따지고, 그것을 해소할 방법을 찾아보자고 제안한다. 그리고 토론을 위해 몇 가지 대안도 제시했다. 이 책이 정치에서 희망을 찾고자 하는 이들이 스스로를 긍정하며 새로운 상상력을 발휘할 수 있는 데 작은 기여라도 할 수 있다면, 지난 6개월간 박성민 대표와 함께 고생한 시간이 보람으로 남을 것이다.

한참 후배인 나와의 (때로는 인내가 필요한) 대화 상대를 자처한 박성민 대표가 고맙다. 이 책에 실린 대화 속에서도 여러 차례 확인하듯이 우리는 생각이 다르다. 그리고 이 책을 통해 우리는 한국에서 생각이 다른 사람이 어떻게 어울릴 수 있는지 보여 주고 싶었다. 한국의 미래는 얼마나 잘 '뭉치느냐'에 있는 것이 아니라 얼마나 잘 '어울리느냐'에 있다.

앞에서 지적한 대로, 이 책은 대의민주주의에 초점을 맞춘다. 그렇다고 이 책이 직접민주주의를 폄하하는 것은 아니다. 이 책은 한국에서 직접민주주의의 공간이 넓어지려면, 어떤 모습의 대의민주주의가 자리를 잡아야 하는지 역설한다. 그리고 당연히 그런 대의민주주의가 자리를 잡으려면 시민의 관심과 그에 따른 참여가 필수적이다.

감히 후학들이 따라올 수 없는 열정과 깊고 넓은 사유로 끊임없이 자극을 주는 최장집 선생님, 김종철 선생님께 특별히 감사의 마음을 전하고 싶다. 비록 강의실에서 뵙지는 못했지만, 두 분의 가르침은 대의민주주의와 직접민주주의의 변증법을 고민하는 데 항상 출발점이 되었다.

지난 7년간 평범한 시민이 민주주의의 훌륭한 지지대라는 사실을 온몸으로 보여 준 '양구와 함께' 친구들에게 이 책을 가장 먼저 보여 주고 싶다. 지난 1년간 여러 가지 고민을 쌓아만 놓고 친구들과 공유하지 못했다. 이 책에 실린 박성민 대표와의 대화는 미처 말하지 못한 그 고민의 한 부분이다.

항상 자극을 주는 《프레시안》 동료와의 토론은 이 책의 대화 곳곳에 녹아 있다. 하나라도 배울 수 있는 동료들이 있는 직장을 다니는 것을 행운이라고 생각한다. 이 책에 실린 원고의 첫 독자로서 "생각할 거리를 주는 원고"라며 마지막까지 끊임없이 격려해 준 유은진에게 사랑을 전한다.

2012년 2월

강양구

감사의 말

특별히 감사한 사람들이 있다. 나와 함께 이 책을 만든 《프레시안》의 강양구 기자는 몇 년 전부터 내게 책을 쓸 것을 권하더니 게으른 내가 끝내 쓰지 못하자 급기야 노트북을 들고 나타나 간단하게(?) 정리해 주었다. 그는 내가 책을 쓰는 데 지나치게 '경건한' 태도를 갖고 있다고 늘 한숨을 쉬었다. 그가 아니었다면 이 책은 나오지 못했다. 고마운 마음을 전한다. 그래도 나는 여전히 책을 쓴다는 것에 경외감을 갖고 있다. 어쩔 수 없다. 책은 정말 쉽게 쓰면 안 된다! 이 책이 민음사의 이름으로 출판된다는 것은 내 인생의 큰 축복이다. 아무것도 자랑할 게 없는 이력에 뿌듯하게 한 줄 쓸 수 있도록 2년 이상을 기다려 준 민음사 장은수 대표에게 미안함과 고마움을 함께 전한다. 민음사의 양희정 부장은 약속한 원고를 전혀 쓰지 않고 있을 때에도 벌써 다음 책을 함께 기획할 정도로 무한한 신뢰를 보여 주었다. 편집을 맡은 그가 자랑스러워하는 책이 되었으면 좋겠다.

내가 글을 쓸 때마다 귀찮아하지 않고 읽어 보고는 언제나 "좋습니다."는 말로 격려해 주는 정찬수 선배에게도 늘 감사하다. "회사를 만든 20주년 기념을 자축하기 위해 책을 쓰겠다."
고 하자 모두가 기뻐하면서 회사 일은 신경 쓰지 않도록 배려해
준 '정치 컨설팅 민' 동료들에게는 특별한 고마움이 있다. 또한
한국의 정치 컨설팅의 수준을 한 단계 끌어올린 것으로 평가받
는 뛰어난 정치 컨설턴트 김윤재 미국 변호사는 내게는 아주 특
별한 사람이다. 그를 만나면 언제나 배울 것이 있어 좋다. 그의
능력을 잘 아는 터라 기회 있을 때마다 책 쓸 것을 권하고 있다.
그의 '캠페인' 책을 읽는 날이 빨리 왔으면 좋겠다.

"존경할 수 있는 여자와 결혼하겠다."는 꿈을 현실로 만들어
준 나의 아내는 25년 전에 처음 만났을 때부터 지금까지 항상
내 인생 최고의 선택이었다. 아빠가 글을 쓰는 것을 자랑스러워
하고 아빠와 함께 책 읽기를 좋아해서 나를 기쁘게 하는 예쁜
딸 서연에게 아주 특별한 사랑의 마음을 전한다.

2012년 2월
박성민

정치의 몰락

1판 1쇄 펴냄 2012년 2월 5일
1판 5쇄 펴냄 2012년 5월 14일

지은이 박성민
인터뷰 강양구
발행인 박근섭, 박상준
편집인 장은수
펴낸곳 (주)민음사

출판등록 1966. 5. 19. (제 16-490호)
서울시 강남구 신사동 506 강남출판문화센터 5층 (135-887)
대표전화 515-2000 / 팩시밀리 515-2007
www.minumsa.com

ISBN 978-89-374-8437-7   03340